PRATIQUES PSYCHOMOTRICES
De la R.P.M. aux thérapies
à médiation corporelle

 *PSYCHOLOGIE ET SCIENCES HUMAINES*

Jean Le Camus

pratiques psychomotrices
de la R.P.M. aux thérapies à médiation corporelle

PIERRE MARDAGA, EDITEUR
2, GALERIE DES PRINCES, 1000 BRUXELLES

© Pierre Mardaga, éditeur
37, rue de la Province, 4020 Liège
2, Galerie des Princes, 1000 Bruxelles
D. 1984-0024-9

*A Edouard Guilmain
(1901-1983)*

Introduction générale

Au fil des années 80, tenter de s'interroger sur l'originalité et la validité des pédagogies et des thérapies à médiation corporelle — l'autre nom des pratiques que, depuis un demi-siècle environ, on qualifie de «psychomotrices» — c'est d'abord s'exposer à l'écoute quasi-simultanée de deux discours contradictoires et s'accoutumer à sentir souffler le chaud et le froid. La dernière décennie fut en effet caractérisée en France par l'apparition et la consolidation d'une double attitude à l'égard des pratiques psychomotrices: adhésion enthousiaste des uns, rejet systématique des autres.

Préconisée déjà par E. Guilmain en 1935, relancée par J. de Ajuriaguerra et G.B. Soubiran entre 1947 et 1960, étayée et nuancée par les travaux plus récents des psychiatres B. Jolivet, J. Berges, R. Mises et des techniciens P. Vayer, A. Lapierre, B. Aucouturier ou H. Bucher, l'utilisation du mouvement humain à des fins rééducatives et thérapeutiques a conquis progressivement de nombreux adeptes. Les signes du succès se reconnaissent dans la profusion des écrits relatifs à la pensée et à l'action des psychomotriciens (des dizaines d'ouvrages et trois revues spécialisées ont renouvelé et diffusé le message), dans la mise en place de congrès et de stages internationaux largement fréquentés (rassemblements encadrés par les animateurs de la *Société Française d'Education et de Rééducation Psychomotrice* à partir de 1969, *Journées Annuelles* proposées depuis la même époque par la revue *Thérapie Psychomotrice*, Congrès Internationaux réunis tous les deux ans à l'initiative de la *Société Française des Psychorééducateurs* créée en 1974), dans l'officialisation de deux nouvelles activités professionnelles (la rééducation psychomotrice confiée aux instituteurs spécialisés des *Groupes d'Aide Psycho-Pédagogique* ouverts en 1970, la thérapie psychomotrice confiée aux psychorééducateurs des *Centres Médico-Psycho-Pédagogiques* et des autres centres de soins pour enfants) et dans l'augmentation rapide du recrutement des praticiens légalement reconnus (à partir de 1975, le Ministère de l'Education Nationale a formé en moyenne 200 rééducateurs chaque année et le Ministère de la Santé a attribué 500 places par an au concours d'entrée en 2e année du *Diplôme d'Etat*). A l'évidence, la psychomotricité française a traversé pendant dix ans une phase de forte croissance (croissance explosive dans le champ de la rééducation et de la thérapie) et ceux qui ont vécu cette avancée vers l'approfondissement théorique, vers la diversification et l'affinement méthodologique, vers la consécration institutionnelle enfin, ne sont pas prêts d'oublier la ferveur et l'élan des artisans innombrables de cette belle ascension.

Dans le même temps et avec une intensité se renforçant à partir des années 75, on vit s'organiser une contre-offensive nourrie de textes soupçonneux, de campagnes ouvertement hostiles (voire de prescriptions dissuasives dans le champ de l'éducation) qui firent l'effet d'une mise en question assez déroutante au début et, par la suite, d'un décapage théorico-méthodologique incontestablement salutaire. La cible principale de l'attaque fut circonscrite à l'œuvre de quatre psychomotriciens professeurs d'éducation physique, internationalement connus, J. Le Boulch, P. Vayer, A. Lapierre et B. Aucouturier; les principales attaques vinrent de quelques collègues postés à *l'Ecole Normale d'Education Physique et Sportive*, vitrine parisienne du prêt-à-porter dans le rayon des «techniques du corps». Le premier feu iconoclaste fut allumé par D. Denis (D. Denis, 1974) qui voyait dans la pédagogie préconisée par A. Lapierre et B. Aucouturier en 1973, sous l'étiquette-programme «du vécu à l'abstrait», une façon d'aboutir paradoxalement à «l'omniprésence du verbe» (op. cité p. 51) et au contrôle mental de l'expression motrice: «(l'enfant est ainsi) conduit avec son corps dans un espace-temps rationalisé, profondément structuré en fonction des impératifs de la connaissance. Temps et logique grammaticale. Espace et logique mathématique. Au lieu de laisser les enfants vivre l'espace et le temps, les éducateurs le leur donnent à apprendre: cela conduit à fabriquer un système simpliste de repérage, un quadrillage figé et clos» (op. cité p. 52). Le réquisitoire s'alourdit plus tard avec les publications de G. Azemar qui reprochait aux psychomotriciens de masquer sous de grands principes (éducation du schéma corporel, de la prise de conscience) une démarche artificielle, abstraite, morcelante et qui préconisait de lancer l'enfant dans «l'aventure motrice» (G. Azemar, 1975), de faire une place plus large au jeu (G. Azemar, 1976) et de mettre en œuvre une éthopédagogie (G. Azemar, 1979); avec celles de G. Vigarello qui qualifiait d'équivoque le prestige des pratiques psychomotrices et accusait J. Le Boulch et P. Vayer de substituer une nouvelle intériorisation des normes à une pédagogie posturale dont on avait condamné la rigidité: «leurs exercices continuent de chercher à entretenir des vigilances (...). Ils sont chargés de promouvoir une contention» (G. Vigarello, 1978, p. 315); avec celles de R. Murcia qui, dans le sillage de l'auteur précédent, se livrait à une critique épistémologique du concept de psychomotricité et traitait «d'amalgame théorique», «d'incohérence» (R. Murcia, 1980b) ce que d'autres avaient pris pour une «fructueuse synthèse» (M. Bernard, 1972). C'est bel et bien d'une «crise» de la psychomotricité en France qu'il s'agissait (J. Le Camus, 1979a) et chez les éducateurs au moins, la bataille fut âprement disputée.

Le débat fut passionnant à suivre mais pas toujours suffisamment argumenté, les querelles de personnes venant parfois parasiter l'affrontement des idées. Sans doute est-il opportun aujourd'hui de passer à une analyse plus systématique et de se situer au-delà de l'approbation (parfois naïve) des partisans et du refus (parfois sectaire) des adversaires. Cet ouvrage voudrait apporter des éléments de discussion, sinon de réponse, à ceux qui acceptent de chercher le grain des «choses» sous la paille des «mots». Dans la 1re partie, nous considérerons les pratiques psychomotrices dans le temps pour essayer de comprendre leur origine, leur construction, leur évolution en envisageant de concert leur structure interne (agencement des valeurs, des savoirs, des programmes de travail, des procédures de stimulation, d'aide et de contrôle, éventuellement des institutions qui gèrent la mise en application) et aussi leur positionnement (situation de ces pratiques par rapport aux pratiques comparables). Dans la 2e partie, nous considérerons les pratiques psychomotrices dans l'espace des pédagogies et des thérapies actuelles pour découvrir leur identité: nous étudierons la logique interne et la pertinence d'un système d'idées et de techniques qui prétendent à la rationalité et à l'efficacité. En clair, nous porterons un regard critique sur les pratiques des psychomotriciens d'aujourd'hui.

ABREVIATIONS UTILISEES DANS LE TEXTE

P.M. : PSYCHOMOTRICITE (E.P.M. : éducation psychomotrice; R.P.M. : rééducation psychomotrice; T.P.M. : thérapie psychomotrice; S.F.E.R.P.M. : société française d'éducation et de rééducation psychomotrice).

E.P.S. : éducation physique et sportive (ENSEPS : école normale supérieure d'éducation physique et sportive).

G.A.P.P. : groupe d'aide psycho-pédagogique.

C.M.P.P. : centre médico-psycho-pédagogique.

I.M.P. : institut médico-pédagogique.

PREMIERE PARTIE
LES METAMORPHOSES DU CORPS SUBTIL

Pour démontrer que les pratiques psychomotrices ont toujours été posées comme un système relativement autonome dans l'arsenal des pratiques éducatives et thérapeutiques françaises, nous avons utilisé deux notions qu'il convient de définir.

Depuis le début du XXᵉ siècle jusqu'à aujourd'hui, les psychomotriciens français ont privilégié un aspect de la corporéité que nous appelons le *corps subtil*. Nous désignons par là cette superstructure qui coiffe le corps somatique, le corps mécanique et le corps énergétique et que, depuis les découvertes de N. Wiener (1948) et de C. Shannon (1949) et en harmonie avec H. Laborit (1973), J. Attali (1975) et J. Paillard (1975), on peut provisoirement nommer «corps informationnel». Certains parleraient à ce propos d'image, d'autres de représentation, d'autres encore de construction-fiction, c'est affaire de point de vue, voire de vocabulaire. L'important est de saisir que ce corps subtil a fait fonction de point fixe, d'invariant, au travers des transformations que nous allons analyser et qu'ainsi ont pu être conduites des opérations d'analyse, d'écriture, d'action sur le terrain. C'est tout à la fois l'étoile polaire, la devise et la patrie des psychomotriciens.

Pour procéder à l'étude génétique, structurelle et différentielle de ce corps subtil, nous avons fait appel à une autre notion: celle d'*organisateur*. A la manière de H. Spitz qui a décrit le développement précoce du psychisme en ayant recours au concept embryologique d'organisateur (c'est ainsi qu'il a envisagé successivement « le sourire au visage humain », « l'angoisse des 8 mois », « le non sémantique »), nous avons essayé de décrire l'embryogenèse de la pensée et de l'action des psychomotriciens français. A chacune des trois grandes étapes, nous avons repéré un agent de contrôle, un enclencheur du développement du corps subtil et ce centre irradiant, nous l'avons identifié comme « organisateur ». A chaque stade, l'organisateur est ce qui unifie le système des savoirs, des normes et des pratiques, ce qui explique les effets de surface que sont les doctrines et les méthodes des psychomotriciens.

Précisons enfin que l'organisation de chaque période sera décrite à partir de la bipolarisation théorie-pratique. Nous avons adopté cette distinction non pas parce que nous concevons la théorie et la pratique comme deux entités séparées (nous pensons au contraire avec G. Mialaret et bien d'autres que les deux approches doivent interagir et s'interpénétrer) mais parce que depuis le début du XXe siècle s'est imposée en France une nette bipartition des tâches. La théorie psychomotrice a été élaborée par des philosophes, des psychologues, des neurologues, des psychiatres qui n'étaient généralement pas des techniciens du mouvement. La pratique psychomotrice a été édifiée par des éducateurs et des thérapeutes qui n'étaient généralement pas des créateurs de concepts. Nous montrerons que l'histoire de la psychomotricité en France a été animée par plusieurs couples fonctionnels qui correspondent à notre distinction entre théorie et pratique : P. Panet et P. Tissie dans les années 1900, H. Wallon et E. Guilmain dans les années 30, J. de Ajuriaguerra et G. Soubiran dans les années 50, B. Jolivet et G. Soubiran dans les années 60, J. Bergès et M. Bounes dans les années 70. Le repérage des « organisateurs » permettra de montrer que la conception et la mise en œuvre sont structurellement liées et dépendent conjointement des mêmes facteurs économiques, politiques, culturels, mais, en deçà du niveau des phénomènes de civilisation, tout s'est passé comme si les personnages clés de cette histoire n'avaient pu être à la fois de grands théoriciens et de grands praticiens, comme si le mariage de la psyche et du mouvement (on pourrait dire aussi du psychisme et de la motricité) n'avait jamais pu être consommé !

Chapitre 1
Le corps adroit

Cette première phase qui est celle de l'émergence du terme « psychomoteur », de la notion de psychomotricité et aussi de la pratique psychomotrice, nous paraît être ordonnée autour d'un « organisateur » que nous appellerons le *parallélisme*. Le corps subtil de cette époque peut être décrit sous les traits encore vagues d'une chose qui ne se réduit ni à l'étendue, propriété essentielle du corps anatomo-physiologique, ni à la pensée, propriété de l'esprit, mais qui les juxtapose, les rapproche, les unit. Assurément, c'est un corps nouveau et nous allons montrer en quoi réside la nouveauté, mais qui est encore difficile à désigner et à concevoir. Ce corps innommable et que nous proposons de qualifier « d'adroit » apparaît à la fin du XIXe et au début du XXe siècle. C'est là que nous voudrions situer le premier état du corps subtil et ce chapitre va porter sur les origines des idées et des techniques que l'on est en droit de considérer comme les prolégomènes de la conceptualisation et de l'institutionnalisation en matière de psychomotricité.

Les mots n'apparaissent jamais au hasard mais la date de leur apparition dans la langue ne coïncide pas toujours avec celle de la notion à laquelle ils renvoient plus tard. Nous avons ici un bel exemple de ce décalage historique. L'adjectif « psychomoteur » aurait vu le jour, peu après 1870, lorsqu'il a fallu donner un nom à des régions de l'écorce cérébrale qui débordaient les aires proprement motrices (celles dont « la stimulation électrique provoque des contractions musculaires dans la moitié opposée du corps», Fritsch et Hitzig cités par H. Hécaen, 1978, p. 12) et où pouvait s'opérer la jonction encore bien mystérieuse, entre l'image mentale et le mouvement. Les centres psychomoteurs désignaient alors ce que G. Vigarello (1979, p. 29) appelle «la mince portion d'espace où se réaliserait le passage d'une idée à son investissement corporel». Au départ donc un qualificatif fort ambigu *accolé aux substantifs «régions» ou «centres»*, venu là pour signifier un passage, une articulation constatée mais non expliquée, entre des processus relevant de la psyché et des processus relevant de la motricité. Cet usage linguistique s'est conservé pendant plusieurs décennies* et lorsqu'en 1901 le docteur Philippe Tissié précise sa conception de l'Education Physique, il réserve le terme «psychomoteur» à l'accompagnement du terme «centre» et *pas encore à ceux de développement, de trouble, de rééducation*, etc. «Par Education Physique, il ne faut plus comprendre seulement l'entraînement musculaire du corps mais encore et surtout l'entraînement des centres psychomoteurs par les associations multiples et répétées entre le mouvement et la pensée et entre la pensée et le mouvement (...)» (Tissié, 1901, p. IX). On trouve la même liaison («centres psychomoteurs») chez Mosso (Mosso, 1904, p. 136). Pour en finir avec l'origine du mot, remarquons que le procédé linguistique qui consiste à réunir l'élément grec «psycho» à un autre élément désignant une discipline (comme la sociologie) ou une composante de la personnalité (comme l'affectivité) est alors peu fréquent: dans le dernier quart du XIXe siècle, on ne connaît guère que psychiatrie, psychométrie, psychopathologie, psychophysiologie et psychophysique (et leurs dérivés). Avec le progrès scientifique et l'inévitable spécialisation qu'il entraîne, cet usage se généralisera et on pourrait aujourd'hui analyser plusieurs dizaines de mots savants composés de la même manière que «psychomoteur». Mais venons-en à présent à l'étude beaucoup plus passionnante des origines de la notion et des pratiques.

1. LE CADRE CONCEPTUEL

Pour saisir la notion de psychomotricité *in statu nascendi*, nous nous proposons d'étudier avec quelque précision la doctrine du parallélisme.

---

* En 1931, Ozeretski utilise le mot «psychomotorik» en présentant ses tests mais c'est seulement pour signifier qu'il étudie les fonctions motrices supérieures.

Mais comme on ne peut comprendre le surgissement d'un système de pensée qu'après avoir situé celui auquel il s'oppose, il faut commencer par dire un mot du dualisme, cible privilégiée et perpétuelle des psychomotriciens.

1.1. Le recul du dualisme

Le dualisme des temps modernes, c'est bien connu, a été professé au XVIIe siècle par Descartes et c'est Descartes qu'on cite le plus volontiers quand on se prête au jeu de la polémique philosophique. Débat classique mais trop souvent ramené à un procès instruit à la hâte et piteusement bâclé. Pour ne pas en rester à une vision simpliste des choses, il faut rappeler que la théorie proposée dans le *Discours de la méthode* (1637) et dans les *Méditations métaphysiques* (1641) intégrait les connaissances scientifiques du moment et, en conséquence, donnait du corps, de l'esprit et de leurs rapports, une définition parfaitement acceptable pour l'époque. Qu'on en juge! A la question «qu'est-ce donc que je suis?» Il répond dans ses *Méditations*: «Une chose qui pense (res cogitans) c'est-à-dire une chose qui doute, qui conçoit, qui affirme, qui nie, qui veut, qui ne veut pas, qui imagine aussi et qui sent» (Descartes, 1979, p. 85) et plus loin: «Il n'y a rien que la nature m'enseigne plus expressément, ni plus sensiblement, sinon que j'ai un corps qui est mal disposé quand je sens de la douleur, qui a besoin de manger ou de boire, quand j'ai les sentiments de la faim ou de la soif, etc. La nature m'enseigne aussi par ces sentiments de douleur, de faim, de soif, etc. que je ne suis pas seulement logé dans mon corps, ainsi qu'un pilote en son navire mais, outre cela, que je lui suis conjoint très étroitement et tellement confondu et mêlé, que je compose comme un seul tout avec lui. Car, si cela n'était, lorsque mon corps est blessé, je ne sentirais pas pour cela de la douleur, moi qui ne suis qu'une chose qui pense, mais j'apercevrais cette blessure par le seul entendement, comme un pilote aperçoit par la vue si quelque chose se rompt dans son vaisseau; et lorsque mon corps a besoin de boire ou de manger, je connaîtrais simplement cela même, sans en être averti par des sentiments confus de faim et de soif. Car en effet, tous ces sentiments de faim, de soif, de douleur, etc. ne sont autre chose que de certaines façons confuses de penser, qui proviennent de l'union et comme du mélange de l'esprit (mentis) avec le corps (cum corpore)» (op. cité p. 181). Pour un peu, on croirait lire un manifeste de psychomotricien modèle 1980 et nous sommes seulement en 1641!

Pourtant si, par tradition, les théoriciens et les praticiens de la R.P.M.* se sont posés comme des adversaires impitoyables du dualisme cartésien — c'est presque une obsession chez eux — il doit bien y avoir de solides raisons. Une telle insistance ne saurait aller sans aucune justification ! En relisant les *Méditations*, nous croyons avoir repéré les origines de cette hostilité dans une confusion d'abord, dans une erreur d'évaluation ensuite. La confusion inadmissible tient dans le fait que Descartes ne «distinguait point» (op. cité p. 63) l'esprit de l'âme et cette assimilation du «mens» et de «l'anima» était insupportable pour les hommes de science dont nous allons parler. La reconnaissance des capacités affectives, cognitives, conatives de l'homme est de l'ordre du constat; l'affirmation de l'existence d'une âme immortelle est de l'ordre de la croyance. Aucun raisonnement n'a jamais permis de passer d'un ordre à l'autre, de la première proposition qui s'impose à ceux qui croient au ciel et à ceux qui n'y croient pas, à la seconde proposition qui résulte d'une adhésion à une vérité de foi. Personne n'a jamais démontré que «ce moi c'est-à-dire mon âme, par laquelle je suis ce que je suis, est entièrement et véritablement distincte de mon corps et qu'elle peut être ou exister sans lui» (op. cité p. 175) et parmi les lecteurs de l'époque, seuls les chrétiens pouvaient souscrire à cette conviction.

L'erreur d'évaluation porte sur les pouvoirs du corps, de la «res extensa». Un corps rabaissé au rang des choses corruptibles. Un corps méprisé. Corps machine: «Je me considérais, premièrement, comme ayant un visage, des mains, des bras, et toute cette machine composée d'os et de chair, telle qu'elle paraît en un cadavre, laquelle je désignais par le nom de corps. Je considérais outre cela que je me nourrissais, que je marchais, que je sentais et que je pensais et je rapportais toutes ces actions à l'âme (anima ici)» (op. cité p. 81). Corps instrument: «Par le corps, j'entends tout ce qui peut être terminé par quelque figure; qui peut être compris en quelque lieu et remplir un espace en telle sorte que tout autre corps en soit exclu; qui peut être senti, ou par l'attouchement, ou par la vue, ou par l'ouïe, ou par le goût, ou par l'odorat; qui peut être mû en plusieurs façons, non par lui-même, mais par quelque chose d'étranger duquel il soit touché et dont il reçoive l'impression» (op. cité p. 83). Toute l'histoire de l'école française de psychomotricité montre au contraire que cette distinction entre la «res cogitans» et la «res extensa» ne résiste pas à l'analyse scientifique (et n'a de sens que si l'on admet l'existence de Dieu et

---

* Rééducation Psycho-Motrice.

l'immortalité de ce qu'en termes religieux on appelle «l'âme»), que le corps ne saurait être conçu comme un habitacle provisoire et non nécessaire ou, pour parler à la manière de Descartes, comme un assemblage «d'os, de nerfs, de muscles, de veines, de sang et de peau» (op. cité p. 185), que la psyche (substantif désormais préféré à «esprit») ne saurait être conçue comme une puissance immatérielle de décision et de contrôle ou, pour parler à la manière de Descartes, «une chose qui ne participe à rien de ce qui appartient au corps» (op. cité p. 131).

Une nouvelle conception de la motricité

La dénonciation de l'approche mécaniste du corps a été rendue possible par les progrès de la neurophysiologie normale et pathologique. Dès le début du XIXe siècle, les grandes découvertes de la physiologie nerveuse soulignent l'insuffisance du modèle traditionnel: C. Bell (1774-1842) et F. Magendie (1783-1855) différencient les nerfs sensoriels et les nerfs moteurs; J.P. Muller (1801-1858) établit le principe de l'énergie spécifique des nerfs (un nerf n'engendre jamais qu'une sorte de sensations); E. Du Bois Reymond (1818-1896) démontre que l'influx nerveux n'est qu'une onde électrique et H. Von Helmholtz (1821-1894) parvient à mesurer la vitesse de sa propagation chez l'animal et chez l'homme; Flourens (1794-1871) en pratiquant la méthode de l'ablation commence à isoler les différentes fonctions des centres nerveux; E.H. Weber (1795-1878) étudie les propriétés de la sensation et énonce les lois de la sensibilité différentielle; à coup sûr, il s'agit là de faits saillants dans l'histoire de la physiologie mais il faudra attendre la fin du XIXe siècle et le début du XXe siècle pour qu'on en vienne à une représentation du corps fondamentalement différente.

- 1re voie d'abord: *la pathologie corticale*

La découverte des troubles des fonctions symboliques a été, sans aucun doute, un moment important dans l'élaboration de la notion de psychomotricité. Le schéma anatomo-clinique qui établissait une correspondance rigoureuse entre la lésion et le symptôme ne peut plus être invoqué pour expliquer certains phénomènes pathologiques. On se rend compte qu'il est possible de constater des dysfonctionnements graves sans qu'une atteinte lésionnelle du cerveau soit bien «localisée», comme l'avait soutenu Broca, après sa découverte de l'aphasie (1861). En effet, ce n'est pas la compréhension de ce trouble du langage qui a fait avancer les choses: dans l'aphasie, on établit une correspondance point par point entre la lésion en foyer et le symptôme. La description de Wernicke (1874) s'inscrit encore dans ce courant localisationniste. C'est davantage la découverte des troubles praxiques qui, selon nous, doit être soulignée : en effet, on est alors en présence d'une perturbation de l'activité gestuelle sans qu'il y ait paralysie ou démence et sans qu'un siège anatomique soit parfaitement circonscrit. C'est Liepmann (1900) et surtout Monakow (1914) — ce dernier insistant sur la variabilité des foyers lésionnels — qui ont permis de dépasser le schéma statique de l'anatomo-pathologie. Dans l'apraxie idéo-motrice, par exemple, « le malade est tout à fait incapable d'exécuter sur ordre les divers mouvements intransitifs : il lui est impossible de fermer le poing au commandement tandis que sa main se ferme parfaitement sur l'objet saisi spontanément » (J. de Ajuriaguerra et H. Hécaen, 1960 a, p. 263). Ce n'est donc pas la fonction elle-même qui est perdue mais un certain usage de la fonction.

- 2ᵉ voie d'abord : la *neurophysiologie*

Un autre pas en avant a été fait lorsque C.S. Sherrington, élève de J.H. Jackson (1834-1911) parle en 1906 de « l'action intégrative du système nerveux » c'est-à-dire du rôle de celui-ci dans la régulation des conduites d'un organisme en interaction avec le milieu. Il y a rupture parce que désormais la théorie segmentaire du réflexe ne permet plus de comprendre le fonctionnement de l'organisme. Au lieu de s'attacher uniquement à l'étude de l'individu « isolé » en laboratoire, on va désormais l'appréhender en situation. On réalise que tout mouvement, même le plus simple, a une signification biologique : le réflexe nociceptif de flexion est un acte de défense, le réflexe myotatique d'extension permet d'assurer la posture. La moelle épinière est reconnue capable « d'intégrer » l'information c'est-à-dire d'analyser les stimuli et d'y répondre de façon adaptée. Les contributions des autres grands physiologistes qu'ont été G.T. Fechner (1801-1887), W. Wundt* (1832-1920), I.P. Pavlov (1849-1936) ne sont pas négligeables mais elles sont très connues et, pour ce qui nous concerne, elles n'ont pas eu la portée des systématisations de Jackson et Sherrington.

- 3ᵉ voie d'abord : la *neuropsychiatrie infantile*

E. Dupré, en qui G. Heuyer, J. de Ajuriaguerra, C. Koupernik, C. Kohler voient le créateur de la notion de psychomotricité, a lui aussi bousculé un dogme lorsqu'il a décrit en 1907 le syndrome de débilité motrice et lorsque dans son fameux exposé de 1909 (Dupré, 1909), il l'a envisagé dans ses rapports avec la débilité mentale. En effet, le syndrome mis en évidence à partir de la conjonction de trois principaux « stigmates » (maladresse, syncinésies, paratonie) n'est pas attribué à une atteinte lésionnelle du système pyramidal, conçu

---

* Physiologiste mais aussi philosophe.

jusqu'alors comme le support anatomique exclusif du mouvement volontaire, mais seulement à une insuffisance soit « par agénésie essentielle, soit après une légère encéphalopathie des premières années » (op. cité p. 407). La nouveauté de cette description ne tient pas seulement dans l'analyse du symptôme que Dupré a appelé « la paratonie » et qui se caractérise par « l'impossibilité de réaliser volontairement la résolution musculaire » (op. cité p. 405) mais dans des remarques relatives à l'étiopathogénie du syndrome. La débilité motrice est considérée alors comme « un état pathologique congénital de la motilité, souvent héréditaire et familial » (op. cité p. 405) mais elle est rapprochée de l'état de débilité « physiologique » que présente le nourrisson : « Il est un âge auquel on constate normalement l'insuffisance de développement du cerveau psychique et du cerveau moteur avec ses dépendances : c'est la première enfance, durant laquelle le nourrisson représente un débile mental et moteur physiologique. La débilité motrice se traduit précisément, chez le jeune enfant, par les éléments du syndrome plus haut signalé : hypertonie, troubles des réflexes, syncinésie, énurésie, etc. » (op. cité p. 409). Cette proximité clinique est expliquée par une proximité étiologique : le nouveau-né normal et le débile moteur pathologique ne disposent pas d'un faisceau pyramidal tout à fait mature et tout à fait fonctionnel. L'idée d'une différence de degré entre l'enfant « normal » et l'enfant « pathologique » est déjà en germe en 1909 et elle deviendra opératoire un demi-siècle plus tard lorsqu'il sera question de préciser la nature du trouble psychomoteur et les conditions d'efficacité de la rééducation psychomotrice.

Telles sont à nos yeux les trois séries de découvertes qui ont invalidé le vieux modèle du corps automate, du corps navire-soumis-à-la-commande-de-l'esprit-pilote et qui ont rendu nécessaire la représentation d'un corps promu intelligent par la puissance réceptrice, intégratrice et ordonnatrice du système nerveux. Un corps plus noble, plus délicat, plus actif.

1.2. La découverte des concordances psychomotrices

Ce rappel de l'évolution des conceptions relatives à la nature, aux propriétés, aux lois de fonctionnement du corps et de la motricité a pu paraître un peu long mais il aura permis, selon nous, de saisir le contexte théorico-pratique dans lequel la notion de psychomotricité a pu mûrir et éclore à la fin du XIXe siècle et au début du XXe siècle. A la lumière de cet éclairage épistémologique, on comprendra mieux sans doute l'apparition de la première opérationnalisation du concept de psychomotricité que représente la mise en évidence des concordances psychomotrices.

1.2.1. Les rapports de la motricité et de l'intelligence

Dans les années 1907-1909, la neurologie française va porter attention à un problème déjà connu mais pas encore expliqué, la concordance plus ou moins étroite entre la débilité motrice et la débilité mentale. Tour à tour, Dupré (1907), Naudascher (1907-1908), Mery et Armand-Delille (1908), Dupré et Merklen (1909) vont s'attacher à décrire et à interpréter des constatations cliniques de concomitance des deux syndromes. La célèbre communication de Dupré et Merklen au Congrès de Nantes (1909) est à cet égard une source d'information précieuse. Cette thèse tient dans deux propositions également importantes (alors que de nombreux lecteurs pressés n'ont retenu que la première): «Il est naturel d'observer l'insuffisance du développement du cerveau moteur et de ses dépendances chez les sujets qui présentent, en même temps, de l'insuffisance de développement du cerveau psychique. Aussi constate-t-on fréquemment l'association de la débilité motrice à la débilité mentale (...). De même qu'existent, dans la débilité psychique, non seulement de nombreux degrés, mais de nombreuses variétés (débilité intellectuelle dans ses multiples modalités et nuances: mémoire, jugement, aptitudes, etc. débilité affective, morale, volontaire; débilités partielles, électives, etc.) de même existent, dans la débilité motrice, non seulement tous les échelons mais tous les genres. C'est ainsi qu'on pourra souvent constater la dissociation du syndrome de la débilité motrice et l'absence dans le tableau clinique de tels ou tels de ses éléments. Dans la pratique, c'est aux différents degrés de la débilité mentale et d'ordinaire proportionnellement à ces degrés mêmes, qu'on observe la débilité motrice» (Dupré et Merklen, 1909, p. 408).

La règle c'est donc la concomitance mais cette liaison n'est pas fatale. «La dissociation des deux syndromes mental et moteur s'explique aisément grâce à l'indépendance relative des zones psychique et motrice sur le manteau cortical (...). La débilité motrice ne se rencontre pas que chez les débiles psychiques. On peut en retrouver les éléments (paratonie, syncinésie, maladresse) chez des individus psychiquement normaux et même intellectuellement supérieurs (...). De même, certains grands débiles et certains idiots offrent un développement remarquable de la force et de l'agilité motrices, qui démontre par un exemple inverse, que le cerveau moteur est parfois épargné alors que le cerveau psychique a été arrêté dans son évolution. On connaît des idiots dont l'agilité, l'adresse, l'aptitude aux jeux d'équilibre, jointes à leurs manies de grimacer, de flairer, etc. affectent de remarquables analogies avec celles du singe. H. Wallon et L. Kindberg ont communiqué un cas intéressant de cette forme d'idiotie; s'appuyant sur de semblables faits, l'un de nous rappelait, à ce propos, que la motilité et l'intelligence peuvent être, dans leur développement normal, comme dans leurs atteintes morbides, dissociées et relativement indépendantes» (op. cité p. 408). Les observations dont les deux neurologues font état donnent la preuve clinique des différentes combinaisons possibles : dans un groupe de 17 sujets (de tous âges), la débilité motrice est associée à la débilité mentale; dans le deuxième (6 cas), les stigmates de débilité mentale s'allient à un fonctionnement régulier, ou tout au moins à peu près régulier, du cerveau moteur et de ses dépendances; dans le troisième (4 cas), les éléments du syndrome de débilité motrice vont de pair avec un développement normal du cerveau psychique; dans le quatrième (7 cas), c'est le caractère héréditaire et familial de la débilité motrice qui est mis en relief. Nous avons montré (J. Le Camus, 1976) que cette description de la débilité motrice devait être révisée et que certaines affirmations relatives à l'étiopathogénie et au pronostic n'étaient plus recevables aujourd'hui mais en raison de l'influence que Dupré a exercée sur Heuyer et Ajuriaguerra, l'intérêt de ce Rapport de 1909 nous paraît capital.

1.2.2. Les rapports de la motricité et du caractère

Avec Dupré, l'autre grande figure de cette première période, c'est indiscutablement H. Wallon. Nous avons déjà vu dans quel courant de la psychologie française il fallait placer Henri Wallon mais, pour mieux situer les événements et les hommes, nous rappellerons qu'au début du XXe siècle il terminait sa formation initiale : Ecole Normale Supérieure de 1899 à 1902 (l'année où il devient agrégé de philosophie), Etudes de Médecine de 1903 à 1908 (l'année où il devient docteur en médecine), Assistant de neuropsychiatrie à partir de 1908 (il fut le collaborateur de Nageotte à Bicêtre et à la Salpêtrière). Le premier grand ouvrage de Wallon paraît après la 1re guerre mondiale : il s'agit de sa fameuse thèse de doctorat intitulée *L'Enfant turbulent*. Nous sommes en 1925. Cette thèse porte précisément sur «les stades et les troubles du développement psychomoteur et mental chez l'enfant» et inaugure une importante série de publications relatives aux stades (1925), au syndromes (1925) et aux types psychomoteurs (1932). Plus que l'inventaire de ces descriptions très connues, ce qui nous intéresse, c'est l'idée générale qui les sous-tend : l'observation clinique met en évidence la concomitance de symptômes portant sur les sphères motrice, intellectuelle et affective et des solidarités interfonctionnelles apparaissent aussi chez l'enfant normal (le type étant au syndrome ce que le normal est au pathologique). A la différence de Dupré, Wallon s'intéresse davantage à la corrélation (au sens de co-occurrence) entre motricité et caractère qu'à celle entre motricité et intelligence. Le caractère désigne alors chez Wallon les manifestations observables de l'activité, de l'affectivité, des rapports sociaux, de la volonté, des habitudes de l'enfant. C'est d'ailleurs cette centration que retiendra le fervent disciple de Wallon que fut Edouard Guilmain, le père de la Rééducation Psycho-Motrice.

Il nous semble important aussi de montrer en quoi Wallon fut homme de son temps et, simultanément, novateur de génie. On lui a reproché le caractère localisatoire de certaines descriptions des années 1925-1930 et il est vrai que la classification des syndromes et des types doit être replacée dans les conceptions neurologistes de l'époque. Conceptions influencées par l'apparition (1917) et la recrudescence (1920 et 1924) de l'encéphalite épidémique d'Economo. Dans sa thèse, il a analysé et critiqué les travaux de Dupré sur le syndrome de la débilité motrice et mentale. Dans d'autres textes, il a comparé ses conclusions à celles de Homburger et Gourevitch. L'inventaire des formes cliniques de la maladresse établi d'après «le système d'organes dont l'activité était déficiente» est à réviser assurément et j'ai moi-même contribué à cet effort nécessaire d'actualisation (Le Camus, 1981a). Mais il faut dire en même temps que Wallon n'est pas resté prisonnier de la notion de parallélisme qui dominait alors en pédopsychiatrie et qu'il a su aller bien au-delà du simple constat de corrélations psychomotrices. Dès 1925, dans *L'Enfant turbulent*, il a affirmé ce que personne n'avait dit avant lui et ce que personne n'a remis en question après lui : «le mouvement est d'abord l'unique expression et le premier instrument du psychisme» (Wallon, 1925). Dès 1929, dans un article sur l'habileté manuelle, il a démontré que «l'adresse ne se limitait pas à une aptitude particulière et localisée» (Wallon, 1929) et qu'il fallait la saisir dans une visée que nous qualifierions aujourd'hui de systémique : «Non seulement elle suppose l'exercice de fonctions qui sont nécessaires au mouvement général, mais elle est en rapport avec toutes les formes de réactions qui appartiennent à la personne du sujet» (idem). Déjà à cette époque, il a critiqué le concept de parallélisme entendu comme équivalent de simultanéité, de couple, de corrélation et il a proposé celui moins descriptif d'action réciproque. Dans la préface qu'il a écrite pour l'ouvrage de Guilmain, il s'exprime en ces termes : «Poserai-je à M. Guilmain quelques questions qui sont moins des objections que des suggestions. Sans doute il a fort bien saisi cette loi de la vie et de l'évolution mentale suivant laquelle s'opposent et se substituent entre elles des activités qui procèdent les unes des autres. Mais revenant à l'analyse de ses propres observations, n'a-t-il pas présenté de façon trop simple et trop unilatérale les rapports du mouvement et de l'intelligence ? Ne semble-t-il pas vouloir déduire l'insuffisance intellectuelle de l'insuffisance motrice ? Sans doute les a-t-il toujours trouvées concomitantes chez les enfants qu'il étudiait. Mais le lien de dépendance est-il aussi strict et uniforme qu'il l'indique ? Au stade de différenciation atteint par nos fonctions nerveuses, le déficit primitif ne peut-il porter aussi bien sur les unes que sur les autres ? Les répercussions s'en généraliseront évidemment. Mais le jeu des actions réciproques qui en résulteront entraînera des effets beaucoup plus divers que ne le laisserait supposer le tableau dressé par M. Guilmain. Dans la vie mentale, il n'y a pas de relations univoques. Au vieux déterminisme mécaniste, il faut résolument substituer le déterminisme dialectique» (E. Guilmain, 1935). Les écrits walloniens de cette époque doivent être considérés comme déterminants pour le sujet qui nous occupe : nous verrons comment ils seront exploités par des éducateurs comme E. Guilmain, des psychologues comme R. Zazzo, des pédopsychiatres comme M. Bergeron, G. Heuyer et surtout J. de Ajuriaguerra. Retenons déjà que pour la première fois nous avons vu la notion de psychomotricité appliquée à celles de *développement (ou de stade)*, de *trouble (ou de syndrome),* de *type* : c'est là l'indice d'un enrichissement conceptuel que l'on doit au fondateur du *Laboratoire de Psychobiologie de l'Enfant* et la promesse d'un essor que les nombreux héritiers de Wallon s'attacheront à consacrer.

2. LES PREMIERES PRATIQUES (1890-1939)

Nous avons fait assez de chemin pour comprendre à présent l'origine et les ambitions de ce que nous pourrions appeler les premières pratiques psychomotrices, celles qui ont été inspirées en grande partie par les idées précédemment analysées. Au travers de l'œuvre de deux précurseurs, Philippe Tissié et Edouard Guilmain nous allons voir comment les pratiques éducatives et thérapeutiques du début du XXe siècle ont fait place, au plan des intentions et des modalités d'action mais pas encore à celui des institutions, à la méthode psychomotrice.

2.1. La psycho-dynamie de Philippe Tissié (1852-1935)

Les historiens de l'Education Physique ont montré que, dans la période qui a suivi la guerre de 1870, le souci de régénérer la jeunesse, de la «rebronzer», comme disait P. de Coubertin, a conduit le législateur à confier l'organisation de l'éducation physique aux militaires. On ne dispose pas d'autres formateurs et puis c'est avec eux qu'on pourra le mieux forger les muscles et les caractères et, ce faisant, préparer la revanche. C'est avec cette conception de la gymnastique héritée de Jahn (1778-1852) et d'Amoros (1770-1848) que le docteur Tissié va faire rupture pour proposer une autre conception de l'Education Physique, conception qu'il ne parviendra pas à faire adopter intégralement.

2.1.1. La critique de la gymnastique (1870-1890)

Dans l'introduction de l'ouvrage collectif paru en 1901 et intitulé *L'Education Physique*, le docteur Tissié dénonce les «errements» dans lesquels la France s'est enfoncée depuis l'époque napoléonienne où «les lycées n'étaient que l'antichambre de la caserne» (op. cité p. XII) jusqu'au début du XXe siècle où va pouvoir enfin «s'ouvrir une ère nouvelle» (idem). Avec tout son talent de polémiste, Tissié s'applique à démontrer que les textes réformateurs des ministres de l'Instruction Publique (V. Duruy entre 1868 et 1870, J. Simon en 1871 et 1872, J. Ferry entre 1880 et 1882) n'ont pas sensiblement modifié l'enseignement de la gymnastique en France et que la «méthode athlétique et acrobatique» élaborée par le colonel Amoros à partir de 1815 demeure hélas la référence essentielle des instructeurs. Pour Tissié, il faut en finir avec l'âge militaire de l'Education Physique et entrer résolument dans l'âge scientifique.

2.1.2. Une nouvelle conception de l'Education Physique (1898-1901)

Au terme de la mission officielle qu'il a accomplie en Suède en 1898, Tissié va se faire l'apôtre de Ling (1776-1839) et de sa gymnastique éducative. Pour justifier les objectifs et les modalités de cette discipline qu'on va dorénavant appeler l'éducation physique, il n'hésite pas à solliciter les contributions de plusieurs spécialistes des sciences nourricières: des physiologistes comme F. Regnault et le Dr Hallion, des psychophysiologistes comme J. Philippe, des psychologues comme P. Janet, des hygiénistes comme le Dr Treille et le Dr Poirier, des pédagogues comme F. Buisson, des sociologues comme G.L. Duprat.

Le projet pédagogique proprement dit est sous-tendu par l'idée que «les rapports intimes existent entre la pensée et le mouvement» (op. cité p. X), que «des liens intimes et réciproques unissent la cérébration et la musculation, c'est-à-dire le psychisme et le dynamisme» (op. cité p. X). A la manière de ses contemporains Mosso et Demoor connus pour leurs travaux sur les rapports entre la pensée et le mouvement, il défend une conception psychomotrice de l'éducation physique, la «psychodynamie» (en 1900, il est le seul dans ces milieux à utiliser le qualificatif «psychomoteur» fraîchement issu du monde de la neurologie). Cette conception paralléliste va s'exprimer dans les différentes applications qu'il propose et notamment dans la «gymnastique pédagogique» destinée à tous les enfants et la «gymnastique médicale» réservée pour la réhabilitation des enfants «arriérés». Dans les deux cas, le caractère scientifique de la méthode tient certes à la recherche obstinée d'exercices qui respectent les lois de l'anatomie et de la physiologie mais cette gymnastique n'était pas, comme on le croit trop souvent, une simple géométrie biologique. La visée architecturale était assortie d'une visée fonctionnelle dans le cadre pédagogique (Tissié était un adepte du jeu éducatif) et d'une visée clinique dans le cadre médical (Tissié faisait appel aux pratiques hypnotiques lorsqu'il avait à assurer des traitements médico-psychologiques). Il serait à peine exagéré de soutenir que le premier compte rendu de thérapie psychomotrice figure dans l'observation de la «petite Jeanne» rapportée au début de l'ouvrage publié en 1901.

Le créateur de la *ligue girondine de l'Education Physique* (1888) dut mener par la suite un combat difficile. Il trouva en Démeny, en Hébert et en de Coubertin des adversaires prestigieux et pugnaces: tour à tour, la gymnastique physiologique préconisée par la premier, la gymnastique naturelle inventée par le second et le sport promu par le troisième seront préférés à la gymnastique suédoise défendue par Tissié. Ce combat sans issue fut mené plus tard par les docteurs Fournié, Balland et Seurin au sein de la *Fédération française de gymnastique éducative** et on ne peut pas dire qu'il soit aujourd'hui complètement terminé. Quoi qu'il en soit, nous retiendrons que ce puriste de l'éducation par le mouvement a eu le mérite d'ouvrir la voie des pratiques corporelles de statut scientifique et même de construire l'ébauche de la méthode psychomotrice en rééducation ou en thérapie. La psychodynamie, c'est bel et bien le prénom et le pré-concept de la pratique psychomotrice actuelle et Tissié peut être considéré à juste titre comme le précurseur des psychomotriciens d'aujourd'hui.

---

* F.F.G.E. dans la suite du texte.

2.2. La Rééducation Psychomotrice d'Edouard Guilmain (1901-1983)

La psychodynamie de Tissié intégrait, nous l'avons vu, les découvertes scientifiques de la fin du XIXe siècle qui correspondent à la période du pré-concept de psychomotricité (§ 1.1). Avec Guilmain nous allons assister à la mise en application des idées de Dupré et de Wallon sur les concordances psychomotrices (§ 1.2) c'est-à-dire à l'exploitation de travaux situés dans le premier quart du XXe siècle, période de la première opérationnalisation du concept. Mise en application ponctuelle encore, sans grande portée institutionnelle mais décisive quant à l'orientation méthodologique.

2.2.1. Le prototype de l'examen psychomoteur (1935)

2.2.1.1. Principes

En tant que professeur de classe de perfectionnement de la ville de Paris, Guilmain côtoyait des enfants atteints de troubles du caractère appelés communément «instables» ou «pervers», enfants pour lesquels il n'existait encore aucun examen de dépistage ou de diagnostic (l'échelle métrique d'Ozeretski n'a été traduite en français qu'en 1936). Les cours de Wallon (1930) allaient lui permettre de combler cette lacune et de réaliser le souhait formulé par le docteur Simon: «Trouver une méthode d'examen direct qui découvre le fond même dont les actes sont la conséquence». En effet, ce soubassement, c'est précisément ce qu'a analysé Wallon dans les *Origines du Caractère* (Wallon, 1934): la fonction tonique intervenant dans la prise et le maintien des attitudes (3 items) mais aussi dans l'exécution des mouvements puisqu'elle permet d'assurer l'équilibre (10 items); la fonction cinétique intervenant dans les mouvements automatiques (6 items) et dans les mouvements volontaires (5 items).

2.2.1.2. Utilité

Guilmain ne se contente pas d'une simple mesure des capacités motrices*. Son ambition est de parvenir à identifier des structures psychomotrices, des solidarités interfonctionnelles, des concomitances de symptômes (syndrome) ou de dispositions (type) portant sur les sphères motrice et affective. Plus précisément, il va se mettre à la «recherche de rapports constants de relations réciproques» (op. cité p. 66) entre les troubles du comportement identifiés par l'observation continue de l'enfant et les altérations des fonctions «affectives-actives»

---

* Reproche qu'il adresse à Ozeretski dans son ouvrage de 1948.

identifiées par l'examen psychomoteur. S'il y a correspondance entre les deux séries d'anomalies, «nous sommes en droit de penser que les troubles du comportement de l'enfant sont en partie la conséquence de l'état de ses fonctions d'activité et qu'en améliorant le jeu de celles-ci nous amenderons son caractère (...). Au contraire, si l'enfant satisfait à l'examen psychomoteur tout en présentant des défauts de caractère sérieux, nous pourrons admettre que ces défauts résultent d'une mauvaise éducation et non d'un état anormal. Il y aura faute d'éducation du caractère et c'est sur le milieu qu'il faudra agir, en même temps qu'un peu de psychothérapie viendra rétablir chez l'enfant l'équilibre psychique momentanément compromis» (op. cité p. 67). L'examen psychomoteur n'a pas le simple statut d'instrument de mesure, il a celui de moyen de diagnostic, d'indication thérapeutique et de pronostic. Sur ce registre, Guilmain fait figure de novateur.

2.2.2. *L'esquisse de la Rééducation Psycho-Motrice (1935)*

L'autre volet de l'œuvre de Guilmain, c'est la construction d'une nouvelle méthode de rééducation. Une méthode qui s'appuie sur les usages de quelques devanciers illustres mais qui se présente indiscutablement comme une tentative originale de définir des indications, des règles d'application et des moyens d'action ajustés aux objectifs poursuivis.

2.2.2.1. *Intégration d'un double héritage*

- Le courant médico-pédagogique

Guilmain indique clairement que tout traitement psychomoteur doit comprendre les diverses techniques utilisées en neuropsychiatrie infantile depuis le début du siècle: exercices d'éducation sensorielle, exercices de développement de l'attention et travaux manuels. Par là, il se veut l'héritier des créateurs des «méthodes actives», précurseurs lointains et non spécifiques des modernes psychomotriciens.

- Le courant éducatif

Cet ancien élève de l'Ecole Normale de Paris n'ignore pas non plus tout l'apport du courant de l'éducation physique. Il est convaincu de l'intérêt de la méthode suédoise recommandée par Tissié et corrigée par Démeny et il connaît aussi les méthodes d'inspiration naturelle ou sportive mais il ne s'agit pas là de pratiques «psychomotrices» au sens strict du terme et, bien avant, J. Le Boulch ou G. Soubiran, il récuse une utilisation du terme aussi large, aussi affadie.

2.2.2.2. Proposition d'une nouvelle méthode de rééducation

Après avoir montré pourquoi et comment Guilmain se démarquait des idées et des pratiques courantes dans le domaine des tests, voyons quelle est la nature de l'innovation dans la manière de définir le trouble psychomoteur et la rééducation psychomotrice.

- Les troubles psychomoteurs

Dans les années 1925-1930, on parlait de troubles moteurs et pas encore de troubles psychomoteurs. Heuyer qui dirigeait le Service de Neuropsychiatrie infantile créé en 1925 était fermement convaincu de la justesse de la loi mise en évidence par son maître Dupré, la loi du parallélisme psychomoteur, mais préférait utiliser l'adjectif «moteur» lorsqu'il était question de test, de profil, d'aptitude, de trouble, d'éducation. Dans son mémoire de 1936 (Heuyer et Roudinesco, 1936), les «troubles de la motricité» désignent les manifestations des encéphalopathies chroniques (maladie de Little notamment) et de la débilité décrite par Dupré, mais Heuyer prend ses distances avec les classifications de «syndromes psychomoteurs» proposées par Homburger, Gourevitch ou Wallon, classifications dans lesquelles il trouve «une systématisation excessive et parfois fantaisiste» (op. cité).

Au contraire, Guilmain s'attache à isoler des troubles des fonctions psychomotrices accompagnant les troubles du caractère. Quels sont les cas où des améliorations notables sont attendues? Il s'agit «des instables, des impulsifs, des légers paranoïaques et même des jeunes délinquants, des émotifs, des obsédés ou des apathiques» (op. cité p. 86). Tel est le premier cadre, net et précis, des indications de la R.P.M. On aura remarqué que ni les déficients morphostatiques et fonctionnels, ni les handicapés moteurs cérébraux, ni les débiles mentaux, ni les enfants atteints de désordres névrotiques et psychotiques structurés ne figurent dans ce champ des indications préférentielles. Ce choix initial ne sera jamais oublié par ceux qui après Guilmain ont bâti l'école française de Psychomotricité.

- La rééducation psychomotrice (R.P.M.)

Il faut, là encore, se reporter aux conceptions de Heuyer pour juger de l'originalité de Guilmain. A la fin du Mémoire déjà cité (1936), le professeur de neuropsychiatrie recommande l'éducation motrice chez les «arriérés» (des classes et internats de perfectionnement) ou la rééducation motrice chez les enfants intelligents présentant des troubles moteurs isolés et cette action est succinctement assimilée à de la «gymnastique rythmique» associée ou non à des traitements psycho et chimio-thérapiques.

Guilmain va innover en précisant les modalités de l'intervention et d'abord «les précautions à prendre pour que les exercices d'entraînement moteur atteignent leur valeur éducative» (op. cité p. 87). Ces conseils pédagogiques précèdent l'analyse des contenus des séances rapportés à trois intentions principales: rééduquer l'activité tonique (avec les exercices d'attitude, les exercices d'équilibre et les exercices de mimiques); améliorer l'activité de relation (avec les exercices de dissociation et les exercices de coordination motrice à support ludique); développer la maîtrise motrice (avec les exercices d'inhibition pour les instables et de désinhibition pour les émotifs). Le texte de 1935 nous met en présence d'un véritable programme de travail, d'une nouvelle méthode de rééducation, la R.P.M.*.

Assurément, Guilmain ne s'est pas contenté de rester dans l'ombre de son maître en psychologie Wallon, ni dans celle du premier grand pédopsychiatre Heuyer, ni dans celle des prestigieux doctrinaires de l'éducation physique Démeny et Hébert; il a su intégrer ces multiples apports et parvenir, depuis son modeste poste d'éducateur (instituteur puis directeur d'école de perfectionnement), à l'ingénieuse synthèse qui allait servir de modèle à plusieurs générations de psychomotriciens. Comme Tissié trente-cinq ans plus tôt, il a mis sa lucidité et sa générosité au service de la pédagogie des «déshérités». Puissions-nous avoir contribué à situer cette œuvre à sa vraie place. La meilleure.

Au terme de ce chapitre introductif, on pourrait s'étonner de la faible incidence donnée au contexte socio-politique et institutionnel sur les origines de la psychomotricité en France. Il ne s'agit aucunement d'un oubli. Chemin faisant, nous avons souligné l'importance des lois de la Troisième République qui en rendant l'enseignement primaire gratuit (1881), obligatoire et laïque (1882) ont permis de mettre en évidence qu'en dehors des enfants atteints d'infirmité ou de débilité profonde, la Société devait prendre en charge la frange des «anormaux» éducables et qui ont incité les chercheurs à proposer des moyens de dépistage (en 1905, Binet et Simon publient la première échelle métrique d'intelligence). L'importance aussi de la loi de 1909 qui autorise la création, sur la demande des communes et des départements, des classes et des écoles autonomes de perfectionnement destinées aux «enfants arriérés» des deux sexes, l'encadrement étant assuré par des instituteurs publics pourvus d'un diplôme spécial: «Certificat d'Aptitude à l'Enseignement des Enfants Arriérés». Mais, au cours du premier tiers du XXe siècle, les pratiques psychomotrices n'ont

---

* Les expression E.P.M. et T.P.M. n'ont pas cours en 1935: la rééducation à précédé l'éducation (E.P.M.) et la thérapie (T.P.M.).

pas encore atteint le stade de l'institutionnalisation. Non seulement il n'existe aucune profession reconnue et préparée pour les appliquer, mais même les programmes de ceux qui pourraient s'en inspirer (enseignants d'Education Physique; instituteurs, spécialisés ou non) ne font encore explicitement mention ni des objectifs, ni des moyens de ce que nous appelons aujourd'hui les pratiques psychomotrices. On en est aux initiatives ponctuelles: A. Collin crée en 1912 la première consultation de *Psychiatrie infantile* à Paris (c'est lui qui a lancé le terme «pédopsychiatrie»); en 1925, sur l'initiative de H. Rollet, président du *Patronage de l'Enfance et de l'Adolescence* et du doyen H. Roger, la Faculté de Médecine de Paris crée la clinique annexe de Neuropsychiatrie infantile pour, au dire de son principal animateur G. Heuyer, «dépister les anomalies mentales des adolescents délinquants» (G. Heuyer, 1969). Cependant, à l'échelon national, rien n'est encore organisé qui puisse assurer la prévention, le diagnostic et le traitement des troubles psychomoteurs chez l'enfant. Du reste, en dépit des propositions de E. Guilmain sur la définition de «l'examen psychomoteur» (distingué de l'examen moteur) et de «la rééducation psychomotrice» (indiquée pour venir à bout des troubles du comportement), *la doctrine officielle ne fait pas état, au sens strict, d'une symptomatologie psychomotrice*, c'est-à-dire d'un cadre défectologique ou nosologique qui puisse justifier la création de services et donc de techniciens spécialisés en psychomotricité.

*
* *

Finalement, c'est le contexte philosophique et scientifique qui constitue le creuset de la psychomotricité naissante. Et dans ce jeu d'influences multiples, nous avons cru déceler une sorte d'organisateur, de structure mère : nous avons dit que la représentation du corps qui sous-tend la théorie et la pratique psychomotrice s'organise d'abord autour du concept de *parallélisme*. C'est l'évidence quand on lit Ribot, Demoor, Mosso, Janet, Tissié puis Dupré, Wallon, Heuyer, mais c'est vrai aussi quand on analyse les premières méthodologies. La «psychodynamie» de Tissié, c'est une tentative de rapprochement (plus que de synthèse) entre la musculation (suédoise) et la cérébration (française), une amorce de conciliation entre le point de vue purement mécanique et le point de vue psychologique. La «R.P.M.» de Guilmain, c'est aussi un essai de couplage entre la psychologie ou plus exactement la psychobiologie wallonienne et l'éducation physique de Démeny et d'Hébert. Ce concept de parallélisme permet de donner un début de réponse au problème lancinant des rapports entre phénomènes psychologiques et phénomènes moteurs. A coup sûr, il s'agit d'un *progrès de la pensée*: la tradition cartésienne de l'hétérogénéité des deux substances ne permettait pas d'imaginer autre chose que l'apposition pure et simple ou l'antinomie des deux catégories, c'est-à-dire l'absence de relation. Dire qu'il y a parallélisme, concordance plus ou moins étroite et plus ou moins permanente entre les deux séries de processus, c'est commencer à concevoir une mise en relation. Cependant, cette première réponse reste approximative (en particulier chez Dupré et Heuyer) et surtout *peu explicative*. Elle relève du constat, de la description: à une proximité de structure correspond une proximité de fonctionnement, sans trop savoir laquelle commande à l'autre. Il y a certes mise en rapport puisqu'on parle de corrélation (au sens clinique et pas au sens statistique) mais il s'agit de la relation la plus simple qui soit car, ne l'oublions pas, le propre de deux éléments parallèles, c'est de ne pas se rencontrer.

Ainsi donc, le «corps subtil» qui se dessine au début du XXe siècle est à saisir au sein de cette structure bipolaire, doublement focalisée et la première image du corps nouveau, c'est celle d'un *corps adroit*. Représentation encore faiblement structurée, aux contours flous, mais qui prend force et relief quand on sait la percevoir sur le fond des autres représentations du corps. Celle du corps athlétique rompu à toutes les acrobaties, fortifié par l'habitude du combat en simulation et prêt pour la défense de la patrie. Celles plus tardives du corps sain, bien modelé par la répétition de mouvements localisés et corrigés; du corps fort, rendu résistant par la pratique d'une méthode dite naturelle mettant comme objectif premier le renforcement des qualités foncières; du corps performant grandi par les compétitions pacifiques mais acharnées du stade, de la piscine ou du gymnase. Ce corps subtil de la première heure, c'est un corps qui n'est pas régi uniquement par les lois de la mécanique et de la thermodynamique mais aussi par celles de la psychologie. Cette superstructure qui coiffe le corps mécanique et énergétique c'est déjà, avant la lettre, le corps informationnel.

Chapitre 2
Le corps conscient

La deuxième phase de l'évolution se caractérise, selon nous, par l'établissement et l'approfondissement du concept de psychomotricité; par l'enrichissement, l'affinement et la spécification de la méthodologie; par l'apparition puis la reconnaissance officielle des praticiens de la psychomotricité. Ces phénomènes se produisent dans la période qui correspond en gros au troisième quart du XXe siècle. Théorie et pratique paraissent s'ordonner autour d'un nouvel organisateur que nous appellerons l'*impressionnisme*. Le «corps subtil», c'est maintenant le corps capable d'accueillir, de mettre en ordre et de conserver l'information issue de son propre fonctionnement et du milieu (physique et humain) dans lequel il s'insère. Pour le différencier du corps réceptacle de la tradition, nous pourrions peut-être dire que le «corps subtil», c'est désormais un corps essentiellement récepteur. Et si le «corps subtil» de la première période avait pour matrice une psychologie encore très inféodée à la neurologie, c'est maintenant une psychologie plus autonome qui va constituer la principale référence théorique des chercheurs et des techniciens de la psychomotricité. Nous examinerons dans ce chapitre les orientations doctrinales et méthodologiques de l'école française de *1945 à 1973*.

1. LA CONSOLIDATION DU SUPPORT THEORIQUE

Nous avons montré dans le premier chapitre que le concept de psychomotricité avait pris racine à la fin du XIXe siècle et au début du

XXᵉ siècle dans le terrain des découvertes et des ébauches de systématisation de la psychologie scientifique, psychophysiologie et psychopathologie notamment. Nous nous proposons de démontrer à présent que le concept a pu s'étoffer grâce à l'apport d'une grande théorie psychologique, la théorie phénoménologique; grâce au développement de l'un des domaines essentiels de la psychologie, la psychologie de l'enfant; grâce enfin, après 1960, au succès croissant de la psychanalyse.

1.1. Influence des gestaltistes phénoménologues

Nous avons déjà mentionné la naissance de la psychologie de la Forme au début du XXᵉ siècle et tous les historiens spécialisés considèrent ce courant de pensée comme l'un des plus importants de la psychologie. A la suite de Wertheimer qui découvrit le rôle des groupements et de l'organisation des stimuli dans la perception visuelle, Koffka (1886-1941), Kohler (1887-1967) et Levin (1890-1947) furent les principaux animateurs de ce mouvement et pour se démarquer à la fois de l'associationnisme (jugé trop élémentiste) et du behaviorisme (jugé trop mécaniste), les théoriciens de la Gestalt considèrent les phénomènes physiques, physiologiques et psychologiques comme des touts indissociables, appelés «formes». Sans procéder à une analyse détaillée qui sortirait de notre perspective, nous ferons remarquer que les travaux des Gestaltistes ne s'appliquent pas seulement à la perception, domaine dans lequel ils sont le plus pertinents, mais aussi à la structure et au fonctionnement de la personnalité grâce notamment à la contribution de Lewin dans la période qu'il consacra à la psychologie individuelle: ses recherches sur les activités interrompues (1927), sur la saturation (1928), sur la colère (1931) font partie des morceaux classiques de la psychologie générale. Ce qui nous semble intéressant par contre, c'est de saisir l'influence de la Gestalt-théorie sur des hommes qui ont directement inspiré les psychomotriciens de la seconde génération, inspiration que nous discernerons dans une triple direction: le concept de schéma corporel, la conception phénoménologique de la conduite, la conception fonctionnelle du mouvement.

1.1.1. Le concept de schéma corporel

Depuis la publication des ouvrages de M. Bernard (1972) et de J. Corraze (1973), l'histoire du concept de schéma corporel est désormais bien connue. C'est à partir de troubles relatifs à la sensation, à l'usage, à l'appropriation et à la connaissance du corps propre que des neurologues et des psychiatres en sont venus entre 1880 et 1920 à concevoir une sorte de référentiel auquel l'individu rapporte son expérience psychosomatique : coenesthésie (Reil, début XIXe siècle), schématie (Bonnier, 1905), somatognosie (Charcot et le membre fantôme, 1888; Babinski et l'anosognosie, 1914; Pick et l'autotopoagnosie, 1908 et 1922), schéma postural (Head, 1911). Mais c'est surtout le nom de Paul Schilder, psychiatre viennois (l'auteur de *Le schéma corporel* en 1923 et *L'Image et l'apparence du corps* en 1935) qui reste attaché à cette notion aussi confuse que célèbre. C'est dans ce dernier ouvrage, traduit en français par F. Gantheret et P. Truffert en 1968 mais connu des spécialistes peu après sa publication en allemand, que Schilder propose une sorte de synthèse entre le modèle neurologique du corps hérité de Head et le modèle psychanalytique du corps libidinal et fantasmatique hérité de Freud : cette « image tridimensionnelle que chacun a de soi-même » (Schilder, 1935), image essentiellement dynamique qui intègre toutes nos expériences perceptives, motrices, affectives, sexuelles fut appelée par Schilder « image du corps » ou « schéma corporel ». Dans cette lignée, Schilder occupe une place centrale et la systématisation de 1935, celle qui eut le plus d'effet sur les idées psychiatriques françaises, est très imprégnée de l'influence de Wertheimer, Koffka et Kohler. Il s'en réclame très ouvertement — son schéma constitue d'une certaine manière une gestalt — et même s'il professe une conception de la personnalité plus dynamique que celle des pères de la Gestalt-psychologie, il retient l'essentiel du message. Comme l'a rappelé F. Gantheret dans la préface de l'ouvrage cité, l'autre attache théorique de Schilder, c'est la phénoménologie husserlienne, héritage qu'il partage avec Merleau-Ponty et Buytendijk dont nous allons reparler : « De la philosophie de Husserl, il reste très perceptible une très fine notation clinique qu'on appréciera en tout ce qui concerne les sensations et impressions corporelles. Mais surtout la centralité du corps et de l'expérience corporelle dans la phénoménologie, l'importance de l'usage de l'autre et du corps de l'autre, dans la constitution du moi se retrouve dans l'œuvre de Schilder » (op. cité p. 12). Comme l'a montré G. Vigarello dans sa thèse, l'éducation (ou la rééducation) du schéma corporel deviendra l'une des tâches prioritaires que se donneront les psychomotriciens.

1.1.2. *La conception phénoménologique de la conduite*

Il apparaît déjà que l'influence de Sartre (1905-1980) sur la pensée contemporaine est sans commune mesure avec celle de l'autre philosophe phénoménologue, Merleau-Ponty (1908-1961), son compagnon de route des années 1940. Il est bien clair en particulier que l'on doit à

Sartre beaucoup plus qu'à Merleau-Ponty l'élaboration d'un des grands «systèmes» du XXe siècle: l'existentialisme athée. Peu ou prou, la doctrine qui pose le primat d'un homme sans Dieu, condamné à être libre et «à se créer à travers sa vie et ses actes», s'est infiltrée dans bon nombre de programmes éducatifs et thérapeutiques proposés après la 2e guerre mondiale. Implicitement, on y érige en principe que «l'important n'est pas ce qu'on a fait de nous mais ce que nous faisons de ce qu'on a fait de nous» et qu'ainsi l'homme ne vaut que par l'action de transformation, de libération qu'il entreprend sur lui-même. Mais pour en revenir à notre propos, les fondements de la pratique psychomotrice, il est tout aussi clair que l'on y découvre la marque de Merleau-Ponty beaucoup plus que celle de Sartre. Ce dernier est présent dans la mesure où il a contribué à faire connaître la phénoménologie de Husserl et Heidegger qu'il a découverte lors d'un long séjour à Berlin en 1933 et 1934 et qu'il a exploitée dans des œuvres comme la *Transcendance de l'Ego* (1936), *L'Esquisse d'une théorie des émotions* (1939), *L'Imaginaire* (1940) ou *L'Etre et le Néant* (1943).

Mais à notre avis, les deux ouvrages écrits au même moment par Merleau-Ponty, la *Structure du Comportement* (1942) et la *Phénoménologie de la Perception* (1945) connurent un retentissement plus profond et plus durable dans le monde de la psychiatrie et de la pédagogie française, notamment sur des hommes comme Ajuriaguerra, Le Boulch, Vayer. Or si Merleau-Ponty se réclame avant tout de la pensée d'Husserl avec qui il affirme qu'il est nécessaire d'en revenir à la «naïveté du vécu», que la conscience n'est pas un contenant d'images, d'émotions, d'idées mais qu'elle est toujours conscience de quelque chose, visée intentionnelle d'un objet, etc., il se range sans ambiguïté dans le sillage de Wertheimer, Koffka, Köhler, Goldstein abondamment cités dans ces deux ouvrages. En prenant appui sur les gestaltistes et en les dépassant, Merleau-Ponty réussit à faire admettre d'une part, que le comportement doit être saisi non pas comme une coordination de réflexes mais comme une «structure» non réductible à ses composantes et obéissant à des lois de totalité (Merleau-Ponty, 1942); d'autre part, que nos actes — et l'acte de percevoir notamment — sont à saisir comme des modalités de l'être au monde, modalités dans lesquelles il serait vain, comme le voulait Descartes, de chercher à isoler et à juxtaposer un «processus en soi» et une «cogitatio»: «l'union de l'âme et du corps n'est pas scellée par un décret arbitraire entre deux termes extérieurs, l'un objet, l'autre sujet. Elle s'accomplit à chaque instant dans le mouvement de l'existence» (Merleau-Ponty, 1945, p. 105). Bien que son nom ne l'indique pas, cet ouvrage reste l'un des plus classiques et des plus prestigieux traités sur le corps et on peut le considérer comme le dernier acte de condamnation du dualisme. Il nous suffira d'en rapporter quelques phrases qui pourraient servir d'exergue à plusieurs ouvrages des psychomotriciens de la seconde génération : « le corps est le véhicule de l'être au monde et avoir un corps c'est pour un vivant se joindre à un milieu défini, se confondre avec certains projets et s'y engager continuellement (...). S'il est vrai que j'ai conscience de mon corps à travers le monde ; qu'il est, au centre du monde, le terme inaperçu vers lequel tous les objets tournent leur face, il est vrai pour la même raison que mon corps est le pivot du monde : je sais que les objets ont plusieurs faces parce que je pourrais en faire le tour, et en ce sens, j'ai conscience du monde par le moyen de mon corps (op. cité p. 97). Etre une conscience ou plutôt être une expérience, c'est communiquer intérieurement avec le monde, le corps et les autres (la fameuse trilogie retenue dans plusieurs méthodes d'éducation ou de thérapie psychomotrice), être avec eux au lieu d'être à côté d'eux (op. cité p. 113). Il ne faut pas dire que notre corps est dans l'espace, ni d'ailleurs qu'il est dans le temps. Il habite l'espace et le temps (op. cité p. 162). Je ne suis pas devant mon corps, je suis dans mon corps, ou plutôt je suis mon corps (op. cité p. 175) ».

1.1.3. *La conception fonctionnelle du mouvement*

Le troisième courant de pensée largement influencé par les thèses de la Gestalt (3ᵉ voie d'abord de la doctrine psychomotrice), c'est ce qu'on pourrait appeler la tendance fonctionnaliste, principalement incarnée par F.J.J. Buytendijk (né en 1887). Ce théoricien du mouvement avait été professeur de physiologie avant qu'on lui confie la chaire de psychologie d'Utrecht et il s'était fait connaître en France par un *Traité de psychologie animale* publié en 1952. Mais c'est son ouvrage *Attitudes et Mouvements* édité en 1957 et préfacé par E. Minkowski qui a surtout renouvelé la pensée des psychomotriciens français, qu'il s'agisse des neurologues comme Ajuriaguerra et Bergès ou des professeurs d'éducation physique comme Le Boulch. A la manière de Schilder et de Merleau-Ponty, il intègre l'apport de la phénoménologie et celui de la Gestalt-psychologie pour forger une conception « fonctionnelle » du mouvement humain. Buytendijk étudie non pas des mouvements mais des hommes qui se meuvent, non pas des processus c'est-à-dire « des phénomènes groupés en des relations constantes, des événements reliés entre eux causalement dans le temps » (Buytendijk, 1957, p. 36) mais la fonction, c'est-à-dire « l'ensemble indivisible de mouvements relié par un rapport significatif à quelque chose d'extérieur à ces mouvements » (op. cité p. 37). Au lieu de s'arrêter à l'analyse des conditions de possibilité du mouvement, c'est-à-dire à une physiologie générale des neurones et de leurs connexions, il accède au plan de la « saisie du sens »; il considère les mouvements comme « des relations et des valeurs vitales, comme des formes du comportement et des rapports de situation, comme des prises de position, des actions et des réactions » (op. cité p. 46). La façon dont on garde l'équilibre, dont on prend, dont on se défend « implique beaucoup plus qu'une pure succession d'événements (...), elle est définie par le but, par le point d'aboutissement et donc par l'avenir » (op. cité p. 44). Cette étude des relations fonctionnelles entre l'individu et son milieu prolonge, on l'aura compris, la visée de Lewin et celle de Goldstein pour qui toute activité est « la manifestation d'un dialogue entre l'organisme et le monde environnant » (principe que Goldstein a mis en avant dès 1934 dans la *Structure de l'organisme*). Elle dépasse aussi la visée de Koffka et Kohler. Buytendijk a fait sienne les idées gestaltistes dans la mesure où la théorie de la Forme a exclu définitivement l'explication du psychique par l'anatomie du système nerveux, de la perception par une « projection » point par point d'une donnée périphérique sur l'écorce cérébrale, de l'apprentissage et de la pensée par l'association, des mouvements par les réflexes, dans la mesure où elle est allée au-delà du constat de parallélisme psychophysique et a refusé le vitalisme de Driesch (qui attribuait les processus régulateurs et globaux à une « entéléchie ») mais il la juge incapable de rendre parfaitement compte des phénomènes vitaux concrets. Cette théorie reste pour lui trop « physicaliste », trop ignorante de la subjectivité, trop peu intéressée (malgré la tentative de sauvetage de Lewin) à la « relation au monde » et finalement, il la voit comme plus attachée à l'étude des processus qu'à celle de la fonction. De cette publication soulignée en son temps comme en événement scientifique mais qui, après un quart de siècle, a subi l'usure du temps, nous retiendrons deux ordres d'enseignements qui nous semblent encore très actuels.

Avec Buytendijk, nous assistons d'abord à une tentative réussie de réconcilier la physiologie, science de la « res extensa » et la psychologie science de la « res cogitans ». Au milieu du XXe siècle, la séparation entre les deux était encore très marquée et le dualisme philosophique laissait encore des séquelles en dépit des arguments en faveur d'une saisie holistique présentés par Ribot, Janet, Wallon pour ne citer que des savants français. Buytendijk affirme avec force et élégance que le « mouvement appartient à l'unité psychophysique humaine. L'énoncé est acceptable à condition de ne pas se représenter cette unité comme l'effet d'une collaboration aussi intime soit-elle, entre deux réalités distinctes. Il s'agit d'une référence à un monde phénoménal antérieur à la distinction entre le physique et le psychique. Ce plan phénoménal différent est celui de l'existence humaine comme présence corporelle au monde» (op. cité p. 65). Et encore: «La saisie du sens des mouvements se situe dans une sphère neutre du point de vue psychophysique. Il s'agit d'un ordre d'expérience antérieur à la distinction entre le physique et le psychique ou au moins d'une région où cette distinction est inopérante. Nous pouvons appeler cette sphère, la sphère du comportement» (op. cité p. 48). Sur ce point, il se montre très proche de Merleau-Ponty dont il connaît les principaux ouvrages.

L'autre apport majeur de cette œuvre tient, selon nous, à la netteté, à la profondeur et à la finesse de l'analyse des catégories de mouvements. Buytendijk propose une double distinction : action et expression d'une part, expression et figuration d'autre part. Les actions transitives sont définies comme «mouvements et réaction motrices ayant un but, un point d'aboutissement qui est la source de leur signification» (op. cité p. 115); les mouvements expressifs comme ayant «une signification immanente» et comme n'étant «pas finalisés» (op. cité p. 115). Les premiers ont comme caractère d'être «progressifs», d'avoir un «devenir» et de se dérouler dans le «temps espace», d'être «reliés à leur but» et de donner lieu à la question: «A quoi mène cette action?»; les seconds peuvent être décrits comme ne «dépendant pas d'un but», comme ayant une «durée», comme étant «reliés à la manière d'être au monde» et comme donnant lieu à la question: «Quelle est la situation du sujet?». Nous avons conservé cette distinction dans nos recherches (Le Camus, 1976) en ajoutant un quatrième caractère : dans la motricité transitive qualifiée aussi d'instrumentale, le corps est sollicité d'abord en tant que producteur et consommateur d'énergie; dans la motricité expressive dite parfois émotionnelle ou relationnelle, le corps est sollicité prioritairement comme émetteur et récepteur d'information.

L'autre distinction oppose mouvement expressif et mouvement figuratif ou représentatif. Le propre de la motricité de représentation, c'est de «renvoyer à une réalité distincte du mouvement»: sa signification n'est pas une «donnée phénoménale» alors que dans l'action et l'expression, le sens est «apparent et immédiatement visible»; en d'autres termes, le rapport qui unit le geste figuratif à sa signification est du type signifiant-signifié. Cette bipolarité s'appuie sur celle que Cicéron établissait déjà entre la «demonstratio» (mouvement expressif spontané et authentique) et la «significatio» (geste de la scène, représentant et signifiant) et surtout sur celle de Klages entre les «mouvements expressifs» au sens strict (manifestations d'un mouvement psychique dans le mouvement corporel, conséquence de l'animation) et les «gestes spécifiquement humains» (très différents d'une époque à l'autre et d'une région à l'autre). Dans le langage de l'époque, on disait que le mouvement expressif était commun à l'homme et à l'animal, propre à l'espèce, ne faisait pas l'objet d'un apprentissage et devait être compris comme une manifestation de la vie, comme la reproduction incoercible d'un mouvement intérieur. En cela, on reprenait la définition que Darwin avait posée à la fin du XIXe siècle dans son fameux ouvrage *L'expression des émotions chez l'homme et chez les animaux* (Darwin, 1965). Par contraste, on considérait le mouvement figuratif comme propre à l'homme, appris, variable dans le temps et dans l'espace (ou conventionnel), supposant conscience vécue et liberté. Aujourd'hui, on serait plus nuancé, compte tenu du fait qu'il n'est guère possible, chez l'homme du moins, de faire la part de ce qui dans un geste porteur d'information relèverait du capital commun à l'espèce et ce qui relèverait d'un conditionnement culturel. A la manière de Corraze (1980a), on préfère s'attacher à dichotomiser communication et intention (présence ou absence de l'intention accompagnant le message) et expression et communication (on distingue l'émission d'un événement de l'interaction dont il peut être l'origine).

Ainsi donc, ce triple développement de la théorie phénoménologique a considérablement pesé sur la construction de la doctrine française de psychomotricité des années 60: même s'ils ne se sont pas directement intéressés aux problèmes posés par la R.P.M., même s'ils ne sont pas toujours cités, (on n'est pas toujours pleinement conscient de ce que l'on doit à ses devanciers), Schilder, Merleau-Ponty et Buytendijk sont à l'origine de quelques-unes des idées clés des psychomotriciens de la seconde génération.

1.2. Influence des psychologues du développement

L'autre source d'inspiration de la théorie psychomotrice fut incontestablement la psychologie de l'enfant: en mettant en évidence l'importance du mouvement dans les premières années de la vie, les psychologues vont donner l'occasion aux psychomotriciens de justifier et de spécifier leur pratique. Parmi ceux qui ont influencé l'école française, il faut citer Gesell (1880-1961) et surtout Wallon (1879-1962) et Piaget (1896-1980). Le premier mit l'accent sur la recherche et la détermination des paliers maturatifs de l'ontogenèse: ses travaux, achevés au cours de la 2e guerre mondiale, ont été diffusés en 1943 aux U.S.A. et en 1949 en France. La description du comportement selon les quatre principales sphères d'activité (motricité générale, motricité oculo-manuelle, langage, socialité) et selon les phases du calendrier (1 an, 15 mois, 18 mois, 2 ans, 30 mois, 3 ans, etc.) a directement inspiré la construction de l'échelle de Brunet et Lézine (1951) très utilisée par les cliniciens autant que par les expérimentalistes. Mais on peut dire que Gesell a servi de modèle plus généralement à tous ceux qui, avec et après Zazzo, ont proposé des tests d'aptitude ou de développement. Dans le secteur qui nous concerne en priorité, nous mettrons sur le devant de la scène les tests moteurs et psychomoteurs dus aux chercheurs du laboratoire de psychologie de l'Hôpital Henri Rousselle, M. Stambak, N. Galifret-Granjon, H. Santucci, etc. (1960); le test d'Imitation de gestes dû à I. Lézine et J. Bergès (1963); le test de schéma corporel dû à J. Bergès, M. Stambak et al. (1966), autant d'instruments d'évaluation et de diagnostic que les psychomotriciens trouvent encore à leur disposition dans les divers lieux de soin où ils interviennent. Sans mésestimer l'apport de ce courant comportementaliste et différentialiste, nous ne surprendrons personne en affirmant que c'est avant tout à l'apport de Wallon et Piaget, les deux «dinosaures»* de la psychologie de l'enfant, que les spécialistes en psychomotricité ont été sensibles. Essayons de comprendre pourquoi en analysant les deux contributions.

1.2.1. L'apport d'Henri Wallon

Nous avons déjà montré comment l'auteur de *L'Enfant turbulent* avait contribué aux productions théoriques (les concordances psychomotrices) et méthodologiques (par la médiation d'E. Guilmain) de la première période. Cette influence va se prolonger et s'accentuer après 1935 dans la mesure où les travaux initiaux de Wallon, ceux qui ont trait aux stades et aux troubles (1925), aux types et aux syndromes (1932), vont être réexaminés, approfondis et diffusés à une plus grande échelle mais aussi continués dans plusieurs directions. En 1980, lors d'une journée d'hommage organisée par l'*Institut de Recherches Marxistes* à Paris, nous avons essayé d'analyser cette influence et avons différencié deux modalités d'action :

- Influence directe

L'œuvre de Wallon ne s'arrête pas à la parution des *Origines du Caractère* en 1934! En dehors de ses deux ouvrages considérés comme monumentaux et souvent commentés : *De l'Acte à la pensée* (1942) et les *Origines de la Pensée* (1945), on lui doit une foule d'articles, de

---

* Terme extrait du compte rendu du Congrès International de Psychologie de l'Enfant (journal «Le Monde», juillet 1979).

conférences, de préfaces — en 1975, René Zazzo avait dénombré 264 publications — qui donnent à cette œuvre une richesse et une diversité incomparables. Les psychomotriciens y ont puisé de multiples enseignements et en particulier ceux relatifs aux enfants dits pervers (1935), au rôle de l'autre dans la conscience du moi (1946), aux étapes de la sociabilité chez l'enfant (1952), à l'importance du mouvement dans le développement psychologique de l'enfant (1956), aux étapes de la personnalité chez l'enfant (1955), à l'espace graphique de l'enfant (1959a). Mais par-dessus tout, c'est la contribution qu'il a apportée à l'étude de la genèse du «schéma corporel» qui a retenu l'attention des éducateurs et des thérapeutes. C'est sur ce terrain particulièrement investi par les auteurs de méthodes psychomotrices à partir des années 60, que l'apport de Wallon est sans doute le plus fondamental. Tous les psychologues connaissent au moins ses articles *Kinesthésie et image visuelle du corps propre chez l'enfant* (1954) et *Espace postural et espace environnant* (1962). Apport fondamental parce que Wallon a été le premier à avancer des propositions tellement vraies qu'elles apparaissent aujourd'hui comme des évidences. Le schéma corporel n'est pas «une donnée initiale, ni une entité biologique ou psychique» mais une construction (Wallon, 1959b, p. 263). Etudier la genèse du schéma corporel chez l'enfant, c'est se demander comment l'enfant parvient «à la représentation plus ou moins globale, plus ou moins spécifique et différenciée de son propre corps» (idem p. 252). Cette acquisition est importante. «C'est un élément de base indispensable à la construction de la personnalité de l'enfant (...). C'est le résultat et la condition de justes rapports entre l'individu et son milieu» (idem p. 263). Les travaux récents de R. Zazzo sur l'ontogenèse des réactions de l'enfant devant l'image spéculaire (Zazzo, 1977a et 1977b) constituent un prolongement des études inspirées par Wallon en 1948. Cette filiation nous amène à envisager à présent l'influence au second degré.

- Influence indirecte

A partir de 1950, la pensée de Wallon a continué à féconder la psychologie française par la médiation de quatre réseaux de diffusion. C'est d'abord à ce moment-là que René Zazzo succède à Wallon à la direction du *Laboratoire de Psychobiologie de l'Enfant* et chacun sait avec quelle passion il s'est engagé dans la poursuite et l'enrichissement des recherches de son maître : ses publications et celles de ses collaborateurs ne se comptent plus. Le second groupe de disciples est formé par ces psychologues du développement qui ont aussi beaucoup écrit et qui se nomment H. Gratiot-Alphandery, P. Malrieu (l'un de nos maîtres toulousains), I. Lézine, L. Lurçat, Tran-Thong : leurs travaux sont encore consultés et publiés aujourd'hui et il serait fastidieux d'en dresser l'inventaire. Le troisième groupe réunit quelques pédopsychiatres comme M. Bergeron, G. Heuyer, C. Koupernik, etc. qui ont toujours fait une large place — M. Bergeron en particulier — aux découvertes et aux conceptualisations de Wallon. Le quatrième groupe, le plus influent chez les psychomotriciens, c'est l'équipe dirigée par J. de Ajuriaguerra à l'Hôpital Henri Rousselle (M. Stambak, N. Galifret-Granjon, etc.)*. Nous verrons plus loin en quoi a consisté l'originalité de cette équipe dans la définition des troubles psychomoteurs et dans l'élaboration des techniques d'examen et de thérapie mais il faut dire à présent combien a été présente la pensée de Wallon dans les orientations proposées par Ajuriaguerra depuis ses travaux sur la débilité motrice (1948) jusqu'à la publication de la 1re charte de R.P.M. (1960). Il faut dire aussi que cette proximité scientifique s'est prolongée après le départ d'Ajuriaguerra à Genève comme en témoignent les publications de cette époque. Ajuriaguerra nous invite à une autre lecture des *Origines du Caractère* et nous fait découvrir la partie immergée de cet iceberg que constitue l'œuvre de Wallon. Il souligne d'abord que «l'état tonique est un mode de relation, hypertonie d'appel, hypotonie de soulagement, de détente ou de satisfaction» (Ajuriaguerra, 1960). Ce texte décrit les types de paratonie couramment observés et la forme habituelle de leur évolution au cours du «training», précise les modalités de déroulement de la cure (technique de Schultz). Dans ce rapport, c'est d'une méthode de psychothérapie de l'adulte qu'il est question mais le «dialogue tonique» qui s'instaure entre le patient et le thérapeute au moment de la cure doit être compris, pour une part du moins, comme une reviviscence structurante du dialogue corporel, de contact et à distance, qui a été vécu entre l'enfant et sa mère dans les premiers mois de la vie. Puis, dans le fameux article qui s'intitule *Le corps comme relation* et qui se présente comme une étude synthétique sur la psychologie du corps, Ajuriaguerra revient sur l'importance de la «relation tonico-émotionnelle» dans le premier développement de l'enfant: «la préoccupation constante de Wallon a été de bien montrer l'importance de la fusion affective primitive dans tous les développements ultérieurs du sujet, fusion qui s'exprime au travers des phénomènes moteurs dans un dialogue qui est le prélude au dialogue verbal ultérieur et que nous avons appelé le dialogue tonique» (Ajuriaguerra, 1962). Enfin, dans un article qu'il a écrit en hommage à Wallon, il fait remarquer que même dans la partie la plus critiquée de son œuvre, celle qui a trait aux syndromes et aux types, Henri

---

* Service de rééducation des troubles de la psychomotricité et du langage.

Wallon « discerne, décrit et spécifie à travers les comportements psychomoteurs des modalités de conduite » (Ajuriaguerra, 1962) et plus loin : « A travers le phénomène moteur, élevé à la valeur de geste et d'attitude, Wallon cherche à saisir l'ensemble de l'expression d'une personnalité, une façon d'être au monde ». Il ajoute : « chacun sait l'importance que Wallon a accordée au phénomène tonique par excellence qu'est la fonction posturale de communication, essentielle pour le jeune enfant, fonction d'échange par l'intermédiaire de laquelle l'enfant donne et reçoit. C'est surtout par là, à notre sens, que l'œuvre de Wallon ouvre une perspective originale et féconde en psychologie et en psychopathologie. Et la fonction posturale est essentiellement liée à l'émotion c'est-à-dire à l'extériorisation de l'affectivité » (op. cité). Quand on sait toute l'importance que cette conception du « dialogue tonique » a eu sur l'évolution de la pensée psychiatrique occidentale, on sera pour le moins étonné des propos tenus en 1980 par J. Corraze. Wallon est accusé de se mouvoir « sur les hauteurs » et d'en être resté au stade « des anticipations » (Corraze, 1980a, p. 123) et ceux qui se réclament de lui — suivent les noms de J. Ajuriaguerra et d'Angelergues — doivent essuyer les mêmes remontrances : « Un tel horizon intellectuel laisse alors toute latitude aux amateurs de promenades métaphysiques de reprendre indéfiniment leurs rêves » (op. cité p. 124). L'outrance d'une telle critique suffit à discréditer son auteur.

Pour en finir avec l'apport d'Henri Wallon, nous remarquerons que le succès simultané de la psychologie wallonnienne et de la psychiatrie phénoménologique inaugurée vers 1930 par E. Minkowski, a eu pour effet de remettre au goût du jour une notion déjà esquissée dans l'œuvre de Ribot — et aussi comme l'a fait remarquer R. Doron (R. Doron, 1971) dans celle de Maine de Biran et dans celle de Bergson — la notion de *conscience gestuelle*. La conviction moderne selon laquelle l'expérience motrice constitue « l'expérience privilégiée où naît la conscience du sujet » et qui reconnaît que le sujet « émerge de son corps comme d'une masse gestuelle » (op. cité p. 9) plonge ses racines dans la théorie de l'effort défendue par Maine de Biran (1766-1824) : « Si l'individu ne voulait pas ou n'était pas déterminé à commencer de se mouvoir, il ne connaîtrait rien. Si rien ne lui résistait, il ne connaîtrait rien non plus, il ne soupçonnerait aucune existence, il n'aurait pas même l'idée de la sienne propre » (Maine de Biran cité par R. Doron, op. cité p. 15). Théorie qui s'accorde assez bien avec la psychologie scientifique de Ribot (1839-1916). L'auteur des *Maladies de la personnalité* peut être considéré, nous l'avons vu, comme le premier psychologue moderne à avoir souligné la nature psychologique du mouvement. On sait que pour lui « la personnalité réelle s'affirme non par la réflexion mais par les actes » (Ribot cité par R. Doron, op. cité p. 17) et que la psyche se construit dans et par l'activité motrice. Théorie qui trouve aussi un prolongement dans la pensée de Bergson (1859-1941), pourtant peu enclin à assimiler le monisme de Ribot. En effet, l'auteur de *Matière et Mémoire* rejoint son collègue, au moins sur un point, quand il attribue à la motricité une fonction d'ancrage de la subjectivité : « Si donc toute perception usuelle a son accompagnement moteur organisé, le sentiment de reconnaissance usuel a sa racine dans la conscience de cette organisation » (H. Bergson cité par R. Doron, op. cité p. 22). On peut donc parler d'une convergence de ces trois œuvres dans la mesure où l'origine de la conscience de soi est unanimement située dans l'expérience motrice du sujet. En décrivant les préludes du processus de subjectivation au sein même des « stades psychomoteurs » de la première enfance, c'est bien sûr Ribot que Wallon a choisi de suivre et de prolonger. En mettant volontiers l'accent sur des thèmes comme le « contact vital » avec la réalité, « l'intentionnalité » des actes ou le caractère « fonctionnel » des attitudes et des mouvements, c'est bien sûr de Bergson que Minkowski se rapproche. Mais ce qui est évident, c'est que les influences de la psychobiologie de l'école wallonienne et celles de la phénoménologie de Minkowski, de Merleau-Ponty et de Buytendijk s'entremêlent dans la renaissance de ce « concept opérationnel » (op. cité p. 48) que représente la « conscience gestuelle » dans les années 60. Nous verrons combien le souci d'améliorer ou de restituer la conscience des formes et des fonctions corporelles (respiration, état tonique) sera présent à l'esprit des praticiens de la psychomotricité de la seconde génération. Rendre le corps conscient, ce sera la devise de G. Alexander, M. Feldenkrais, G. Soubiran, J. Le Boulch ou M.L. Orlic.

1.2.2. *L'apport de Jean Piaget*

L'autre pilier de la théorie psychomotrice élaborée après la seconde guerre mondiale, c'est sans aucun doute l'œuvre initiale du psychologue de Genève. Nous n'avons pas à analyser dans le détail cette production gigantesque — décortiquée et critiquée dans de multiples ouvrages français et étrangers — mais à dire quand, pourquoi et comment les psychomotriciens y ont trouvé nourriture. Il faut savoir d'abord que les recherches et les découvertes de Piaget n'ont pas été exploitées immédiatement après leur publication : dans les années 30, Piaget n'est cité ni par Heuyer ni par Guilmain alors qu'il a déjà écrit cinq livres importants sur la psychologie de l'enfant (*Le langage et la pensée,* 1923; *Le jugement et le raisonnement,* 1924; *La représentation du monde*, 1926; *La causalité physique*, 1927; *Le jugement moral*, 1932) et qu'il a déjà forgé quelques-uns des grands concepts de sa théorie (assimilation, accommodation, égocentrisme, etc). Jusqu'en 1960 les écrits, pourtant fondamentaux, d'Ajuriaguerra et de ses collaborateurs de l'hôpital Henri Rousselle ne font pas davantage allusion aux travaux de Piaget alors qu'ont été éditées trois de ses œuvres maîtresses: *La naissance de l'intelligence*, 1936; *La construction du réel*, 1937; *La formation du symbole*, 1945. C'est donc après 1960 et, pour une part, en raison de l'installation d'Ajuriaguerra à Genève que la pensée de Piaget a été connue par les psychomotriciens français. Ce qu'il faut dire surtout, c'est que la plus grande partie des recherches de Piaget reste étrangère à leurs préoccupations: le grand dessein de Piaget — le seul en fait — a été d'étudier la construction de l'intelligence ou si l'on préfère, la genèse des notions (de quantité, de mouvement, d'espace, de temps, etc.) et bien rares sont les éducateurs et les thérapeutes qui ont eu le courage d'aller consulter les textes arides du grand épistémologue. Et pourtant Piaget est à considérer comme l'un des pères (peut-être le plus influent entre 1965 et 1975) de la théorie psychomotrice des vingt dernières années. Pourquoi?

C'est sans doute parce que, comme son célèbre rival français H. Wallon, il a compris que le mouvement était d'abord l'unique manifestation et l'unique instrument du psychisme (et donc pour lui de l'intelligence). En déplaçant la priorité du verbe vers l'action, il a contribué magistralement à démontrer que l'homme était pour commencer un être de mouvement, un *kinêtre*. C'est dans la coordination des schèmes sensori-moteurs, c'est-à-dire des systèmes de sensations et de mouvements pouvant donner lieu à assimilation (à incorporation) et à accommodation (à ajustement au monde extérieur) qu'il a situé les origines de l'intelligence. Les schèmes de succion, de vision, de préhension sont en quelque sorte les outils de l'adaptation précoce et leur enrichissement, leur différenciation, leur coordination permettent au nourrisson de passer progressivement de la dépendance la plus extrême à l'autonomie. La description des stades de l'intelligence dite sensori-motrice (Piaget n'utilise pas l'adjectif psychomoteur en parlant du jeune enfant car ce serait pour lui un pléonasme: le mouvement n'a pas à être mis en rapport avec le psychisme puisqu'il est le psychisme) reste un chef-d'œuvre de psychologie scientifique et même si on a proposé de rectifier les dates d'apparition des moments clés de cette succession (cf. White et surtout Bower, 1978) personne n'a remis en question la nature et l'ordre des acquisitions.

Les psychomotriciens n'on pas prêté grande attention au fameux débat qui a opposé Wallon et Piaget sur la continuité ou la discontinuité des formes de l'intelligence. Ce conflit apparaît aujourd'hui comme un combat d'arrière-garde pour qui veut en finir avec la psychologie métaphysicienne : il est clair, comme l'a souligné Wallon, que l'intelligence discursive, d'origine sociale, n'est pas de même nature que l'intelligence des situations, d'origine biologique, (dans *De l'Acte à la Pensée*, 1942, Wallon a parfaitement montré des différences); il est tout aussi clair, comme l'a soutenu Piaget, qu'il existe une intelligence préverbale et une intelligence non verbale (autrement dit une pensée sans langage) qui mérite pleinement d'être identifiée comme un autre type de pensée chez l'homme. En faisant appel au concept de niveau de complexité des acquisitions, on arrive à dépasser ce conflit. Et c'est bien cette idée que retiennent les psychomotriciens actuels, l'idée que l'infrastructure de l'intelligence opératoire est à situer au niveau même des réactions circulaires de la première année de la vie. L'idée que si cette étape sensori-motrice est manquée à la suite de perturbations d'origine organique ou d'origine sociale, c'est tout l'échafaudage qui risque d'en pâtir. L'idée que l'éducation «suffisamment bonne» (Winnicott) est celle qui permet l'exercice des premiers schèmes, qui stimule leur apparition et qui encourage leur évolution. L'idée que les pratiques de rééducation et de thérapie devront, pour une part au moins, s'attacher à refaire les étapes manquées du développement, à faire vivre convenablement ce qui a été mal vécu par certains ou même ce qui n'a pu être vécu. Alors le problème de la continuité entre le présymbolique et le symbolique leur apparaît comme une querelle dérisoire, une querelle de clercs du temps passé. Il leur semble que seules l'ignorance et la mauvaise foi peuvent empêcher certains de comprendre l'extraordinaire bond en avant que constitue l'accès à la représentation, la capacité d'exercer la fonction sémiotique dans le langage, le jeu, le dessin, etc. puis l'accès aux opérations concrètes et aux opérations de l'intelligence hypothético-déductive. Il leur semble que les mêmes obstacles expliquent que d'autres n'aient pas vu l'origine de notre capacité de résoudre des problèmes et l'origine des notions d'objet, d'espace, de temps, de causalité, etc. dans les développements de l'intelligence pratique. Par-delà les points de convergence qui se manifestent entre les deux œuvres (l'importance de l'imitation par exemple, Piaget, 1962), il y a bien longtemps que les psychomotriciens ont réconcilié les deux géants. Dans les années 70, les professeurs d'E.P.S. en stage à l'E.N.S.E.P.* ne disaient-ils pas pour témoigner leur indivisible admiration (ou pour conjurer leur malaise devant l'ampleur et l'austérité de leurs ouvrages?) : Piageon et Wallet! Aucun

---

* Ecole Normale Supérieure d'Education Physique.

psychomotricien ne nie l'originalité et la complémentarité de ces deux maîtres et ce qu'ils regrettent — et là le reproche s'adresse à l'un comme à l'autre — c'est qu'ils ne se soient pas davantage préoccupés du destin de «l'intelligence des situations» ou de « l'intelligence sensori-motrice» une fois installé le pouvoir de représentation qui fait de nous des «parlêtres». Les articles de Piaget postérieurs à la publication de la trilogie dont nous avons parlé (Piaget, 1956 et 1960) les ont laissés sur leur faim à ce point de vue.

1.3. Influence des psychanalystes

La troisième source d'inspiration de la théorie psychomotrice de cette période, c'est la psychanalyse; influence sur la compréhension de l'étiologie et de la pathogénie des troubles, soulignons-le, et pas encore sur l'orientation de la pratique rééducative et thérapeutique. En 1945, l'œuvre de Freud était encore peu connue en France (même si on s'accorde à dire que la percée de la psychanalyse est à mettre au crédit de Régis et Hesnard et remonte à 1913) et ce n'est que très lentement et par la coulisse qu'elle a fait son entrée dans le monde de la psychiatrie infantile. Comme pour Wallon et Piaget, nous n'avons pas à exposer ici le détail de la théorie mais à indiquer seulement en quoi les conceptions de S. Freud (et aussi celles de M. Klein, d'A. Freud, de R.A. Spitz plus tard) ont renouvelé l'approche traditionnelle de la motricité. Pour éviter de paraphraser R. Diatkine et J. de Ajuriaguerra qui en 1956 ont montré comment pouvaient s'articuler psychanalyse et neurobiologie (R. Diatkine, J. de Ajuriaguerra et J. Garcia-Badaracco, 1956) nous nous limiterons à citer trois innovations principales.

D'abord, c'est le statut du corps de l'enfant qui se modifie : pour S. Freud, le corps n'est plus seulement le siège des réactions émotionnelles qui soudent l'enfant et son entourage (idée de Wallon), ni l'instrument grâce auquel l'intelligence se construit (idée de Piaget), il devient lieu de plaisir. Et c'est précisément la prévalence de telle ou telle zone érogène qui ponctue l'évolution libidinale (stade oral, stade anal, stade phallique). Cette centration sur le devenir et les avatars de la sexualité infantile est trop connu pour qu'on y insiste ici mais on ne saurait trop souligner son aspect révolutionnaire pour la psychiatrie française des années 50.

Ensuite, c'est la complexité de nature du mouvement qui est soulignée par S. Freud: la réalité du mouvement ne se limite pas à son apparaître mécanique et neuro-physiologique. Une fonction organique (la fonction alimentaire par exemple) ou une activité perceptivo-motrice (la marche par exemple) ne s'exercent convenablement que si, au préalable, elles ont été «investies». Et la clinique enseigne que des troubles organiques peuvent être de type psychogène, c'est-à-dire qu'ils peuvent apparaître sans qu'on puisse invoquer le modèle anatomo-clinique traditionnel. On admet progressivement qu'un trouble émotionnel peut être à l'origine de dysfonctionnements situés soit dans le système neuro-musculaire volontaire ou le système sensori-perceptif (sur le modèle de «l'hystérie de conversion»: des symptômes tels qu'une paralysie, une paresthésie sont décrits comme l'expression symbolique d'un contenu psychologique et ont pour but de décharger les tensions émotionnelles), soit dans les systèmes neuro-végétatifs internes (sur le modèle de la «névrose d'organe»: certains troubles gastro-intestinaux, respiratoires, cardio-vasculaires sont décrits comme fonctionnels, c'est-à-dire comme des perturbations sans changement morphologique discernable, réversibles et provoquées par des stimulations chroniques et excessives des fonctions végétatives). La découverte des troubles organiques psychogènes fera fortune puisqu'elle conduira J. de Ajuriaguerra à jeter les bases de la pathologie psychomotrice et F. Alexander à bâtir les concepts fondamentaux de la médecine psychosomatique (F. Alexander, 1975). Ces idées sont à présent familières à tous les thérapeutes mais, au milieu du XXe siècle, elles ont bouleversé les cadres rationnels de la psychiatrie. Enfin, 1945 c'est l'époque où R.A. Spitz publie son fameux rapport sur l'hospitalisme (Spitz, 1945). La mise en évidence des effets catastrophiques des carences affectives précoces sur le développement de la personnalité dans son ensemble et sur le développement moteur en particulier est l'une des acquisitions les plus fondamentales de la pédopsychiatrie moderne (Spitz, 1973). Là encore, il serait puéril d'insister, tellement ces connaissances sont entrées dans nos conceptions éducatives et thérapeutiques modernes.

Voilà très schématiquement présentées quelques-unes des découvertes qui ont attiré l'attention de ceux qui après 1945 et davantage encore après 1960, ont fait entrer la théorie psychomotrice «dans l'histoire et dans sa spécificité» pour reprendre une expression que R. Aron appliquait à l'étude de l'enfant. Et ce qu'il faut retenir de cette première incursion de la psychanalyse dans le champ de la psychomotricité c'est, croyons-nous, la découverte du corps pulsionnel comme substrat et doublure du corps fonctionnel.

2. LA CONQUETE DE L'AUTONOMIE METHODOLOGIQUE ET INSTITUTIONNELLE

C'est seulement après la seconde guerre mondiale qu'on va trouver réunies les conditions socio-politiques de la création des services de prévention, de diagnostic et de soins qui vont permettre de passer au stade de l'institutionnalisation des pratiques psychomotrices. En 1944 paraît une «Nomenclature et classification des jeunes inadaptés» qui servira de fondement scientifique aux initiatives gouvernementales en faveur de l'enfance déficiente. La commission présidée par Lagache et composée d'experts en matière de défectologie et de pathologie (Dublineau, Guilmain, Heuyer, Launay, Wallon, etc.) retient trois catégories: les enfants malades; les enfants déficients (infirmes sensoriels, infirmes des membres, déficients moteurs, déficients du langage et arriérés mentaux ou intellectuels); les enfants présentant des troubles du caractère ou de la conduite. A partir de 1945, les études sur le retard scolaire se multiplient et les parents, ceux des classes privilégiées en priorité, deviennent plus attentifs à la réussite scolaire* de leurs enfants. C'est l'amorce d'un vaste mouvement de prise en charge des diverses inadaptations: création des associations régionales pour la sauvegarde de l'enfance et de l'adolescence qui sont des organismes semi-publics ayant pour but de coordonner les activités dans le domaine de l'enfance inadaptée (1946); apparition des premiers Centres Psycho-Pédagogiques (autour des années 50); fixation des conditions d'autorisation d'ouverture des Instituts Médico-Pédagogiques (1956); organisation des Commissions Médico-Pédagogiques (1958); décentralisation de la formation des instituteurs de classes de perfectionnement (1960), classes dont le nombre est passé, selon L. Moor, de 25 en 1914, à 274 en 1945 et 2.360 en 1959; création du Certificat d'Aptitude à l'Education des Enfants et Adolescents Déficients ou Inadaptés (1963); mise en place à l'échelle nationale des services de rééducation dépendant du Ministère de la Santé (C.M.P.P., hôpitaux de jour) ou du Ministère de l'Education Nationale (ouverture des Groupes d'Aide Psycho-Pédagogique en 1970). Tel est le contexte institutionnel dans lequel l'éducation et surtout la thérapie psychomotrice vont prendre corps dans les années 60.

---

* Les chercheurs étudient les conditions et les causes de l'échec scolaire.

2.1. Les pratiques thérapeutiques

Dans cette période d'effervescence doctrinale et technologique, nous distinguerons deux phases marquées l'une par le progrès théorique (1947-1960), l'autre par le progrès institutionnel (1961-1973).

2.1.1. Les recherches de l'hôpital Henri Rousselle

Dans les années qui ont suivi la deuxième guerre mondiale, c'est l'équipe de recherches «sur les troubles psychomoteurs et du langage» animée par J. de Ajuriaguerra qui a le plus contribué à la construction et à la reconnaissance d'une école française de thérapie psychomotrice.

2.1.1.1. Acquisitions ponctuelles (1947-1958)

Il faut voir l'amorce de cette construction dans la rupture épistémologique introduite en 1948 par J. de Ajuriaguerra et Diatkine. A l'encontre des idées reçues, les deux psychiatres vont affirmer la non-organicité et l'éducabilité de la débilité motrice décrite par Dupré : «il ne paraît pas possible de réduire la débilité motrice à un déficit instrumental lié à l'agénésie d'un système de projection ou d'un système sous-cortical particulier (...) et il vaut mieux la considérer comme un syndrome ayant ses caractéristiques propres (...) (J. de Ajuriaguerra et R. Diatkine, 1948); «il est important d'insister sur les possibilités d'éducation et de rééducation des débiles moteurs qui, très souvent, peuvent apprendre et posséder un métier manuel, même délicat (musiciens, chirurgiens) restant par ailleurs maladroits pour toute activité motrice non travaillée» (op. cité).

C'est à partir de cette étude critique qu'il a été possible d'aller au-delà de la définition quasi officielle du «trouble psychomoteur» (à la différence du trouble moteur identifié comme une perturbation du mécanisme du mouvement, le trouble psychomoteur était vu comme une perturbation de la «volonté du mouvement», H. Baruk, 1947) et de concevoir une sémiologie psychomotrice propre à l'enfant. La brèche se creuse un peu plus lorsque J. de Ajuriaguerra affirme qu'un «grand nombre d'explications psychopathologiques sont incompréhensibles lorsqu'on donne une trop grande valeur au syndrome terminal sans envisager les étapes et les mécanismes suivis dans l'intégration normale de la fonction troublée (...) (J. de Ajuriaguerra, 1949). Cette volonté de connaître les formes successives du développement de l'enfant se concrétise dans une quinzaine de recherches focalisées (la crampe des écrivains, la gaucherie infantile, l'évolution des syncinésies, le bégaiement, etc.) qui sont publiées entre 1950 et 1958.

2.1.1.2. La Charte de 1960

Les principaux résultats de ces travaux seront repris et synthétisés dans une importante contribution théorique et méthodologique qui constitue la première charte de l'école française de thérapie psychomotrice. Ce texte est trop connu pour être analysé dans le détail mais nous soulignerons que l'originalité de l'équipe Ajuriaguerra-Soubiran a consisté à fonder la R.P.M.* sur des indications et des procédures spécifiques, non réductibles à celles qui avaient cours dans d'autres cadres. Les syndromes psychomoteurs y sont définis comme «ne répondant pas à une lésion en foyer donnant les syndromes neurologiques classiques (...), comme liés aux affects mais attachés au soma (...)» (J. de Ajuriaguerra et G. Soubiran, 1960c). Suit une classification basée sur la symptomatologie: «rentreront dans ce cadre certaines formes de débilité motrice dans un sens mieux défini du terme, des instabilités psychomotrices, des inhibitions psychomotrices, certaines maladresses d'origine émotionnelle ou par désordres de la latéralisation, des dyspraxies d'évolution, certaines dysgraphies, des tics, le bégaiement et bien d'autres types de désordres (op. cité p. 434). Le diagnostic sera posé à l'issue d'un examen psychomoteur défini avec rigueur (les épreuves y sont réparties en six rubriques: particularités toniques et syncinétiques, contrôle moteur, adaptation à l'espace et orientation par rapport au corps, structuration spatiale, adaptation au rythme), examen destiné à orienter les modalités d'intervention et à distribuer les enfants dans des groupes de travail présentant une certaine homogénéité. La spécificité caractérise aussi la conduite de la rééducation, qu'il s'agisse de la leçon-type (avec ses douze familles d'exercices) ou des leçons adaptées aux différentes catégories de troubles: tant par la manière que par la matière, cette rééducation n'est assimilable à aucune des autres techniques corporelles proposées aux enfants «tout venant» ou aux enfants atteints de déficiences morphostatiques. La spécificité caractérise enfin la conception du mode d'action de ces thérapeutiques: s'appliquant aux désordres non déficitaires, elles avaient pour but soit «de mettre en valeur le potentiel inactif» si les systèmes n'étaient pas utilisés, soit «de permettre une réorganisation» si les systèmes avaient été déréglés dans leur fonctionnement (op. cité p. 486).

2.1.2. L'élargissement et l'affinement des pratiques (1960-1973)

Cette seconde phase se caractérise non seulement par l'approfondissement théorique des découvertes de l'hôpital Henri Rousselle mais

---

* Rééducation Psycho-Motrice.

aussi et surtout par le perfectionnement et la diffusion de la méthodologie ainsi que par l'apparition puis la reconnaissance des techniciens spécialisés en psychomotricité.

2.1.2.1. Les pédopsychiatres manifestent envers la R.P.M. un intérêt croissant

Parmi les psychiatres, il faut citer outre Ajuriaguerra (depuis le poste qu'il occupe à la clinique Chêne Bourg à Genève*, il continue à travailler sur la relaxation, les dyspraxies d'évolution, etc.), C. Launay, R. Diatkine, S. Lebovici, B. Jolivet qui a défini la psychomotricité comme une «motricité en relation» et a insisté sur le caractère spécifique de la R.P.M. (B. Jolivet et G. Soubiran, 1967), J. Bergès qui a abordé de façon originale la quasi-totalité des problèmes qui se posent en psychomotricité normale ou pathologique (l'imitation de gestes, la latéralité, la relaxation, etc.). C'est d'abord grâce à ces cinq praticiens que la R.P.M. a acquis ses lettres de noblesse et que les techniciens ont pu défendre leur spécialité.

2.1.2.2. Les techniciens s'organisent

Forts de cet appui, les rééducateurs vont progressivement se faire connaître et institutionnaliser la nouvelle discipline: en 1961 commence le premier enseignement à Henri Rousselle; en 1963, le Ministère de l'Education crée un *certificat de capacité en R.P.M.* à la Faculté de Médecine de Paris; en 1964, se crée le *Syndicat National des Rééducateurs Thérapeutes en Psychomotricité*; en 1967, G. Soubiran fonde *l'Institut Supérieur* de R.P.M... Cette progression s'accompagne tout naturellement de la publication d'ouvrages et de revues spécialisés parmi lesquels nous nous contenterons de citer le bulletin du S.N.R.T.P., *Rééducation psychomotrice* qui deviendra *Thérapie psychomotrice* en 1970. Le couronnement de cette percée viendra en 1974 avec la création du *Diplôme d'Etat de Psychorééducateur*, l'appellation qui pour des raisons politico-syndicales (imparfaitement tirées au clair) allait se substituer à l'ancienne étiquette, «R.P.M.».

2.2. Les pratiques éducatives

Ce qui justifie la distinction des deux groupes de pratiques, ce n'est pas tellement les principes théoriques et méthodologiques de l'action

---

* Poste qu'il a occupé de 1960 à 1976, date de sa nomination au Collège de France (où il donna des cours jusqu'en 1982).

sur le terrain, mais le fait qu'elles ont été élaborées et appliquées par et pour des acteurs différents. Les pratiques thérapeutiques ont été mises au point, nous l'avons vu, par des psychiatres et par des rééducateurs opérant dans des équipes de diagnostic et de soin et conçues pour faire face à des catégories de troubles assez bien définies : il s'agit d'une pièce de l'arsenal de la psychiatrie infantile. Les pratiques éducatives ont été imaginées et construites par des enseignants parmi lesquels, nous le verrons, les professeurs d'E.P.S.* tiennent les premiers rôles, et destinées soit à la masse des enfants «tout venant» d'âge préscolaire ou d'âge élémentaire, soit à la frange de ceux qui fréquentent temporairement les *Centres d'Education Physique Spécialisée* créés par le Ministère de la Jeunesse et des Sports. Il faut dire aussi que les premières ont été avalisées par les Pouvoirs Publics alors que les secondes ont été, suivant les époques, encouragées, tolérées ou même discrètement combattues mais sans jamais recevoir le label de «méthode» à appliquer dans les institutions relevant de l'Etat. Il ne faudra jamais perdre de vue cette différence de statut entre la T.P.M. et l'E.P.M. (la R.P.M. des G.A.P.P.* officialisée en 1970 et 1976 occupera une position intermédiaire).

2.2.1. *L'éclectisme a permis la survivance du courant psychomoteur (1945-1959)*

La synthèse doctrinale de cette période d'après-guerre (exercices construits, gymnastique naturelle, activités sportives) ne s'opposait pas à l'imprégnation de l'éducation physique par les idées et les techniques d'inspiration psychomotrice. Qui plus est, les efforts soutenus par les continuateurs de Ling et de Tissié, allaient contribuer à la persistance et au renforcement du courant psychomoteur : sur le plan international, c'est le courant néo-suédois qui a directement préparé l'avènement de l'école française d'E.P.M. (et, pour une part au moins, la «psychocinétique» de Le Boulch); sur le plan national, ce sont la F.F.G.E. et les centres de rééducation qui ont servi de matrice institutionnelle, idéologique et méthodologique aux propositions des professeurs psychomotriciens (par ses caractères les plus nouveaux, la gymnastique «corrective» des années 50 se présente comme le précurseur de l'E.P.M. des années 70).

---

* Education Physique et Sportive.
* Groupe d'Aide Psycho-Pédagogique.

2.2.2. L'ère de la rupture entre le sport et la psychomotricité (1960-1973)

La période qui s'ouvre avec l'installation de la Ve République va être marquée par deux phénomènes concomitants et en corrélation négative : l'institutionnalisation du sport comme méthode d'E.P. officielle (avec en point d'orgue la publication des *Instructions de 1967*) et sa contestation de plus en plus nette par les adeptes de la méthode psychomotrice (Société des professeurs d'E.P.S. médecins d'abord, Société Française d'Education et de Rééducation Psycho-Motrice à partir de 1968).

*
* *

Méconnaissances et hallucinations corporelles (Hécaen et Ajuriaguerra, 1952), *La relaxation* (Lemaire, 1964), *Les méthodes de relaxation* (Geissmann et Durand de Bousingen, 1968), *L'eutonie de Gerda Alexander* (Digelmann, 1971), *La conscience gestuelle* (Doron, 1971), *La conscience du corps* (Feldenkrais, 1971), *Schéma corporel et image du corps* (Corraze, 1973), autant de titres d'ouvrages qui ont retenu l'attention des psychomotriciens du troisième quart du XXe siècle et qui représentent, croyons-nous, de bons indicateurs de leur préoccupation dominante. C'est bien *l'impression corporelle* qui organise cette phase de l'évolution de la théorie et de la pratique psychomotrice. Le corps n'est plus considéré comme l'un des éléments du couple fameux mais comme le chemin obligé de la genèse de la personnalité et l'indispensable étoffe de sa structure. Plus précisément, l'image qu'ont privilégiée les praticiens rangés sous la houlette d'Ajuriaguerra, c'est celle d'un corps capable et chargé de recevoir, d'organiser et de mémoriser des messages issus de son propre fonctionnement et du monde environnant. Et les pratiques psychomotrices de cette époque ont eu pour finalité principale de mettre en place ou de restaurer ce pouvoir de perception, de structuration et de stockage de l'information. Différencié des professionnels qui s'intéressent avant tout au corps énergétique (professeur d'E.P., éducateur sportif, kinésithérapeute) et sans toutefois se confondre avec les autres techniciens employés à des tâches de réhabilitation (psychothérapeute, ergothérapeute, orthophoniste), le psychomotricien revendique et conquiert une spécificité qui tient à cette fonction informationnelle de la corporéité. Le corps à promouvoir en éducation, en rééducation et en thérapie psychomotrice, c'est un corps perméable aux impressions, un corps imprimable. Qu'on le considère dans la durée ou dans l'instant, qu'on l'appréhende comme un espace clos sur lui-même ou ouvert sur le milieu, qu'on le sollicite comme origine ou comme lieu d'inscription des messages, c'est toujours un corps récepteur qui est en jeu.

Ce corps *conscient*, c'est bien sûr un corps doué de subtilité, un corps méta-mécanique et méta-énergétique mais c'est encore un corps soumis aux influences de l'environnement et, au bout du compte, muet. On pourrait dire de lui qu'il comprend mais qu'il ne parle pas. Et cette lacune va éclater au grand jour, lors de la révolution culturelle de Mai 68. Au premier rang des revendications de ceux qui veulent «changer de vie», il y a cette volonté de «donner la parole» au corps, d'écouter et de prendre en compte ce qu'il peut dire, de le convier à la fête de l'expression et de la communication. Les sytèmes religieux, philosophiques, politiques; la morale, les sciences humaines, la pédagogie, la thérapie, la production artistique, toutes les dimensions de la culture occidentale vont, peu ou prou, faire place à la promotion de celui que D. Anzieu qualifiait «d'absent, de méconnu, de dénié» (D. Anzieu, 1974): le corps. Dans le domaine précis qui nous intéresse, cette crise va permettre de dépasser le palier génétique du corps conscient et ouvrir la voie à un troisième stade, le stade du corps signifiant.

Chapitre 3
Le corps signifiant

La troisième phase de l'évolution nous semble marquée par l'éparpillement et aussi la mise en question des références théoriques; par l'élargissement de la méthodologie vers les techniques sémio-motrices; par l'intensification et la décentralisation du recrutement des thérapeutes de la psychomotricité, officiellement appelés désormais «psycho-rééducateurs»; enfin par le déclin ou tout au moins la marginalisation de ce que nous avons appelé les pratiques psychomotrices à visée éducative. Ces phénomènes se situent dans la période qui commence approximativement avec le troisième quart du XXe siècle. Théorie et pratique paraissent s'ordonner autour d'un nouvel organisateur que nous appellerons *l'expressionnisme*. Le «corps subtil», c'est maintenant le corps capable d'émettre de l'information. Pour le différencier du corps récepteur de la période précédente, on pourrait peut-être dire que le «corps subtil» c'est essentiellement un corps porteur de significations (un séma-phore en quelque sorte), une chose qui parle (res loquens): au travers des signaux qui précèdent, accompagnent ou rempacent la parole et qui témoignent de l'insertion de l'individu dans une espèce et dans une culture; au travers des symptômes qui témoignent de son insertion dans une histoire singulière. La fonction informationnelle est plus que jamais sur le devant de la scène mais l'intérêt s'est déplacé du versant centripète au versant centrifuge, de l'input vers l'output. Ce chapitre se propose d'identifier et d'expliquer les orientations doctrinales et méthodologiques de l'école française de *1974 à 1980*.

1. L'ECLATEMENT DES REFERENCES THEORIQUES

Nous avons montré dans le chapitre précédent que les psychomotriciens de la seconde génération avaient trouvé leur principal soutien chez les psychologues du développement : la pratique psychomotrice était justifiée et ordonnancée par le souci de respecter les lois et les étapes de l'évolution de l'enfant. A la lumière des travaux de Wallon, de Piaget et dans une moindre mesure de Freud, les trois piliers de l'ajuriaguerrisme, les praticiens avaient pour ambition première d'exercer ou de restaurer les capacités de réception, d'organisation et de mémorisation des messages afférents. Nous nous proposons maintenant de mettre à jour un phénomène qui a, semble-t-il, dominé l'histoire récente de la théorie psychomotrice : l'élargissement des références scientifiques et idéologiques à des disciplines qui jusqu'ici n'avaient pas eu droit de cité (la psychanalyse, la psychologie des communications non verbales et l'éthologie avec leurs annexes et leurs parties communes).

Les acquisitions de la neurophysiologie (stade I) et celles de la psychologie du développement* (stade II) vont rester les places fortes de l'école française mais les chercheurs de la période la plus récente vont élargir et multiplier les points d'appui théoriques de la pratique. Avec les risques dus à l'absence de recul historique et aussi à la diversité foisonnante des expériences, nous proposons de délimiter trois champs principaux.

1.1.1. La psychanalyse

Nous ne soutiendrons pas que les psychomotriciens ont découvert la psychanalyse en 1974. Entre 1947 et 1959, Ajuriaguerra avait intégré une partie de l'apport de Freud et de ses émules (les fidèles comme R. Spitz, M. Klein, A. Freud et déjà D.W. Winnicott ou les infidèles comme W. Reich). Après 1960, nous l'avons vu, des psychiatres comme R. Diatkine, S. Lebovici, B. Jolivet avaient contribué à donner aux techniciens une culture psychanalytique mais, en fait, chacun restait bien persuadé que le modèle de la R.P.M. et celui de la cure analytique ne devaient pas se confondre. C'était assez évident dans les années 73-74 et les contributions de J.D. Stucki (J.D. Stucki, 1973) ou P. Barres (P. Barres, 1974) le rappelaient sans ambiguïté. Psycha-

---

* Enrichie désormais par la prise en considération des travaux de M. Mahler (1980) sur la construction de l'identité (séparation/individuation).

nalyse et R.P.M. pouvaient se compléter mais les objectifs et les modalités de l'intervention — médiation corporelle ici, médiation verbale là — en faisaient des thérapies radicalement distinctes pour ne pas dire antinomiques. Aucun doute n'était possible : psychomotriciens et analystes se destinaient à des métiers différents. La durée de la préparation, le prestige lié au statut, l'importance de la rétribution venaient, à tout moment, le rappeler à ceux qui auraient été tentés de mélanger les genres. Et puis dans la dernière décennie la situation est devenue moins simple, moins dichotomique. Les deux courants se sont rapprochés, voire entremêlés et de plus en plus fréquemment, avec de plus en plus d'insistance, les psychomotriciens se sont appuyés sur des références psychanalytiques d'inspiration freudienne ou reichienne.

a) Intérêt pour la psychanalyse d'inspiration freudienne

Quand on fait allusion aux héritiers de Freud et notamment aux héritiers français, il est de bonne méthode de distinguer les tendances et les groupes. Parmi les quatre associations françaises, la plus jeune, née d'une dissidence au sein de *l'Ecole freudienne*, le *Quatrième groupe* n'a pas eu beaucoup d'influence sur les psychomotriciens (aucun de ses membres ne figure parmi les auteurs conseillés). La remuante *Ecole freudienne de Paris*, fondée en 1963 et restructurée par J. Lacan en 1980 n'a pas non plus la faveur des techniciens du corps dans la mesure où elle valorise le rôle du langage, les effets du signifiant au détriment du rôle des affects mais, au même titre que les *Ecrits* du chef de file (en particulier les premiers, ceux de 1966), les publications de M. et O. Mannoni, de S. Leclaire, de P. Legendre, de G. Raimbault font partie de la littérature psychiatrique française de la seconde moitié du XXe siècle. On doit même souligner que F. Dolto, la plus populaire et sans doute la plus accessible des fidèles de Lacan, a connu un certain succès auprès des psychomotriciens qui ont lu ses ouvrages de vulgarisation (F. Dolto, 1977, 1978, 1979) ou qui l'ont écoutée à la tribune de la S.F.E.R.P.M. en 1972. Les dernières productions de D. Vasse qui, lui aussi, reste particulièrement attentif à la dimension corporelle de l'existence et du langage (D. Vasse, 1974 et 1978) ne sont pas ignorées des rééducateurs ou tout au moins de leurs maîtres. Les influences les plus profondes sont quand même venues des deux autres groupes de psychanalystes, la *Société psychanalytique de Paris* et *l'Association psychanalytique de France*. La *Société psychanalytique*, la plus ancienne, a contribué à la diffusion de ce qu'on pourrait peut-être appeler l'œuvre classique de Freud : ses membres les plus connus, R. Diatkine et S. Lebovici, ont depuis 1962 participé à la formation initiale ou continuée des techniciens et ont été plusieurs fois invités aux *Journées annuelles* organisées par le S.N.R.T.P.* Etant proches d'Ajuriaguerra et partageant sa conception de la R.P.M., ils ont été plus écoutés et suivis que tout autre. Quant à l'*Association psychanalytique*, elle a été présente par l'intermédiaire de J. Laplanche et J.B. Pontalis, directeurs de collections prestigieuses et surtout D. Anzieu, auteur de référence (nous pensons par exemple à son article de 1974 sur le *Moi Peau*), universitaire prisé, directeur de la collection *Psychismes* dans laquelle se sont distingués récemment Sami-Ali avec *Corps réel et corps imaginaire* (Sami-Ali, 1977) et R. Gori avec *Le corps et le signe dans l'acte de parole* (R. Gori, 1978).

Ainsi, par de multiples connexions, l'œuvre de Freud et de ses «fils» spirituels a progressivement diffusé dans les programmes de préparation (portée à trois années depuis 1974) et aussi dans les programmes de formation continue des psychomotriciens thérapeutes (en particulier les membres du S.N.R.T.P.). La diffusion a été si massive qu'un psychanalyste réputé, Sami-Ali, a pu, sans susciter la moindre réaction chez les professionnels, proposer «l'esquisse d'une théorie psychanalytique de la psychomotricité» (Sami-Ali, 1977). Cet universitaire parisien, membre de la *Société psychanalytique* est l'un de ceux qui a le mieux posé le problème des convergences et des divergences entre thérapie psychomotrice et thérapie analytique. Voici sa position: «la P.M. est une discipline qui, pour s'adresser au corps réel n'en reste pas moins ancrée dans l'intersubjectivité. Et comment soutenir, au nom d'une douteuse division du travail, que le geste n'est pas signifiant ou qu'il est détachable du discours qui l'accompagne et le commente tout ensemble? (...) Désormais, on s'efforce d'établir entre psychanalyse et psychomotricité un lien qui, bon gré, mal gré, se noue autour du concept central du transfert (...) On se rend compte que, paradoxalement ce qui se passe dans le corps (symptôme névrotique ou actuel) ne se passe pas dans le corps mais dans une relation implicite à l'autre (...) Le transfert est toujours transfert d'une situation inconsciente intériorisée (...) La P.M. a bien affaire au corps mais de quel corps s'agit-il? Dans certaines conditions, plus fréquentes qu'on serait tenté de le croire, le corps est précisément absence du corps (...) En revanche, la réalité corporelle a beau s'imposer au sujet par une présence trop forte, elle ne cesse pour autant d'être proprement fantastique (...) Comment définir le corps dans son appartenance ambiguë au réel et à l'imaginaire? Quel est le statut métapsychologique de la réalité corporelle dans une discipline où, à l'encontre de la psychanalyse, la

---

* Syndicat National des Rééducateurs Thérapeutes en Psychomotricité devenu le Syndicat National d'Union des Psychomotriciens en 1983.

parole ne constitue pas l'unique voie d'accès? (...) A la limite du dedans et du dehors, de la perception et du fantasme, le corps est un schéma de représentation qui se charge de structurer l'expérience du monde aux niveaux conscient, préconscient et inconscient (...) Le champ qu'explore la P.M. aura pour limite inférieure la projection sensorielle et pour limite supérieure la projection fantasmatique. Le corps propre ne se réduit pas au réel parce qu'il médiatise tout un monde de l'imaginaire, se détachant au fur et à mesure sur un fond de transfert. Fond qui imperceptiblement décide des aléas d'une thérapie, trop souvent entreprise sans que soit explicité comment le trouble moteur s'articule à l'histoire inconsciente du sujet. Or dans la pratique courante de la psychomotricité, à force de se concentrer sur le contenu manifeste du symptôme, tant au niveau du diagnostic que lors de la conduite effective de la cure, on se dissimule cet arrière-plan trouble et difficilement maîtrisable. J'ai déjà qualifié de refoulement cette démarche qui, à dessein, cherche à se détourner de l'évidence» (op. cité p. 90). Jamais auparavant les choses n'avaient été abordées et présentées aussi nettement et, au cours des dernières années, ce problème des limites entre psychomotricité et psychanalyse a été souvent à l'ordre du jour des rencontres de rééducateurs.

b) Intérêt pour la psychanalyse d'inspiration reichienne

L'autre pôle d'attraction des psychomotriciens s'est noué autour de l'œuvre de W. Reich (mis au goût du jour par la révolution culturelle de mai 68) et de ses plus célèbres disciples A. Lowen et F. Perls. Les néo-reichiens n'ont pas influencé directement la pratique psychomotrice car celle-ci est restée essentiellement une méthode d'intervention réservée aux enfants et, au contraire, les idées et les techniques de ceux-là s'appliquent d'abord aux adultes. Cependant les R.P.M. ont été atteints soit par la vogue de certains thèmes, soit par le biais des stages de formation professionnelle. Portées par les vents impétueux de la révolte contre toutes les formes d'autoritarisme, les idées de Reich ont été bien accueillies dans les milieux libertaires de la pédagogie et de la thérapie dans les années 70 et elle ont, peu ou prou, imprégné le style de vie de la jeunesse. En particulier, la théorie selon laquelle la répression sexuelle exercée par la famille et plus généralement la Société (W. Reich, 1952 et 1974) engendre des troubles névrotiques qui s'enracinent à la fois dans le caractère et dans l'étoffe musculaire (W. Reich, 1971) ne pouvait qu'attirer l'attention des rééducateurs initiés à la pensée de Wallon et de Freud. Un demi-siècle après les travaux des chefs de file sur le dialogue tonique (pour le premier nommé) et sur la sexualité infantile (pour le second), on était en train de prêter l'oreille à celui qui soutenait que l'histoire socio-affective s'incruste dans l'état tonique du sujet et que les défauts de la «cuirasse» traduisent les avatars de la pulsion. Par ailleurs, les techniques d'inspiration reichienne: bio-énergie (Lowen), gestalt-thérapy (Perls), cri primal (Janov), etc. ont été étudiées, au moins sommairement, par les jeunes psychomotriciens et même expérimentées par une fraction d'entre eux dans le cadre de la formation initiale (à Toulouse notamment) ou de la formation continuée. Avant d'être «récupéré» par les marchands de bonheur, ce courant thérapeutique a au moins permis de prendre conscience de l'importance de l'ici et maintenant (à côté de «l'autrefois et ailleurs») et de se mettre mieux à l'écoute de la «parole» du corps (à côté du langage verbal). Il est trop tôt encore pour mesurer l'impact des néo-reichiens sur la théorie et la pratique psychiatrique française mais depuis 1980 (R. Gentis, 1980), on a perçu un déclin assez net de ce mouvement, déclin qui s'inscrit dans l'essoufflement plus général de ce qu'on a appelé «la contre-culture».

1.1.2. La psychologie des communications non verbales

Sous cette rubrique, nous rangeons une collection de travaux d'inspiration et de portée très diverses mais qui ont en commun, d'une part de mettre le corps informationnel sur le devant de la scène, d'autre part d'avoir été présentés par des chercheurs qui ne sont ni analystes, ni éthologistes professionnels: P. Parlebas, C. Pujade-Renaud, M. Bernard et J. Corraze. Voici donc ces quatre séries de productions, répertoriées dans l'ordre chronologique de leur apparition en France:

- Poursuivant sa réflexion sur l'objet et les méthodes de l'Education Physique (ses premiers articles dans la revue *Education Physique et Sport* ont paru en 1967), P. Parlebas s'est efforcé d'analyser les situations ludiques et les situations sportives à la lumière des découvertes de la psychologie sociale et de la linguistique. Ses publications et ses conférences sur la sociomotricité (statuts et rôles sociomoteurs, réseaux de communication et de contre-communication motrice, espace sociomoteur) ont vivement intéressé les jeunes professeurs d'E.P.S., à un degré moindre les moniteurs de colonie de vacances (P. Parlebas, professeur à l'E.N.S.E.P., est aussi directeur de colonies de vacances) enfin, mais plus marginalement, les psychomotriciens. Ses écrits ont d'ailleurs été rassemblés dans un opuscule intitulé *Activités physiques et éducation motrice* (P. Parlebas, 1976) et son plaidoyer en faveur du jeu traditionnel, jugé plus formateur que le sport institutionnalisé (P. Parlebas, 1975) a été diffusé en 1978 par la revue *Thérapie Psychomotrice*. Bien qu'on puisse lui reprocher de n'avoir pas suffisamment différencié la logique thermodynamique (où le corps est avant tout producteur et consommateur d'énergie) de la logique cybernétique (où le corps est avant tout producteur d'information) et d'avoir ainsi classé dans la même catégorie des activités aussi opposées en esprit que l'athlétisme (ou les agrès) et la danse (ou l'expression corporelle), il faut lui reconnaître de réels talents de logicien et de prosateur.

- C. Pujade-Renaud doit être considérée comme le porte-drapeau des partisans de *l'expression corporelle*. Ce courant pédagogique a connu son heure de gloire dans les années qui ont suivi la révolution culturelle de mai 68 : face au sport considéré par une frange de la gauche comme un moyen de sublimation répressive, de robotisation, d'enrégimentement (ce sont les formules qu'utilisait J.M. Brohm, leader des professeurs d'E.P. contestataires), l'expression corporelle était présentée comme le lieu de la libération. A la logique de l'apprentissage technique, de la recherche de la performance, de la compétition et de la hiérarchisation, l'expression corporelle opposait une logique de la fantaisie et de la rencontre. Là où l'on raisonnait en termes de dépassement et d'affrontement, les expressionnistes introduisaient le langage de l'authenticité et du partage. Au culte du corps fonctionnel, ils substituaient le culte du corps érogène. Tel est le terrain idéologique dans lequel ont germé les groupes de recherche (en particulier le G.R.E.C.* de Toulouse) et autres «ateliers» aux lendemains de la crise de l'année 68, tel est le contexte dans lequel il faut situer en priorité les expériences d'animation en milieu étudiant (lancées par C. Pujade-Renaud) et les essais de théorisation qui ont suivi. Mettant à profit sa triple formation en E.P.S., en danse et en sciences humaines, cette enseignante non conformiste est parvenue à esquisser une méthodologie de l'expression corporelle (chez l'adulte) qui a connu d'abord les faveurs des spécialistes de la motricité, à commencer par les rédacteurs de *Thérapie Psychomotrice* (C. Pujade-Renaud, 1972) puis celles d'un large public, avec la parution en 1974 de l'ouvrage princeps de C. Pujade-Renaud, *Expression corporelle, langage du silence* (C. Pujade-Renaud, 1974). Cet essai représente, et de loin, le meilleur travail français sur la question et ceux qui ont essayé d'inclure l'expression corporelle dans leurs programmes de formation ou de thérapie pour adultes, se sont souvent inspirés des principes et des modalités pratiques proposés par C. Pujade-Renaud. Chez les psychomotriciens, l'effet de propagation a été plus limité : ce chercheur a peu exploré le monde de l'enfance qui a été jusqu'ici le milieu d'intervention quasi exclusif des éducateurs, des rééducateurs et des thérapeutes

---

* Groupe de Recherche en Expression Corporelle.

et sa démarche était trop originale, trop aventuriste sans doute, trop subversive peut-être pour s'imposer comme modèle pédagogique officiel.

- Enseignant de philosophie très connu dans les milieux de l'E.P.* (il a été professeur à l'E.N.S.E.P. et membre du jury du C.A.P.E.P.S. pendant huit ans), auteur d'un ouvrage à succès sur la psychologie du corps (M. Bernard, 1972), M. Bernard a largement contribué depuis 1970 à la consolidation et à la diffusion de ce qu'on pourrait appeler la théorie française de la psychomotricité (l'apport de Wallon, d'Ajuriaguerra, etc.). Il a du reste participé à plusieurs congrès de la S.F.E.R.P.M. (Grenoble, Châtenay) et les participants ont toujours été impressionnés par sa culture et sa sagacité. Sa thèse de doctorat (M. Bernard, 1976) constitue une œuvre monumentale qui articule les approches phylogénétique, ontogénétique, phénoménologique et sémiologique de *l'expressivité du corps* et elle reste pour les chercheurs un texte de référence. Il faut dire quand même qu'elle a été peu lue par les psychomotriciens en raison de son volume, de sa technicité et de sa faible incidence sur la pratique éducative et thérapeutique. En orientant ses recherches vers la théâtralité, M. Bernard s'est finalement détourné des préoccupations fondamentales des psychomotriciens et, depuis quelques années, il ne fait plus partie des auteurs d'actualité.

- A l'inverse, J. Corraze est encore très présent dans le lot des théoriciens consultés. En dehors de ses deux présentations de textes sur le *schéma corporel* (J. Corraze, 1973) et sur *l'image spéculaire du corps* (J. Corraze, 1980b), cet agrégé de philosophie, tardivement venu à la psychiatrie, s'est illustré ces temps derniers par la publication d'ouvrages didactiques qui concernent les psychomotriciens. Dans son étude sur les *communications non verbales* (J. Corraze, 1980a), il a eu le mérite de vulgariser, de répertorier et de critiquer les recherches étrangères qui portent sur le canal visuel (visuo-facial et visuo-postural), le canal olfactif, le canal cutané et aussi sur l'organisation de l'espace. Certains des travaux analysés étaient déjà connus en France (ceux de R.L. Birdwhistel sur la «kinésique», ceux de E.T. Hall sur la «proxémie» et dans une moindre mesure ceux de D. Efron, de P. Ekman et W.V. Friesen, de A. Mehrabian) mais, sur ce registre, c'est la revue la plus exhaustive et la plus approfondie qui ait paru en France entre 1970 et 1980. Par ailleurs, depuis 1974, J. Corraze est l'un des responsables régionaux de la préparation du *Diplôme d'Etat*

---

* Education Physique.

et à ce titre, il a eu un rôle à jouer dans la confection des programmes (celui de psychologie notamment) et dans l'évaluation des candidats.

1.1.3. L'éthologie de l'enfant

Dans la mesure où les méthodes de l'étude naturaliste du comportement ont renouvelé la psychologie de l'enfant et ce, grâce aux travaux de J. Bowlby (1969), M.D.S. Ainsworth (1972), etc. sur le plan international et au soutien apporté par R. Zazzo (R. Zazzo, 1974) et I. Lézine, (I. Lézine, 1974), sur le plan national, on peut citer l'éthologie humaine, l'étho-anthropologie pour parler comme J. Cosnier (J. Cosnier, 1980), comme troisième et dernière voie d'abord de la théorie psychomotrice actuelle. En France, trois chercheurs ont apporté une contribution non négligeable : H. Montagner à Besançon, J. Cosnier à Lyon, J.C. Rouchouse à Paris.

- Les travaux du chef de file, H. Montagner ont débuté en 1972 et ont été ponctués en 1976 par la sortie d'un film largement diffusé sur tout le territoire, *Mécanismes de la communication non verbale chez l'enfant* et, en 1978, par la publication d'un best-seller, *L'enfant et la communication*. Dans le sillage de Mac Grew (Mac Grew, 1972) et de Blurton-Jones (Blurton-Jones, 1972), ce professeur d'éthologie a montré que dans les groupes d'enfants laissés en activité libre à la crèche ou à l'école maternelle une part importante des messages passe non pas par la parole mais par les mimiques, les postures, les gestes. Plus précisément il a étudié, à partir de films réalisés en modifiant le moins possible les conditions de vie habituelles des enfants, comment se manifestent et évoluent avec l'âge, les comportements d'accueil, d'offrande, d'apaisement, etc. ou à l'opposé ceux de menace, d'agression, etc. Dépassant le stade de la description, il a aussi tenté de mettre en évidence des corrélats physiologiques (dosage des hormones de défense effectué à partir de l'analyse des urines) et même des déterminants socio-affectifs (attitude de la mère par exemple). On peut regretter que ces recherches aient été jusqu'ici trop manifestement inspirées par l'étude des communications chez l'animal (reconnaissance de l'odeur maternelle, ritualisation de la gestualité, établissement d'une échelle de dominance dans les groupes sur le modèle du phénomène de *pecking order*), qu'elles aient donné lieu à des étiquetages sommaires (définition de profils de «leaders», de «dominants par agression», de «dominés»... à partir du calcul d'un rapport de fréquences d'actes) et qu'elles aient scotomisé le rôle du langage et de l'inconscient, mais il faut reconnaître qu'elles nous ont permis d'être plus attentifs au «langage du corps» chez l'enfant, c'est-à-dire à la communication pré-verbale, co-verbale et non verbale. Elles ont permis plus fondamentalement de rompre avec l'attitude spéculative et avec l'attitude testologique en psychologie du développement. A ce double titre, la curiosité et l'enthousiasme qu'a suscités H. Montagner chez les psychogénéticiens, les institutrices d'écoles maternelles, les puéricultrices de crèches et aussi dès 1972, chez les psychomotriciens réunis à Grenoble sous l'égide de la S.F.E.R.P.M., nous semblent compréhensibles et justifiés. Oui, la « rencontre » de l'éthologie et de la psychologie est un heureux événement et nous sommes de ceux qui l'ont applaudie avec conviction.

- Les publications de J. Cosnier sont moins connues en France. C'est sans doute parce que ce chercheur formé tout à la fois à la linguistique, à la psychiatrie et à l'éthologie se méfie plus que H. Montagner des découvertes qui tiennent de l'anecdotique ou du sensationnel. Pourtant, sa façon d'envisager la communication humaine comme un processus « multi-canaux » et donc de faire place au « langage du corps » en relation avec le langage verbal, nous paraît beaucoup plus nuancée et, finalement, plus prometteuse que celle qui consiste à transposer un modèle de compréhension du monde animal au monde humain. Ses écrits sur les fondements de l'éthologie des communications et sur l'évolution avec l'âge des comportements de réception d'images cinématographiques et d'émission de messages en situation d'entretien (J. Cosnier, 1977), ou sur le langage gestuel qui apparaît spontanément chez les enfants sourds (J. Cosner, 1978) auraient mérité une plus large audience. Les psychomotriciens du S.N.R.T.P. en ont été tellement persuadés qu'ils ont décidé d'inviter J. Cosnier aux *Journées Annuelles* de Lyon en 1979 et de publier sa communication dans la revue *Thérapie Psychomotrice* (J. Cosnier, 1980).

- C'est aussi avec beaucoup de rigueur épistémologique et méthodologique que J.C. Rouchouse a abordé la description, la catégorisation et l'évolution ontogénétique des comportements de communication chez le jeune enfant. C'est dans l'équipe de recherche dirigée par I. Lézine qu'il a commencé ses premiers travaux (I. Lézine et al., 1973) mais, depuis 1978, il a fait connaître les résultats de ses propres investigations. Etude des réactions de nourrissons âgés de 3 à 8 mois mis en présence d'enfants du même âge assis côte à côte (J.C. Rouchouse, 1978), analyse des situations de contact entre enfants de 6 à 30 mois laissés en activité libre dans la salle de jeux d'une crèche (J.C. Rouchouse, 1979), observation éthologique des mimiques de nourrisons (J.C. Rouchouse, 1980). C'est surtout sa communication au *Congrès International de psychologie de l'enfant* tenu à Paris en juillet 1979 qui a enrichi nos connaissances sur l'ontogenèse des comportements coopératifs (le geste de donner notamment) et des comportements agonistiques (la protestation, la menace, l'agression). La distinction qu'il a établie entre unités de comportement, configurations, séquences et réseaux comportementaux; la méthode d'analyse des interactions; la définition des critères de l'intentionnalité des actes doivent être considérées comme des acquisitions scientifiques du plus haut intérêt et sa façon d'intégrer les données de l'éthologie au corpus des données classiques de Wallon, Piaget, etc. mérite d'être encouragée et suivie.

A ces recherches des professionnels de l'éthologie*, il convient d'ajouter celles poursuivies par J. de Ajuriaguerra avec M. Auzias (sur les postures préparatoires aux déplacements) et avec I. Casati (sur les manifestations de tendresse) et présentées au récent *Congrès international de psychomotricité* de Madrid (J. de Ajuriaguerra, 1980); celles que nous avons entamées à Toulouse en collaboration avec R. Campan, Directeur du laboratoire de neuro-éthologie de l'Université Paul Sabatier et avec J.L. Nespoulous, spécialisé en pathologie du langage. Il y est aussi question des comportements de communication préverbale et non verbale observables chez les enfants fréquentant une crèche traditionnelle et nous avons déjà rendu compte de la méthode que nous appliquons pour recueillir et traiter les informations (J. Le Camus et al., 1981c, 1982c, 1984). Deux thèses de 3e cycle ont été soutenues par des coéquipiers (K. Guez-Guez en 1982 et M. Grandaty en 1984).

La vogue de l'éthologie humaine n'est pas un phénomène propre à la France et les chercheurs français qui ont lancé l'éthologie de l'enfant ont pris leur inspiration, nous l'avons vu, chez J. Bowlby, M.D.S. Ainsworth, N. Blurton-Jones, W.C. Mac Grew, etc. Par contre, ceux qui comme K. Lorenz (1969 et 1970), I. Eibl-Eibesfeldt (1972), D. Morris (1968 et 1978) ont tenté de décrire le comportement humain sur le modèle animal et de réduire ainsi la distance qui nous sépare des autres mammifères, n'ont suscité chez les psychologues que la curiosité mêlée de doute, voire la méfiance et la désapprobation. Les études transculturelles sont encore trop peu avancées pour qu'on accorde à leurs interprétations des conduites humaines le crédit qu'ont obtenu leurs jolis travaux sur le comportement animal.

---

* On trouvera une judicieuse utilisation des données de l'éthologie de l'enfant dans les travaux de trois cliniciens de la relation mère/enfant : T.B. Brazelton (1983), D. Stern (1981) et R. Schaffer (1981).

2. LA NAISSANCE ET DE DEVELOPPEMENT DES TECHNIQUES SEMIO-MOTRICES

Le phénomène majeur de la dernière décennie nous paraît être le glissement progressif de la méthodologie vers la sémio-motricité, la motricité émettrice d'information. Si l'on voulait saisir l'histoire récente dans une formule, on pourrait dire que l'accent se déplace du sensori-moteur au sémio-moteur, de l'impression corporelle vers l'expression corporelle.

2.1. Les pratiques thérapeutiques

En essayant de décrire et de comprendre la dernière étape de l'itinéraire de la R.P.M., nous avons montré en 1979 (J. Le Camus, 1979b) que l'on pouvait repérer une double évolution des techniques thérapeutiques utilisées en France: le psychotropisme des techniques du corps et le somatotropisme des techniques verbales.

2.1.1. *Psychotropisme des techniques du corps*

Bien qu'elle ait conservé son ancrage primitif à la neurologie et à l'éducation physique, la R.P.M. a été poussée par les vents de l'Histoire vers les rives du pôle psychiatrique. Les psychomotriciens, surtout les plus jeunes (et par conséquent les plus nombreux) ont éprouvé le désir de psychologiser davantage leurs conceptions, de faire un pas de plus vers la subtilité. Ce psychotropisme s'est manifesté notamment par deux phénomènes: l'importance croissante accordée à la relation aux dépens de la technique et l'intérêt nouveau pour la pratique psychanalytique.

2.1.1.1. *A bas la technique! Vive la relation!*

Déjà en 1970, le docteur B. Jolivet avait posé le problème dans des termes non ambigus en distinguant deux types d'action: «L'un qui serait celui d'une R.P.M. restant au plus près de l'instrumental en n'affrontant pas les problèmes affectifs. L'autre qui, au contraire, pourrait être considéré comme une psychothérapie corporelle qui affronterait les problèmes psycho-affectifs à travers l'expression corporelle et utiliserait toutes les ressources du transfert» (B. Jolivet, 1970). Depuis cette époque, cette tendance s'est renforcée et les psychomotriciens, comme leurs collègues orthophonistes ou psychologues, se sont de plus en plus écartés du modèle du rééducateur testeur-réparateur pour se rapprocher de celui du psychothérapeute résolu à écouter, à comprendre, à aider la personne : on est allé jusqu'à remettre en question l'utilité même de l'examen psychomoteur (*Thérapie Psychomotrice*, 1974, n° 24) et jusqu'à proposer la «psychomotricité relationnelle» (A. Lapierre) et la «relaxation relationnelle» (A. Thuriot), deux pratiques valorisant l'expression libre du patient et les capacités d'empathie du thérapeute.

2.1.1.2. Hors de la psychanalyse point de salut !

A partir des années 73-74, les psychomotriciens ne se contentent plus d'inviter des psychanalystes à la tribune des *Journées annuelles* ou à la rédaction de *Thérapie Psychomotrice*, ils manifestent vis-à-vis du monde de la psychanalyse un intérêt qui va chez certains jusqu'à la fascination : les revues professionnelles font grand cas des publications d'orientation psychanalytique (celles de Bettelheim, de Winnicott ou même de F. Dolto, D. Vasse, etc.); les productions de A. Lapierre et B. Aucouturier («la symbolique du mouvement», «Bruno») connaissent un vif succès auprès des psychomotriciens; une praticienne, proche de Sami-Ali, va envisager très ouvertement le rôle et les modalités du transfert en R.P.M. (S. Cady, 1976); le S.N.R.T.P. invite ses adhérents à réfléchir sur des thèmes comme «Du corps au symbolique» (1978); «Corps fonctionnel, corps du fantasme» (1979); «Le corps et le langage» (1980). La force de séduction de l'expérience analytique atteint alors un sommet.

2.1.2. Somatotropisme des techniques verbales

Pendant la même période, les psychothérapeutes — et les psychanalystes au premier chef — ont affiché le très net souci d'une complète prise en compte de la corporéité : on ne va plus se limiter à mettre les patients en action, en «jeu», pour augmenter ou remplacer l'efficacité de la parole comme dans le psychodrame morénien, on va enrichir la mise en scène du corps «imaginaire» par la prise en considération, en cours de cure, du corps «réel» sentant et agissant ici et maintenant. A partir de 1974, on assiste au lancement de multiples expériences, que dans un souci de classification, nous qualifierons d'inspiration freudienne et d'inspiration non freudienne.

- Psychothérapies d'inspiration freudienne

Parmi les thérapeutes et les formateurs se réclamant de Freud, nous citerons M. Sapir, créateur de «la relaxation de sens analytique», L. de la Robertie, créateur de «l'analyse corporelle», J. Le Du, créateur de «l'expression corporelle analytique» : ces trois techniques de groupe, que nous présenterons en détail dans la seconde partie, ont en commun d'utiliser l'expérience sensorielle et motrice du corps comme tremplin de la verbalisation. Il s'agit en quelque sorte de psychanalyses sans divan.

- Psychothérapies d'inspiration non freudienne

Ces techniques mettant à profit certains travaux de Lewin ou de Moreno ou de Rogers ou de Reich ont en commun, nous le verrons plus loin, de privilégier les effets cathartiques de l'action en groupe, de se vouloir comme globales («psycho-corporelles» dit-on parfois), de rechercher un effet thérapeutique rapide... et d'avoir été expérimentées sur la Côte Californienne (Esalen est le plus connu des Centres d'Essai). C'est la thérapie à corps (Lowen, Perls) et à cris (Janov).

2.2. Les pratiques éducatives

L'évolution récente des pratiques psychomotrices dans le secteur éducatif se caractérise, à notre avis, par une stagnation : en dépit de l'intérêt suscité par les *Groupes d'Aide Psycho-Pédagogique* implantés au sein de l'école publique (leur mission s'est précisée et renforcée en 1975 et 1976), on peut soutenir que le renforcement de l'orientation sportive de l'Education Physique officielle a eu pour effet de marginaliser les techniques psychomotrices. Face au raz-de-marée du sport qui s'étend du collège à l'école élémentaire, l'E.P.M. s'est repliée sur le secteur de l'école maternelle, traditionnellement réceptif à l'application des techniques informationnelles (exercices d'affinement sensoriel, de rythme, de connaissance du corps propre assortis de jeux d'expression vocale, instrumentale et gestuelle). Deux innovations méritent toutefois d'être signalées : le succès de l'expression corporelle et l'intérêt porté à l'éducation motrice du très jeune enfant.

- La vogue de l'expression corporelle

Empruntant à la fois à la danse, au mime et à l'art dramatique, cette forme d'activité n'a jamais été parfaitement codifiée. Ses promoteurs l'ont même souvent présentée comme le lieu de l'a-technique et de l'absence de contrôle, l'antidote du sport en quelque sorte. Dans les milieux scolaires et péri-scolaires, c'est encore une poignée de professeurs d'E.P.S. qui s'est portée à la pointe du mouvement. Tour à tour, Pinok et Matho (1970, 1976, 1977), J.B. Bonange, J. Plaisir, P. Maudire ont été les plus actifs d'entre eux et c'est dans le cadre de la S.F.E.R.P.M. que ce courant de psychomotricité a donné sa pleine mesure.

- L'éclosion des bébés nageurs

L'autre phénomène marquant de la 3ᵉ période est, sans doute, le regain d'intérêt qu'a connu l'éducation du premier âge. Sous l'impulsion de G. Appell, M. David, J. Lévy, I. Lézine, D. Rapoport, les puéricultrices des crèches ont été de plus en plus encouragées et préparées à porter attention à l'éveil du tout petit, à son éveil sensoriel et moteur notamment. Les films et les ouvrages de vulgarisation de J. Lévy (J. Lévy, 1972 et 1980), en particulier, ont permis aux éducateurs de se familiariser avec les techniques de stimulation utilisées dans les crèches parisiennes. Dans le même temps, les expériences de «bébés nageurs» se sont développées dans la plupart des grandes villes. La conception de G. Azemar s'est révélée plus intéressante que celle de J. Vallet (J. Vallet, 1974) : en effet, les psychomotriciens ont préféré voir dans la mise à l'eau précoce un moyen d'enrichir l'expérience motrice et relationnelle de l'enfant plutôt qu'un moyen de préparer des futurs nageurs. On ne peut que s'en féliciter.

Ces deux innovations ont reçu l'aval officiel puisque les recommandations pour la conduite des activités d'éducation physique dans les classes maternelles adressées aux recteurs et aux inspecteurs en février 1980 (circulaire n° 80.068 et n° 80.35 B) les prennent en compte dans la définition de l'objet de l'éducation physique et dans la définition de la démarche pédagogique. Après avoir rappelé que «l'activité motrice de l'enfant soutient l'éducation de son être tout entier», le législateur fixe trois objectifs principaux : «favoriser le développement de l'enfant dans sa dynamique propre (...), permettre aux conduites motrices de s'affiner et de se diversifier (...), favoriser l'épanouissement de la personnalité, ce qui suppose la confiance de l'enfant dans ses possibilités corporelles, l'utilisation du corps comme mode d'expression, le droit à la créativité (...). L'éducation physique se préoccupe de la totalité des conduites motrices à un âge donné et de leur affinement, y compris en milieu aquatique. En cela, elle inclut et dépasse largement les séances dites de psychomotricité (...)». Quant aux principes de la démarche pédagogique, ils s'inspirent en partie des idées défendues par G. Azemar depuis 1974-1975 : «laisser agir l'enfant, intervenir en soutien. A partir de situations naturelles ou provoquées, suscitant chez les enfants une activité spontanée d'exploration et d'essais, l'instituteur(trice) observe, analyse et fait évoluer la situation existante ou en crée de nouvelles pour multiplier et diversifier les conduites motrices». Ces Instructions ont le mérite de mettre en garde à la fois contre «une interprétation un peu étroite de la psychomotricité» (sans qu'ils soient nommés sont visés J. Le Boulch, P. Vayer, A. Lapierre, B. Aucouturier) et contre la conception sportive de l'éducation physique. Il est écrit d'une part «qu'il faut se garder de toute systématisation afin que le jeu du corps conserve sa joyeuse authenticité et ne devienne pas simple prétexte à l'exercice de langage, de graphisme, de mathématique (...)», d'autre part que «toute évaluation ne peut être que qualitative et qu'il ne saurait être question d'assigner à l'éducation physique en milieu préélémentaire des objectifs de modèles sportifs ou de performances mesurables. Le progrès pour un enfant de cette tranche d'âge s'apprécie en fonction de l'aisance avec laquelle il évolue, de son désir de se dépasser, de son goût de l'initiative, de ses tentatives de coopération avec les autres, de l'élan qui le porte vers les expériences nouvelles et non selon des critères d'apprentissage de comportements imposés». On ne saurait être plus clair et plus fidèle à l'esprit de ce qui a fait l'orgueil de l'appareil éducatif français depuis plusieurs décennies: l'école maternelle.

*
* *

Au terme de la troisième étape de l'itinéraire des pratiques psychomotrices, il nous faut insister sur les caractères de l'image du corps qui a servi de référence aux théoriciens et aux praticiens de la psychomotricité. A l'évidence, c'est en tant que moyen de langage que le corps a intéressé les psychomotriciens: un corps qui ne se contente plus de capter et de stocker des messages comme dans la seconde phase mais qui parle, qui est *source de signification*. Un corps qui sait parler et qui doit parler en utilisant le langage d'avant le langage, un langage fait de signifiants muets. Cette centration sur le corps préverbal et non verbal a entraîné plusieurs conséquences institutionnelles et méthodologiques: la mission professionnelle et le style d'intervention du psychomotricien rééducateur ou thérapeute ne peuvent plus être confondues désormais avec ceux du kinésithérapeute ou du professeur d'E.P.S. La rupture nous paraît s'opérer sur trois axes: l'axe qui oppose le cybernétique au thermodynamique, l'axe qui oppose le pulsionnel au fonctionnel, l'axe qui oppose le maternel au paternel. Les psychomotriciens de la troisième génération viennent d'affirmer leur originalité en mettant l'accent sur le premier pôle de ces couples. Etre psychomotricien en 1980, cela voulait dire en termes biologiques donner le primat à la machine informationnelle; en termes psychanalytiques, donner le primat aux propriétés érogènes du corps; en termes pédagogiques, donner le primat au rôle maternel. Voilà ce que nous avons cru découvrir derrière l'aspiration à fonder une psychomotricité «relationnelle».

Conclusion

Au terme de cette étude rétrospective, il convient d'abandonner la démarche analytique (analyse des rapports de succession, de cousinage, de complémentarité ou d'opposition tissés au travers des idées, des institutions et des hommes; analyse systémique des théories et des pratiques propres à chaque stade) pour appréhender l'évolution dans son dynamisme, dans son unité et dans sa signification, pour retrouver le fameux «fil rouge» auquel nous faisions allusion dans l'introduction. Le fil de la logique cybernétique.

En prenant un peu de hauteur, on arrive à suivre le processus dans son ensemble et à mettre le cheminement des pratiques psychomotrices en relation avec celui d'autres pratiques françaises ou étrangères. Deux phénomènes nous semblent alors intéressants à décrire et à expliquer: la psychologisation croissante des pratiques psychomotrices françaises, la constitution d'un modèle français en matière d'éducation et de thérapie psychomotrice.

1. LA DERIVE DES PRATIQUES PSYCHOMOTRICES FRANÇAISES DU POLE MOTEUR VERS LE POLE PSYCHIQUE

Au premier coup d'œil, on perçoit que les pratiques psychomotrices françaises ont été ballottées par les vents de l'histoire des Sciences humaines et des idéologies et ainsi soumises à des influences multiples: c'est ce constat qui nous faisait écrire en 1979 (J. Le Camus, 1979b) que les aventures du psychomotricien étaient celles d'un «infortuné et insaisissable Arlequin» (op. cité p. 1185). L'image du caméléon aurait peut-être plus de force évocatrice et plus de vérité. Mais c'est là une destinée bien banale pour une discipline qui n'a jamais accédé à la majorité et qui a dû, comme le dessin, les travaux manuels, la gymnastique ou la danse, quémander le parrainage des autorités et renouveler sans cesse ses justifications.

Quand le regard se fait plus attentif, on découvre un irrésistible glissement du pôle moteur vers le pôle psychique. Si les mots pouvaient associer les lettres majuscules et les lettres minuscules, on devrait écrire que depuis 1900 jusqu'à 1980, l'évolution s'est faite de la psycho-MOTRICITE vers la PSYCHOmotricité. Non pas à la manière d'un déplacement linéaire et continu: nous avons relevé des ratés, des accélérations, des arrêts, des régressions même et nous avons par ailleurs attiré l'attention sur la «crise» des années 75 (J. Le Camus, 1979a). Mais à la manière du mouvement des marées, imperturbablement, en dépit des oscillations incessantes et localisées du flux et du reflux. Comme si cette histoire avait un sens obligé, une ligne de pente globale peu influencée par les accidents de terrains ponctuels. On perçoit cette ligne de pente quand on examine les réponses données aux trois questions fondamentales que l'on est en droit de poser aux psychomotriciens: la R.P.M. pour qui? la R.P.M. pour quoi faire? la R.P.M. comment?

- *La R.P.M. pour qui?*

Lorsque E. Dupré décrit la débilité motrice, le prototype du trouble psychomoteur, il met à jour une symptomatologie d'ordre neurologique (paratonie, syncinésies, maladresse) et il conçoit le syndrome comme «héréditaire et familial» d'une part, comme un désordre «qui persiste malgré l'exercice et l'entraînement» d'autre part. Cette débilité motrice ne se différencie du trouble moteur banal, du syndrome de Little notamment, que par l'absence de lésion grossière du faisceau pyramidal (Dupré la mettait en relation rappelons-le avec une «agénésie essentielle» ou avec «une encéphalopathie des premières années»). En 1909, nous sommes donc très proches du pôle neurologique et nous avons montré aussi que les descriptions de H. Wallon en 1925 gardaient un caractère localisatoire, largement influencé par le neurologisme dominant. Nous avons situé le premier glissement en 1948 lorsque J. de Ajuriaguerra et R. Diatkine proposent, à l'encontre des usages de la pédopsychiatrie officielle, de ne pas confondre la débilité motrice avec les déficits instrumentaux liés à l'agénésie d'un système de projection ou d'un système sous-cortical particulier et de la considérer comme un syndrome ayant ses caractéristiques propres : en mettant l'accent sur la non-organicité et sur l'éducabilité de la débilité motrice, c'était la conception actuelle du trouble psychomoteur que ces hommes dessinaient. Le glissement s'accentue en 1960 lorsque J. de Ajuriaguerra et G. Soubiran définissent les syndromes psychomoteurs comme ne répondant pas à une lésion en foyer, comme liés aux affects, comme variables dans leur expression et surtout comme non accompagnés de débilité mentale (les débiles moteurs, les instables, les inhibés qui venaient en consultation et qui suivaient une rééducation à l'hôpital Henri Rousselle présentaient un niveau mental «normal»). Au cours des vingt dernières années, la dérive vers le pôle psychiatrique a encore progressé dans la mesure où la conception de l'origine, de la mise en évidence, de la manifestation et du destin du trouble psychomoteur s'est éloignée de la rive instrumentale (D. Flagey, 1977) pour se rapprocher de la rive relationnelle (J. Le Camus, 1979 b).

- *La R.P.M. pour quoi faire?*

Lorsque E. Guilmain crée la R.P.M. en 1935, il s'agit de faire face aux troubles du comportement accompagnés «d'altérations des fonctions affectives actives» et l'amendement du caractère doit résulter d'une amélioration du jeu de l'activité musculaire (tonique et cinétique). C'est au fond la gymnastique de P. Tissié revue et corrigée par G. Démeny qui doit permettre de rééduquer la population des classes de perfectionnement. La R.P.M. originelle se démarque très nettement de la psychothérapie (dite alors rééducation psychomorale) et c'est par le mouvement qu'elle veut agir. La charte de 1960 a ponctué un premier glissement vers le pôle psychiatrique dans la mesure où ce qui est proposé, ce n'est plus une «rééducation» mais une «thérapie» et où surtout il est dit nettement que, tout en agissant sur la composante physique, les thérapeutiques psychomotrices sont «en fait des activités psychothérapiques». Au cours des vingt dernières années, la dérive s'est accentuée et, encouragés par B. Jolivet, par S. Lebovici puis, nous l'avons vu, par ceux qui ont utilisé le mouvement comme tremplin de la verbalisation (M. Sapir, L. de la Robertie, J. Le Du) ou comme son substitut (A. Lapierre et B. Aucouturier), les psychomotriciens ont assimilé la R.P.M. à une psychothérapie à médiation corporelle et l'ont étendue des troubles psychomoteurs spécifiques à d'autres catégories de désordres (troubles de la personnalité, handicaps sensoriels et moteurs, etc.) dans lesquels l'action globale sur la personne et la prévalence de la relation sur la technique sont encore plus évidents.

- La R.P.M. comment?

La même évolution s'est produite bien évidemment dans la mise en acte de la R.P.M. Les modalités d'intervention des R.P.M. de la 1re génération, c'est-à-dire de ceux qui ont suivi E. Guilmain après 1935, étaient proches de celles du professeur d'éducation physique: c'est, en gros, le modèle de la «néo-suédoise» qui est appliqué avec seulement une préférence accordée à la gymnastique de formation sur la gymnastique d'application où, si l'on veut parler le langage actuel, à la gymnastique cybernétique sur la gymnastique thermodynamique. Le premier glissement s'est produit entre 1947 et 1960 lorsque G. Soubiran, de concert avec S. Ramain, P. Mazo, M. Vyl, etc. a conçu, en dehors de «l'examen type» et de «la séance type», des programmes différenciés en fonction des catégories de troubles et a accentué encore le travail de l'aspect qualitatif de la motricité: la R.P.M. est destinée à des enfants intelligents et c'est en quelque sorte l'intelligence du mouvement qu'on veut améliorer (rendre le corps conscient avons-nous dit). Au cours des vingt dernières années, on est allé beaucoup plus loin dans la désinstrumentalisation: l'examen psychomoteur de diagnostic ou de contrôle a perdu de sa rigueur et de son importance (on s'est même demandé s'il ne fallait pas l'abandonner); le programme des séances s'est dégestualisé et, avec la vogue des techniques d'expression, les contenus se sont de plus en plus différenciés des «exercices» (démontrés, corrigés, répétés, côtés) que proposent les kinésithérapeutes ou les éducateurs sportifs. Le texte du S.N.R.T.P. publié en 1976, précise nettement que, pour obtenir une action globale sur la personne, la priorité se déplace de la technique vers la relation et les publications relatives à la symbolique du mouvement (A. Lapierre et B. Aucouturier), au corps imaginaire (Sami-Ali), au maniement du transfert (S. Cady) ont encore accéléré cette dérive vers la psychothérapie.

Il ne suffit donc pas de soutenir que les psychomotriciens français ont choisi la logique cybernétique plutôt que la logique thermodynamique, il faut aussi ajouter que dans le cadre de la logique informationnelle, ils ont irrésistiblement grimpé dans l'échelle de la subtilité. Les trois stades intégratifs que nous avons différenciés (corps adroit, corps conscient, corps signifiant) représentent les trois principaux paliers de cette escalade.

2. ORIGINALITE ET INFLUENCE DE L'ECOLE FRANÇAISE DE PSYCHOMOTRICITE

L'autre phénomène remarquable de l'évolution, c'est la construction d'un modèle français de R.P.M. Après avoir enquêté auprès des délégués nationaux de la *Fédération Internationale d'Education Physique* d'une part, auprès des membres du bureau de *l'Association Internationale de Psychiatrie de l'enfant et de l'adolescent* d'autre part, nous sommes en mesure de soutenir qu'il existe une école française de psychomotricité. Affirmer cela implique que la France ait adopté une position orignale et que cette position ait servi de modèle pour d'autres pays. Personne n'oserait affirmer que la France a eu le monopole des découvertes et des innovations dans ce domaine : nous avons montré à chaque moment ce que les théoriciens et les praticiens français avaient importé de l'étranger. Nous avons dit ce que P. Tissié devait à Ling, à Demoor, à Mosso, etc. ; ce que E. Guilmain devait à Homburger, Gourevitch, Ozeretski, etc. ; ce qu'Ajuriaguerra et Soubiran devaient à Freud, à Schilder, à Goldstein, à Buytendijk, à Piaget, etc. ou bien à Schultz, Théa Bugnet, S. Naville, G. Alexander, etc. ; ce que Leboulch et Vayer devaient au courant d'éducation physique néo-suédois ; ce que Lapierre et Aucouturier devaient à Winnicott, à Bettelheim, etc. Mais il reste que *pour l'essentiel, la R.P.M. mérite le titre de spécialité française.*

D'abord parce que la solution française apparaît comme *originale*, unique à certains égards : aucun pays occidental de développement comparable n'a mis en place un système théorique, méthodologique, institutionnel aussi solide, aussi organisé, aussi sophistiqué que celui que nous avons trouvé en France. Nous ne reprendrons pas dans le détail l'étude de pédagogie et de psychiatrie différentielle qu'ont menée A. Maigre et J. Destrooper (A. Maigre et J. Destrooper, 1975), mais nous savons que les travaux de E.A. Fleishman, J.S. Bruner, Doman et Delacato, N.C. Kephart, B.J. Cratty, etc. aux U.S.A. ou ceux de D. Eggert, E.J. Kiphard, F. Schilling, etc. en Allemagne n'ont pas suscité le même engouement national.

Ensuite parce qu'un petit nombre de pays comme l'Italie, l'Espagne et dans une moindre mesure la Belgique, la Suisse et le Canada ont emprunté divers éléments au modèle français. Par la médiation des écrits de E. Guilmain, puis de ceux d'Ajuriaguerra et de ses collaborateurs, enfin de ceux de J. Leboulch, P. Vayer, A. Lapierre et B. Aucouturier, tous ces pays ont largement tiré parti des expériences françaises et suivi nos principaux chefs de file. Il suffit de consulter les bibliographies des auteurs psychomotriciens de ces cinq pays; de suivre les ramifications de la S.F.E.R.P.M., du S.N.R.T.P., de la F.F.P. en Europe occidentale; de relever le nombre d'intervenants français dans les Congrès internationaux de psychomotricité de Grenoble (1972), Luxembourg (1973), Nice (1974), Genève et Bruxelles (1976), Liège (1978), Madrid (1980), Florence (1982), Amsterdam (1984) pour être tout à fait convaincu du leadership français en ce domaine. A l'évidence, les idées, les techniques, les institutions proposées par nos représentants ont eu une portée supranationale surtout à partir de 1960, et on peut écrire sans hésiter que la *France a fait école en matière de psychomotricité*. Les phénomènes ayant été mis en évidence, il nous reste à essayer de comprendre les raisons du succès persistant de ceux qui ont bâti et fait connaître pendant un demi-siècle (1930-1980) l'école française de psychomotricité.

On pourrait d'abord faire remarquer que les pratiques psychomotrices se sont installées chez nous parce que la France est un pays riche et de type capitaliste. On ne rencontre des R.P.M. ni dans les pays du tiers-monde, ni dans les démocraties populaires. Il y a sans doute une part de vérité dans cette remarque. Les systèmes de rééducation qui ont été mis en place dans les G.A.P.P., les C.M.P.P., les I.M.P., etc. de notre pays ne répondent pas à des besoins sociaux de première urgence (alimentation, santé, alphabétisation, etc.) mais à des besoins sécrétés par le mode de vie des pays dits développés. Les psychomotriciens ont souvent à faire face à ce qu'on pourrait appeler des difficultés ou des troubles de la civilisation: agitation, agressivité ou au contraire passivité, inhibition, échec scolaire, des troubles de luxe en quelque sorte. On fabriquerait des R.P.M. (et aussi des orthophonistes, des kinésithérapeutes, des psychologues) pour colmater les failles du système et permettre ainsi à ce dernier de mieux fonctionner. Ces personnages buvards auraient ainsi pour mission inavouée de faciliter le fonctionnement des régimes capitalistes. C'est un argument qu'on a beaucoup entendu après 1968 et qui a le mérite de faire réfléchir les professionnels sur leur rôle mais qui ne suffit pas à expliquer le succès des psychomotriciens français. L'inadaptation et l'échec ne sont pas le privilège des pays capitalistes et tous les systèmes politiques du monde ont à mettre en place des institutions d'aide et de soin à l'enfance. Par ailleurs, si la R.P.M. était une invention du capitalisme, on ne comprendrait pas pourquoi elle ne serait pas développée dans les pays qui, comme la France, ont connu les effets de la révolution industrielle, de l'économie de marché et de l'avènement de la démocratie moderne: Angleterre, Allemagne de l'Ouest, pays scandinaves,

U.S.A. Or, la R.P.M. n'existe ni dans les grands pays du monde socialiste, ni dans ceux du monde capitaliste.

A l'inverse, on pourrait croire que le succès de la R.P.M. tient au talent et au dynamisme des individus repérés comme ses chefs de file. Et il est certain que l'originalité et l'influence de l'école française de psychomotricité doivent beaucoup au rayonnement de ses théoriciens (notamment à E. Dupré, H. Wallon, J. de Ajuriaguerra et R. Diatkine) et de ses praticiens (notamment E. Guilmain, G. Soubiran, J. Le Boulch, P. Vayer, A. Lapierre, B. Aucouturier, etc.) mais nous savons que les grands hommes sont, à eux seuls, impuissants à faire l'histoire et nous savons aussi que lorsqu'ils sont véritablement géniaux (c'est sans doute le cas pour Freud et Piaget), leur activité déborde le cadre de la nation et même du continent d'origine. Les psychomotriciens français n'ont jamais prétendu à une telle expansion et J. de Ajuriaguerra est le seul qui soit internationalement connu.

Au bout du compte, nous pensons que *ni le cadre socio-politique, ni la qualité des hommes-phares*, ne permettent de comprendre les raisons de l'éclosion, de l'évolution et du succès des pratiques psychomotrices françaises. Et que si la graine a poussé chez nous et pas ailleurs, c'est avant tout parce qu'elle a trouvé en France un terrain culturel favorable. L'édifice théorico-pratique de la psychomotricité française c'est, selon nous, *le produit d'une réaction de défense*: réaction qu'a entraînée chez nous une pesée trop forte du dualisme, de l'intellectualisme et du verbalisme. Aussi paradoxal que cela puisse paraître, c'est cette triple pression idéologique qui a fait le succès de la psychomotricité. C'est parce que le corps a été trop méconnu, trop oublié et trop méprisé que les psychomotriciens ont ressenti le besoin de réagir et qu'ils sont parvenus à faire accepter une autre image de la motricité. Leur campagne depuis un siècle (1880-1980) est une tentative salutaire et brillamment réussie, de réévaluation des pouvoirs du corps. Une campagne menée en trois temps. Face au dualisme platonicien, augustinien et cartésien, ils ont répliqué avec le parallélisme scientifique de T. Ribot, de P. Janet et P. Tissié, de H. Wallon et de E. Guilmain: c'est le corps adroit (le corps a droit). Face à l'intellectualisme des rationalistes du XVIIIe et du XIXe siècle, ils ont répliqué avec l'impressionnisme de M. Merleau-Ponty, de J. Piaget, de S. Freud, de J. de Ajuriaguerra: c'est le corps conscient, la pensée qui se fait corps. Face au verbalisme des lacaniens, ils ont répliqué avec l'expressionnisme des communicologues et des éthologistes: c'est le corps signifiant, le corps qui parle. *Corpus habilis. Corpus sapiens. Corpus loquens.* Nous retrouvons les trois âges du corps subtil. Les trois stades de la valorisation du corps, stades qui ne vont pas sans évoquer des moments importants de l'hominisation. Comme si l'histoire des pratiques psychomotrices récapitulait «grosso modo» les dernières phases de la phylogenèse.

A l'appui de cette interprétation, nous avancerons deux arguments corrélatifs. Les pratiques psychomotrices d'inspiration française ont largement diffusé dans les pays de culture latine (Italie, Espagne, Amérique du Sud), c'est-à-dire les pays *imprégnés de la même idéologie* du primat de l'âme, de la pensée et de la parole sur le corps: nos chefs de file ont été invités pour des conférences; leurs publications ont été traduites dans la langue du pays; des correspondants de nos institutions savantes (S.F.E.R.P.M.) ou corporatives (S.N.R.T.P. et F.F.P.) se sont mobilisés; des expériences pédagogiques et thérapeutiques se sont développées en prenant les Français pour modèles. Ce n'est pas par hasard que le 4ᵉ Congrès International de psychomotricité (1980) s'est tenu à Madrid et le 5ᵉ à Florence (1982). Ce n'est pas par hasard que P. Vayer, A. Lapierre, B. Aucouturier ont dirigé de nombreux stages en Espagne et en Italie. C'est bien là où le corps a été le plus bafoué que les pratiques psychomotrices ont eu le plus de succès.

A l'inverse, les pratiques psychomotrices sont restées quasiment inconnues dans les pays scandinaves, les pays de l'Europe de l'Est, l'Angleterre et avec des exceptions ponctuelles, l'Allemagne, les U.S.A. et le Canada. On objectera que P. Vayer et A. Lapierre ont été invités à professer au Canada mais c'était au temps de la psychomotricité instrumentale (1970), la seule qu'ont pu comprendre et accepter nos collègues canadiens, américains et allemands. Globalement donc, *on a ignoré la R.P.M. partout où les systèmes d'éducation et de thérapie acceptaient et valorisaient le rôle du corps*, là où le corps était à sa place. On était suffisamment convaincu de l'importane des expériences motrices et de la nécessité de respecter une sorte de sagesse du corps (être sage, c'est d'abord être un bon animal), pour ne pas avoir à rehausser le statut de la motricité humaine. La place faite au jeu puis au sport par les pédagogues et les thérapeutes était assez unanimement reconnue pour qu'on n'éprouve pas le besoin de préparer des spécialistes en psychomotricité. La dignité du corps était assez évidente pour qu'on ne s'efforce pas, coûte que coûte, de lui donner les lettres de noblesse, de lui attribuer toujours plus de subtilité. L'unité de l'homme était assez admise pour qu'on ne s'obstine pas, quasi obsessionnellement avons-nous dit, à revendiquer une éducation ou un projet thérapeutique dits globaux. C'est à notre avis la principale leçon qu'il faut tirer de l'histoire de l'école française de psychomotricité.

DEUXIEME PARTIE
VERS LA RECONNAISSANCE
D'UNE IDENTITE...

Pour achever de répondre à la question qui figure dans l'introduction et aussi — ce n'est pas par hasard — dans l'ordre du jour des derniers rassemblements des psychomotriciens français (*Journées Annuelles* de Paris en janvier 82, *Congrès International* de Florence en mai 82, etc.), la question de l'identité des pratiques psychomotrices, il nous faut cesser de cheminer à l'intérieur des régions de la psychomotricité officielle et prendre un peu de hauteur: ainsi, nous pourrons peut-être voir se dessiner l'espace qu'occupent les pratiques étudiées au sein de l'ensemble du territoire pédagogique et thérapeutique; ainsi, nous pourrons peut-être élargir la perspective et envisager non seulement l'observable mais encore le souhaitable et le possible, c'est-à-dire poser des jalons pour le futur.

La spécificité des pratiques psychomotrices ne tient pas, cela va de soi, dans la nature des *établissements* où elles sont appliquées et donc dans celle des sujets qui peuvent en tirer bénéfice (qu'y a-t-il de commun entre la clientèle d'une crèche traditionnelle, celle d'une école maternelle, ou même celle d'un G.A.P.P., celle d'un C.M.P.P., celle d'un I.M.P., celle d'un hôpital de jour?). Elle ne tient pas non plus dans la nature des *techniques* utilisées par les divers praticiens (qu'y a-t-il de commun entre les jeux de ballon ou d'enfilage de perles, la relaxation, l'expression corporelle, le trampoline, le jeu dramatique?). Elle ne tient pas non plus — et c'est moins évident — dans l'insistance que mettent les psychomotriciens à souligner, avec juste raison, le *caractère relationnel* de leur pratique (depuis quelques années les psychologues cliniciens, les ergothérapeutes, les orthophonistes font entendre à ce propos le même discours). Invoquant ce double émiettement et cet effet de mode, les Pouvoirs Publics interpellent les utilisateurs des pratiques psychomotrices et leur disent: «qui êtes-vous?». Les intéressés répondent alors que leur champ d'action est celui de la *motricité en relation* ou plus précisément qu'ils sont chargés des pédagogies ou des thérapies à médiation corporelle. Cette définition est juste car leur pratique se veut à la fois corporelle et relationnelle, technique et pédagogique ou thérapeutique. Mais nous pensons qu'il vaut mieux ne pas en rester là. En effet, cette définition ne permet pas de différencier rigoureusement le psychomotricien des autres spécialistes de la réadaptation ou de la thérapie. Le kinésithérapeute ou l'éducateur sportif peuvent prétendre qu'ils travaillent, à leur manière, sur le corps et la relation. Il ne s'agit pas bien sûr du même corps, ni de la même relation mais l'étiquette «motricité en relation» leur convient aussi. Les psychanalystes qui utilisent, dans les groupes, la relaxation de sens analytique, l'analyse corporelle, l'expression corporelle analytique peuvent prétendre qu'ils travaillent, à leur manière et pour une part, sur le corps et la relation. Ils ne se disent pas pour autant psychomotriciens. La définition des années 60 est donc trop floue. Par ailleurs, cette définition garde encore une connotation dualiste: elle risque de condamner les psychomotriciens à rester assis entre deux chaises, celle du motricien et celle du psy; obsessionnellement fixés sur le fameux trait d'union; perpétuellement menacés par une double phagocytose; définitivement résignés à osciller entre la double attraction du pôle neurologique et du pôle psychiatrique. Ce dispositif bipolaire ne permet pas de bien situer la place des psychomotriciens d'aujourd'hui. Nous allons donc proposer une autre définition des pratiques psychomotrices. Une définition plus stricte et plus positive.

Cette identité que nous désignons par l'expression *corps subtil* nous l'avons vue se construire, stade après stade, autour d'un invariant conceptuel que depuis les travaux de Shanon et Wiener — et dans le sillage de H. Laborit, J. Attali, J. Paillard, E. Morin mais aussi de Freud, — on appelle l'information. L'espace que les psychomotriciens ont conquis et qu'ils doivent à présent revendiquer et défendre, c'est celui qui est essentiellement défini par la capacité bioculturelle de notre corps de s'informer et d'informer; *par notre capacité de capter, stocker et émettre des informations par la médiation du corps*. Espace qui se distingue radicalement de celui qui est défini par nos capacités énergétiques ou thermodynamiques, c'est-à-dire par notre pouvoir d'assimiler, de stocker et de produire de l'énergie. A notre avis, c'est cette double polarité de notre nature corporelle qui fonde et qui légitime l'existence des psychomotriciens. C'est si vrai que dans les pays où cette distinction n'est pas prise en considération, la profession de psychomotricien n'existe pas, absorbée qu'elle se trouve, soit par les spécialités du pôle motricité, soit par celles du pôle psy. Si les psychomotriciens doivent réussir un jour à se faire un nom (autre que celui largement réprouvé de *psychorééducateur*), c'est, à notre avis, en s'inscrivant dans la *logique informationnelle* qu'ils y parviendront; c'est en se voulant les adeptes de l'*impression et de l'expression corporelle*, plutôt que ceux de la psychanalyse de contrebande, qu'ils arriveront à imposer leur statut. Pour contribuer à ce processus d'identisation, nous allons différencier l'espace qu'occupent les pratiques psychomotrices des espaces qu'occupent aujourd'hui les autres pratiques pédagogiques et thérapeutiques comparables. Cette étude structurelle et différentielle sera conduite non pas dans le cadre conceptuel habituel, la bipolarisation neurologie/psychiatrie, mais dans un dispositif théorico-pratico-institutionnel multipolaire. Dans un premier temps, nous comparerons les pratiques psychomotrices aux autres pratiques corporelles connues en France; dans un second temps, nous définirons le statut des pratiques qui s'intègrent déjà ou qui pourraient s'intégrer dans le cadre conceptuel du corps subtil.

1. LES PRATIQUES PSYCHOMOTRICES PARMI LES AUTRES PRATIQUES CORPORELLES

Selon qu'elles ont donné lieu ou non à la mise en place d'une profession para-médicale, nous distinguerons deux catégories: les pratiques extra-professionnelles et les pratiques professionnelles.

1.1. Les pratiques extra-professionnelles

1.1.1. Jeu et psychomotricité

Le signifiant «jeu» est l'un des substantifs les plus polysémiques de notre langue et si l'on veut s'entendre, il faut au moins préciser *qui joue?* et *à quoi joue-t-on?*: la distance est grande qui sépare le jeu comme phénomène transitionnel (D.W. Winnicott, 1975), le jeu comme va-et-vient comportemental entre l'exploration et la sécurisation (M. Ainsworth, 1972), le jeu comme occupation permanente du tout petit enfant, le jeu comme récréation (après l'école, après le travail); qui sépare les finalités et les modalités du jeu suivant le type d'environnement (M.J. Chombart de Lauwe, 1980); qui sépare, à l'intérieur d'un âge donné, les attitudes de l'agon, de l'aléa, du mimicry et de l'ilinx (R. Caillois, 1958) ou celles du jeu exercice, du jeu symbolique et du jeu de règle (J. Piaget, 1945). Il ne faut pas s'étonner dès lors qu'on mette le jeu à toutes les sauces culturelles: jeu éducatif, jeu thérapeutique, jeu dramatique, jeu sportif, jeu d'argent, etc. Chacun a son jeu et le jeu est partout. On est même surpris que n'existent pas encore les métiers de professeur de jeu et thérapeute par le jeu (ludothérapeute). Malgré cette difficulté de désignation et de conceptualisation, nous essayerons de dire en quoi le jeu et la pratique psychomotrice se rapprochent et s'éloignent l'un de l'autre.

Remarquons d'abord qu'il y a un âge ou la comparaison n'a pas beaucoup de sens, la première enfance: les activités libres ou semi-dirigées de la crèche ou du début de l'école maternelle peuvent être considérées indifféremment comme des jeux ou comme des activités psychomotrices. A ce moment-là tout est jeu, tout est psychomoteur. La comparaison prend du sens à partir du moment où l'enfant est capable de différencier, d'une part, jeu et non-jeu (ce qui implique une capacité de dédoublement de soi, d'accès à l'illusion); d'autre part, expression à médiation corporelle et expression à médiation verbale (ce qui implique un début de conscience de l'existence des différents moyens d'expression).

Le problème de la place et de la fonction du jeu en réadaptation et en thérapie psychomotrice se pose donc aux praticiens qui interviennent dans les G.A.P.P., les C.D.T.A.*, les I.M.E.**, les hôpitaux de jour, c'est-à-dire à la quasi-totalité des psychomotriciens français. A un premier niveau la réponse est assez évidente: le psychomotricien doit emprunter au jeu certaines de ses modalités et, plus généralement, son aspect jubilatoire. Les formes de jeu utilisables vont des activités oculo-manuelles élémentaires (type *osselets*) jusqu'aux jeux collectifs les plus sophistiqués (type *épervier, passe à dix*) en passant par les multiples formes des jeux d'équilibre, de locomotion, d'adresse manuelle, d'opposition, etc. Disons pour résumer que le psychomotricien privilégie classiquement — dans la ligne de E. Guilmain - G. Soubiran - H. Bucher — les jeux à support corporel aux dépens des jeux de hasard (type *loto*), de stratégie (type jeu de *dames*) ou même de

---

* Centre de Diagnostic et de Traitement Ambulatoire.
** Institut Médico-Educatif.

langage (type *charades*). Le changement est venu ces dernières années de l'élargissement du cadre d'activité (vers la piscine notamment) et du matériel (tissus, cartons, etc.). Par ailleurs, il faut peut-être rappeler que le jeu n'est pas seulement «exercice» (préparation à..., application de...) et «règle» (régulation plus ou moins stricte, plus ou moins imposée), mais aussi activité autotélique: il doit être pris comme récréation (c'est-à-dire comme expansion, élan joyeux), comme fantaisie (c'est-à-dire comme aventure, comme improvisation), comme expérience conviviale (c'est-à-dire comme rencontre, comme fête communautaire). Nous n'insisterons pas car ces recommandations ne sont pas nouvelles et nous savons par nos différentes enquêtes que les praticiens s'efforcent de les appliquer en les modulant suivant les lieux d'intervention, les types de troubles rencontrés, les phases de l'évolution et la personnalité même de chaque enfant pris en charge.

Les choses se compliquent quand il s'agit de définir la place et la fonction du jeu symbolique dans la pratique psychomotrice. Non pas quand on limite la catégorie du jeu symbolique à celle du «jeu de fiction», c'est-à-dire à l'évocation agie (par l'utilisation de ce que Piaget nomme un «signifiant différencié») d'un objet ou d'un événement absent ou à celle du «mimicry», c'est-à-dire aux activités de simulacre où le sujet «joue à croire, à faire croire aux autres qu'il est un autre que lui-même» (R. Caillois, 1958, p. 39): dans ces cas, la pédagogie ou la thérapie par le jeu ne font pas problème. Mais si l'on admet que les signifiants ludiques (paroles ou actes) peuvent renvoyer aux événements plus ou moins oubliés, plus ou moins refoulés de notre histoire libidinale et relationnelle, alors il convient d'être très attentif. Le thérapeute se doit de répondre à plusieurs questions d'ordre épistémologique et déontologique (questions clairement posées par R. Doron dès 1972) (R. Doron, 1972, p. 71). Première question relative à la fonction révélatrice du jeu spontané: dans quelle mesure suis-je à même de comprendre et d'interpréter ce qui se (re)joue ici et maintenant au travers des comportements de l'enfant? Répondre positivement à cette question implique qu'on ait fait l'effort de connaître et d'assimiler l'appareil théorique (freudien ou post-freudien) qui sous-tend l'interprétation. Deuxième question relative à la fonction thérapeutique du jeu provoqué: dans quelle mesure suis-je compétent pour suggérer des situations et pour faire vivre des scènes dont j'attends un pouvoir de liquidation, de purification cathartique, d'élucidation ou de sublimation? Répondre positivement à cette question implique qu'on ait fait l'effort d'étudier des lois de fonctionnement du psychisme et d'être un peu au clair sur son propre inconscient. Jusqu'ici, les psychomotriciens n'étaient pas formés pour exercer une fonction de psychothérapeute et il convient de les mettre en garde contre le charlatanisme et le bricolage para-psychanalytique; mais leur préparation peut, si besoin, s'infléchir vers ce pôle et des recherches comme celles que viennent de publier A. Lapierre et B. Aucouturier (1982) laissent croire que sur ce registre du jeu symbolique, on n'a pas encore tout découvert. Nous reviendrons sur ce thème en parlant du jeu dramatique et de la relation.

1.1.2. Sport et psychomotricité

Le concept de sport a presque autant d'extension que le concept de jeu et même si, pour limiter le champ notionnel, on adopte la définition de M. Bouet (M. Bouet, 1968) et on le réduit à cinq thèmes — l'expérience du corps, le mouvement vécu, l'affrontement de l'obstacle, la recherche de la performance, la compétition — on est quelque peu désemparé devant la profusion des genres (sports de combat, sports de balle, sports athlétiques, sports de nature, sports mécaniques) et des spécialités (chaque genre peut en contenir une ou plusieurs dizaines) ou même devant la multiplicité des lieux sociaux de son application (écoles, clubs, armée, organisations de loisirs, établissements de réadaptation ou de soins, sans parler du sport de haut niveau). Nous n'envisagerons ici que le sport à visée éducative, rééducative et thérapeutique — plus précisément encore celui qui touche l'enfant et l'adolescent — et qui est enseigné ou animé par les instituteurs (école primaire), les professeurs d'E.P.S. (collège et lycée), les éducateurs sportifs (club fédéral), chacun de ces professionnels pouvant opérer dans le secteur du «tout venant» ou dans le secteur des marginaux (handicapés sensoriels, moteurs, mentaux). Quels rapports peut-on établir entre les pratiques psychomotrices et la pratique sportive entendue comme «recherche compétitive de la performance, dans le champ du mouvement physique affronté intentionnellement à des difficultés» (M. Bouet, 1968)?

Nous avons vu dans l'étude historique que les promoteurs des pratiques psychomotrices (depuis P. Tissié et E. Guilmain jusqu'à B. Aucouturier) ont eu le souci permanent de se démarquer des adeptes du sport. Dans un article récent (J. Le Camus, 1980b), nous avons analysé les dimensions idéologique, théorique, méthodologique, institutionnelle de la rupture entre ces deux catégories de pratiques. Rupture typiquement française qui a parfois tourné au duel politique et qu'il est difficile encore aujourd'hui d'examiner sans passion. Nous avons montré qu'en deçà d'un certain niveau d'intensité et d'institutionnalisation, le sport pouvait être considéré comme un jeu, un jeu moteur de type agonal (J. Le Camus, 1981 a) et avait donc sa place dans les programmes de travail utilisés par les psychomotriciens. En sollicitant tour à tour ou simultanément, la coordination et l'ajustement des schèmes sensori-moteurs, l'intelligence tactique, l'esprit d'équipe, les jeux sportifs deviennent des moyens éducatifs précieux à la disposition de toutes les catégories d'éducateurs et de thérapeutes. Il est assez évident pour tout le monde que l'activité sportive fait partie de l'arsenal des techniques que doit maîtriser le psychomotricien (qu'il soit réadaptateur ou thérapeute) mais aussi qu'elle revêt dans ce cadre une allure un peu particulière : en règle générale, c'est moins la performance qui est mise au premier plan que la possibilité d'établir et de faire évoluer une relation. Relation enfant-objet chose. Relation enfant-milieu physique. Relation enfant-compagnons. Relation enfant-adulte. Il nous semble que dans cet esprit, on aurait intérêt lorsque les conditions matérielles s'y prêtent, à explorer les voies qui se sont ouvertes ces dernières années : avec le trampoline déjà étudié *(Thérapie Psychomotrice*, n° 48), on pourrait prendre comme support le judo ou le karaté, l'équitation, la planche à voile, le ski de fond et de randonnée, etc.

Le problème devient plus complexe lorsqu'on envisage le sport comme pratique d'affirmation, de dépassement (de soi et des autres), de compensation et lorsqu'on fait intervenir l'entraînement préparatoire, la compétition organisée, les classements, les remises de récompense, etc. C'est ici, semble-t-il, qu'il faut prendre en considération, outre les goûts et les aptitudes du psychomotricien, le type de difficulté que présentent les enfants. Nous estimons que le sport de compétition convient assez bien chaque fois qu'on a affaire à des handicaps installés (au sens de définitifs, de quasi irréductibles) : pour des déficients visuels ou auditifs, pour des handicapés physiques (paraplégiques, hémiplégiques, amputés, etc.), pour des handicapés mentaux (mongoliens par exemple), le sport nous paraît être un excellent moyen de socialisation (au sens d'intégration dans le groupe et dans l'établissement) et aussi de réalisation compensatoire (au sens de surmontement du handicap et de dépassement de soi). A condition de lui conserver un bon esprit *(le flair-play)*, le sport peut aider ces marginaux à trouver un terrain d'individuation, d'affirmation de soi, voire à la limite d'exploit. Par contre, pour les catégories d'enfants qui ont jusqu'ici été confiées prioritairement aux psychomotriciens (inhibés névrotiques, instables, maladroits, dysharmoniques évolutifs, etc.), le sport de compétition nous paraît à déconseiller, dans un premier temps du moins : pour mener à bien le processus de réadaptation entamé avec ces enfants, processus qui passe par le réapprentissage de la confiance en soi et du succès, il ne semble pas que les affrontements qu'impliquent la pratique sportive soient, bien indiqués. Nous croyons au contraire que, dans bien des cas, l'amélioration passe par la découverte du corps érogène (par opposition à fonctionnel) et par l'expérience d'une relation de type maternel (protection, tolérance, proximité physique). Il ne sert à rien dans une première phase de poser des interdits et des niveaux d'efficience; il importe davantage d'autoriser et d'accepter. Il ne sert à rien de limiter les conduites motrices aux gestes plus ou moins stéréotypés des techniques sportives; il importe davantage de laisser s'exprimer chacun dans une gestualité improvisée. Il ne sert à rien de corriger, de répéter; il importe davantage d'être soi-même. Il ne sert à rien de vaincre l'autre; il importe davantage de se vaincre. C'est plutôt dans une seconde phase, progressivement, que seront introduits la compétition inter-groupe et la compétition inter-individuelle. Comme pour concrétiser le progrès personnel. Comme pour le prolonger et le parfaire. En fin de programme ou en complément des activités d'impression-expression. L'un de nos étudiants de 3e cycle a montré récemment comment le judo pouvait être promu activité thérapeutique dans le cadre d'un hôpital de jour toulousain (M. Cazeneuve, 1981).

1.1.3. Danse et psychomotricité

La danse est la forme d'expression gestuelle la plus ancienne (on la trouve déjà chez les Egyptiens, les Hébreux, les Grecs), la plus répandue à travers le monde (chaque culture, chaque peuple, chaque région, chaque ethnie possède son répertoire de danses) et la plus diversifiée: instinctive ou élaborée, rituelle ou artistique, profane ou sacrée, elle emprunte aujourd'hui une multiplicité de formes (danse d'école, danse mondaine, danse folklorique) qui constituent chacune un véritable univers de méthodes et de spécialités. Nous n'envisagerons ici que la danse à visée éducative, rééducative et thérapeutique — plus précisément encore celle qui touche l'enfant et l'adolescent — et qui est enseignée par les instituteurs (très rarement), par les professeurs d'E.P.S. (essentiellement des femmes et pour les filles) et par les professeurs de danse habilités (dans le cadre d'écoles spécialisées ou de cours privés). En dehors des professeurs d'E.P.S. et des professeurs de danse (munis de diplômes fédéraux), peuvent intervenir aussi des éducateurs et des thérapeutes qui, en plus de leur spécialité, ont acquis une formation particulière en danse d'école ou en danse folklorique. Quels rapports peut-on établir entre les pratiques psychomotrices et la danse entendue comme activité d'expression mimico-posturo-gestuelle le plus souvent accompagnée par une musique de suggestion ou de soutien?

Là encore, c'est une affaire de niveaux et d'objectifs. Si l'on considère la danse comme un moyen dont on dispose pour mener à bien l'éducation rythmique (dans la ligne J. Dalcroze, I. Popard, C. Boucquey) ou plus généralement pour développer les capacités de coordination dynamique générale et les capacités d'expression (dans la ligne de la «danse moderne» illustrée par M. Graham, D. Humphrey, A. Nikolaïs, M. Cunningham, C. Carlson ou du «jazz» afro-américain), il est assez évident que la danse peut figurer dans l'arsenal des techniques du psychomotricien. Disons que dans cette optique, le psychomotricien mettra davantage l'accent sur le versant création que sur le versant apprentissage technique de gestes codifiés, davantage sur les capacités d'improvisation que sur celles de reproduction d'un modèle.

Le problème devient plus complexe s'il s'agit d'un «travail» systématique, régulier, à l'intérieur de ce qu'il est courant d'appeler un «atelier» centré sur un genre ou une technique particulière. Cela revient à poser la question suivante: est-il possible et bien indiqué de mener une action de réadaptation ou de thérapie psychomotrice en s'appuyant uniquement sur la danse? L'une de nos étudiantes a montré que la danse d'improvisation pouvait être introduite avec bonheur dans le service infantile d'un hôpital psychiatrique de la région toulousaine. Les revues professionnelles *Thérapie Psychomotrice* et *Pratiques Corporelles* ont abordé cette question de la place et de la fonction de la danse en psychomotricité et nous reviendrons sur ce thème lorsqu'il s'agira de passer en revue les pratiques polarisées autour de l'expression corporelle.

1.2. Les pratiques professionnelles

1.2.1. La kinésithérapie

Avec la kinésithérapie, nous entrons dans le domaine des professions para-médicales officielles. Nous y entrons par la grande porte car les thérapeutiques qui utilisent le mouvement ont une longue histoire et une très large implantation sociologique: au 1er janvier 1979 le nombre de masseurs-kinésithérapeutes opérant en France était estimé à 32.000 (Rapport de l'*Inspection Générale des Affaires Sociales*, 1979). C'est dire que ces professionnels étaient 16 fois plus nombreux que les psychorééducateurs, leurs frères cadets.

En quoi consiste le travail du kinésithérapeute aujourd'hui? Nous répondrons à cette question en nous appuyant sur la distinction proposée par C. Hamonet et J.N. Heuleu (1978), dans leur *Abrégé de Réé-*

ducation fonctionnelle et de Réadaptation, distinction entre kinésithérapie passive et kinésithérapie active. La première forme consiste à utiliser des mobilisations passives (autopassives ou passives-assistées), des postures (orthèses d'immobilisation), des tractions et des manipulations vertébrales (ces dernières étant légalement réservées aux titulaires du diplôme de *Docteur en Médecine*) pour améliorer la fonction musculaire et articulaire : récupération de l'amplitude articulaire normale (après une fracture par exemple), diminution d'une raideur articulaire, réduction d'une arthrose vertébrale, etc. La seconde forme peut être définie comme «l'ensemble des exercices accomplis par le malade lui-même en utilisant ses propres forces» (op. cité p. 28), exercices contrôlés ou corrigés par le kinésithérapeute. Selon l'origine de l'affection et l'état actuel de la fonction motrice, le praticien fera exécuter des contractions isométriques (sans modification de la longueur des muscles) ou isotoniques (avec variation de cette longueur); contre résistance (pouliethérapie) ou sans résistance (mouvement libre); sous une forme analytique (contractions isolées dans lesquelles on doit éviter les compensations et les syncinésies) ou sous une forme globale (faisant intervenir un ensemble musculaire). A ces deux grandes catégories méthodologiques s'ajoutent deux techniques d'appoint : la kinébalnéothérapie, c'est-à-dire la mobilisation du tronc ou des segments dans l'eau chaude (piscine, baignoire) et le massage, c'est-à-dire l'action manuelle ou mécanique qui vise des effets de vasodilatation, de soulagement de la douleur, de décontraction musculaire, de drainage des tissus cutanés ou sous-cutanés, etc.

Ce rapide tour d'horizon technologique permet déjà de répondre aux trois questions fondamentales : pour qui ? pour quoi faire ? comment ? Le domaine d'intervention prioritaire du kinésithérapeute, c'est le handicap physique : on fait appel à lui pour rééduquer les fonctions déficientes (fonction motrice, respiratoire, cardiaque, sphinctérienne, etc.), pour réduire les conséquences de la maladie, pour les corriger. On attend de lui qu'il apporte des améliorations en rapport avec la biomécanique et la physiologie : réduire une impotence, atténuer une raideur, renforcer la puissance d'un muscle ou d'un groupe de muscles atrophiés à la suite d'une immobilisation, augmenter les capacités d'adaptation à l'effort, etc. On lui confie en priorité les malades atteints d'affections neurologiques d'origine centrale (paraplégiques, hémiplégiques, etc.) ou d'origine périphérique (poliomyélitiques, etc.), les amputés des membres, les insuffisants cardiaques ou respiratoires, sans parler bien sûr des innombrables victimes de l'arthrose ou de l'arthrite. On lui demande d'agir avant tout comme un biomécanicien : il a certes à traiter un malade et non une maladie (et donc à se préoccuper lui aussi de la relation) mais il se doit avant tout de faire la preuve qu'il est capable de restaurer des capacités énergétiques (force musculaire, souplesse articulaire, robustesse cardio-pulmonaire); de préserver les possibilités fonctionnelles qui subsistent après une atteinte infectieuse ou traumatique; de compenser un déficit du potentiel vital. C'est quelqu'un qui raisonne avant tout en termes de leviers, d'amplitude, de durée et de fréquence de contraction, de charge à soulever ou à équilibrer, de position corrigée, etc. C'est si vrai que dans certains pays latino-américains et francophones, on désigne cette spécialité thérapeutique par l'expression «physiothérapie». C'est cette focalisation sur la nature anatomo-physiologique du mouvement humain qui a permis de concevoir puis d'institutionnaliser le rôle du psychomotricien. Le psychomotricien c'est, avons-nous dit, quelqu'un qui privilégie la nature psychologique (informationnelle) du mouvement et qui donc s'intéresse peu aux propriétés thermodynamiques laissées à la responsabilité du professeur d'E.P.S. (pour l'éducation fonctionnelle) et du kinésithérapeute (pour la rééducation fonctionnelle).

On fera remarquer que le rôle des kinésithérapeutes et le rôle des psychomotriciens se chevauchent parfois: les premiers peuvent être appelés, dans le cadre d'un cabinet libéral ou d'une institution de rééducation fonctionnelle, à proposer des exercices de prise de conscience segmentaire et globale, des exercices de coordination statique et dynamique, des exercices de relâchement musculaire, etc.; les seconds peuvent être appelés dans le cadre d'un G.A.P.P., d'un C.M.P.P., d'un I.M.E., à proposer des exercices de renforcement de la musculature abdominale ou dorsale, des exercices d'activation cardio-pulmonaire, des exercices d'assouplissement, etc. Mais c'est quand même assez exceptionnel. En 1984, les rôles prescrits, attendus et joués ne peuvent plus se recouvrir: nous sommes en face de deux métiers différents. Il est probable qu'on ne reviendra pas en arrière et que l'avenir consolidera l'opération d'affranchissement des psychomotriciens.

1.2.2. *L'ergothérapie*

La thérapeutique par le travail peut être considérée aussi comme une technique de réadaptation très ancienne: des chirurgiens comme J.C. Tissot (en 1780), des psychiatres comme Ph. Pinel (en 1809) préconisaient déjà, avec la gymnastique, les activités de type artisanal; au début du XXe siècle les Américains, les Canadiens, puis les Anglais, établirent les fondements de *l'occupational therapy* (qu'on peut traduire par «thérapie occupationnelle» ou de préférence par «occupations thérapeutiques»). Mais l'ergothérapie ne pénétra réellement en Europe que pendant et après la deuxième guerre mondiale : les premières écoles (Paris et Nancy) furent créées dans les années 50 et, depuis 25 ans, cette discipline a connu une extension régulière. Au 1er janvier 1979, le nombre d'ergothérapeutes opérant en France était estimé à 1.500 *(Rapport de l'Inspection des Affaires Sociales,* 1979).

Comment peut-on définir cette pratique proche parente de la kinésithérapie et aussi de la thérapie psychomotrice ? «Thérapeutique par le travail» semble trop restrictif car les ergothérapeutes proposent des activités de type distractif ou culturel. Nous préférerons nous en tenir à la proposition de l'équipe de l'*Institut Régional de Réadaptation* de Nancy et adopter la définition suivante : «Méthode de traitement de certaines affections physiques ou mentales, prescrite par le médecin et appliquée par des spécialistes qualifiés, utilisant le travail ou toute autre occupation, en vue de corriger les troubles fonctionnels qui les caractérisent» (L. Pierquin, J.M. André, P. Farcy, 1980, p. 2). C'est du reste en prenant appui sur cette récente publication que nous répondrons aux questions habituelles : pour qui ? pour quoi ? comment ?

L'indication fondamentale, c'est le trouble fonctionnel, c'est-à-dire la conséquence passagère ou définitive des affections pathologiques (et non les affections elles-mêmes). Plus précisément, l'ergothérapie se propose de traiter «les troubles fonctionnels qui entravent la vie de relation» (op. cité p. 4). Ainsi, dans les affections de l'appareil locomoteur, elle est avant tout une rééducation gestuelle : les défauts de contraction musculaire présentés par un spastique ou un poliomyélitique sont l'affaire du kinésithérapeute mais, au-delà du trouble moteur, il y a la personnalité du handicapé et c'est à ce niveau que veulent intervenir les ergothérapeutes. Pour les différencier des kinésithérapeutes, thérapeutes du mouvement et par le mouvement, on pourrait dire des ergothérapeutes qu'ils sont des thérapeutes du geste et par le geste. Ces deux catégories de professionnels peuvent fort bien conjuguer leur action dans la rééducation fonctionnelle des paraplégiques, des tétraplégiques, des hémiplégiques, des amputés, etc. Dans les affections psychiques, l'ergothérapie est avant tout une rééducation de l'expression : pour le malade mental, le travail est «un moyen privilégié de communiquer avec l'autre, de lui faire part de son état, de demander sa compréhension et son aide» (op. cité p. 5) et, faut-il le souligner, de se montrer productif voire créateur. Dans toutes les maladies, qu'elles soient d'origine psychique ou organique, chez le vieillard, elle est une thérapie de la dépendance: dans ces cas, il appartient à l'ergothérapeute «de prévenir et réduire la dépendance, de rétablir des relations normales en stimulant le malade, en lui réapprenant les activités de la vie quotidienne, en mettant à sa disposition les aides techniques nécessaires, en instruisant l'entourage et en aménageant l'environnement» (op. cité p. 5). Voilà donc pour ce qui est des buts et des limites.

Le propre des thérapeutiques fonctionnelles avons-nous dit, c'est de restaurer la fonction par l'exercice même de la fonction. Mais dans l'action thérapeutique du travail sur le handicap, il convient de distinguer deux modalités: quand l'activité choisie est précisément «adaptée au trouble de la motricité, de l'expression ou de la dépendance à corriger», on dit que l'ergothérapie est spécifique; quand l'activité «n'est prescrite que pour corriger un trouble secondaire ou réactionnel, par exemple les désordres psychologiques compliquant une grave affection de l'appareil locomoteur» (op. cité p. 6), on peut parler d'ergothérapie non spécifique ou d'ergothérapie d'appoint. Dans tous les cas cependant, cette thérapeutique obéit à six règles principales qui sont proches de celles qu'observe le psychomotricien: prescription réservée au médecin qui a établi le diagnostic; examen du handicapé par l'ergothérapeute chargé d'évaluer les capacités relationnelles; connaissance de l'effet des activités sur le fonctionnement neuro-psychologique; ajustement du travail de rééducation au handicap; ajustement des activités aux goûts du handicapé; simplicité des tâches proposées. Là aussi, il s'agit bel et bien de «motricité en relation».

Pour répondre à la question du comment, on doit différencier les techniques proprement dites et les aides techniques. Les premières comportent quatre catégories. Les techniques dites de base, découlant des activités de transformation artisanale de la matière: céramique, vannerie, tissage, menuiserie, ferronnerie. Les techniques dites complémentaires, plus récentes et liées au développement scientifique ou culturel, utilisant des produits manufacturés: cuir, papier, carton, ficelle, encre, etc. Les techniques d'adaptation ou d'indépendance portant sur les activités de la vie quotidienne (ménagère notamment) et destinées à rendre acceptables les relations du sujet avec les autres. Les techniques d'expression et de communication avec comme support le dessin, la peinture, les marionnettes, etc. Venons-en maintenant aux aides techniques. On entend par aides techniques «tous les systèmes de transformation de l'environnement physique, destinés à faciliter l'approche, l'accueil et l'intégration du handicapé dans son milieu de vie» (op. cité p. 9). On différencie plusieurs catégories: aides aux déplacements (béquilles, cannes, déambulateurs, fauteuils, etc.), aides aux activités de la vie quotidienne (appareils facilitant l'alitement, l'habillement, la toilette, l'alimentation, etc.), aides ménagères pour la femme dans son foyer (entretien, couture, etc.), aides professionnelles (dispositifs aménageant la forme, le poids, le mode d'action des outils afin de faciliter leur préhension et leur emploi, etc.). C'est dire que l'action de l'ergothérapeute ne se limite pas au centre de rééducation et qu'elle s'étend parfois jusqu'au domicile du handicapé.

Il est assez clair à présent que le rôle de l'ergothérapeute et celui du psychomotricien s'apparentent sur bien des points : conception holistique de la nature de la motricité et de l'action rééducative, adaptation des activités aux possibilités et aux désirs du sujet à aider, importance de la relation, etc. Cependant, la confusion n'est pas possible. D'une part, en raison d'une différence d'indication : troubles «fonctionnels» souvent installés chez des adultes «handicapés» d'un côté; troubles «d'évolution», le plus souvent labiles chez des enfants «en difficulté» de l'autre. D'autre part, en raison d'une différence de méthode : travail et occupations de type artisanal d'un côté; exercices et jeux perceptivo-moteurs de l'autre. Ces deux divergences suffisent chez nous pour expliquer et justifier la mise en place de deux formations, de deux statuts, de deux rôles. Là encore, il y a tout lieu de croire que la législation future viendra consolider les identités forgées par les traditions médicales.

1.2.3. La musicothérapie

La dernière des disciplines paramédicales que nous envisagerons est une technique thérapeutique très ancienne : Tissot, déjà cité, et le psychiatre français Esquirol utilisaient la musique pour stimuler ou calmer les malades; l'aide musicale fut introduite dans les hôpitaux américains aux environs de 1920. Pourtant la thérapie par la musique ne s'est constituée comme spécialité qu'autour des années 50 : fondation de la *National Association for Music Therapy* aux Etats-Unis, de la *Society for Music Therapy and Remedial Music* en Grande-Bretagne. Il faut même attendre 1969 pour qu'apparaisse le *Centre Français de Musicothérapie* et 1972 pour voir se créer l'*Association de recherches et d'applications des techniques psychomusicales* sous l'impulsion de J. Jost, M. Gabai, E. Lecourt, etc.

Depuis cette époque, l'engouement suscité par les vertus de cette discipline s'est fortement accru : la France a organisé le *Premier Congrès mondial de musicothérapie* en 1974 et, à l'exemple de nombreux pays européens et américains, elle a mis en place des formations en deux ans ouvertes à des professionnels de la rééducation ou de la thérapie qui souhaitent acquérir une spécialisation. Les Universitaires (Montpellier en 1977, Paris VII en 1980) ont suivi le mouvement et on peut penser que le certificat d'Université fera bientôt place à un *Diplôme d'Etat*, comparable à ceux qui existent chez nos voisins.

Comment définir cette forme de thérapie non verbale en passe d'être reconnue au même titre que l'ergothérapie et la thérapie psychomotrice ? De façon générale, on pourrait dire avec E. Lecourt, fondatrice de *l'Association Française de musicothérapie* (créée en 1980), que le terme de *musicothérapie* est réservé « à l'utilisation de la musique, du son, du rythme dans une relation psychothérapeutique » (E. Lecourt, 1980, p. 14). Définition encore assez vague que l'on peut préciser en adoptant le point de vue de R.O. Benenzon, pédopsychiatre argentin, figure de proue de l'école latino-américaine de musicothérapie : « discipline paramédicale qui utilise le son, la musique et le mouvement, pour produire des effets régressifs et ouvrir des canaux de communication avec l'objectif d'entreprendre à travers eux le processus d'entraînement et de réinsertion sociale » (R.O. Benenzon, 1981, p. 13). Ces deux auteurs nous serviront de guide pour répondre aux questions habituelles : pour qui ? pour faire quoi ? comment ?

Comme les techniques psychomotrices, les techniques psychomusicales peuvent être utilisées à des fins d'éducation, de rééducation et de soin mais, puisqu'il est question ici des disciplines paramédicales, nous devons mettre l'accent sur les indications thérapeutiques. Les praticiens spécialisés paraissent s'accorder pour dire que l'autisme infantile est l'affection qui aujourd'hui réagit le mieux à cette thérapeutique : la musique est parfois le seul moyen d'établir une communication avec l'enfant psychotique et de le tirer de son isolement. Comme technique d'appoint — c'est-à-dire préparation, accompagnement ou prolongement — la musicothérapie donne de bons résultats aussi chez les handicapés (mentaux, moteurs, sensoriels) et chez les sujets atteints de névroses plus ou moins structurées qui fréquentent les centres de soins ambulatoires ou les cabinets des psychiatres « tout venant ». Sur ce fond commun, chaque pays occidental s'est orienté vers des applications privilégiées : thérapie des schizophrènes en Allemagne, rééducation des sourds au Danemark, traitement de l'alcoolisme en Yougoslavie, etc. En France, on s'est particulièrement intéressé aux effets analgésiques de la musique, notamment dans le cadre de l'odontostomatologie, la gynécologie et l'obstétrique. L'élargissement de la méthode initiale de musicothérapie *réceptive* vers les méthodes de musicothérapie *active* — faisant intervenir l'expression corporelle, la production sonore et musicale, le travail de la voix — a entraîné une extension du champ d'application des services hospitaliers vers les établissements de soins ambulatoires (C.M.P.P., hôpitaux de jour), et de soins résidentiels (Institus Médico-Educatifs, Centres psychothérapiques).

Cette discipline s'appuie sur les connaissances relatives aux effets du son et de la musique sur les fonctions organiques (respiration, circulation, travail musculaire, etc.), sur les fonctions psychologiques (capacités d'attention, de mémorisation, etc.) et sur des phénomènes que l'on situe au carrefour du psychologique et du physiologique comme la vigilance, la tension, l'humeur, etc. Nour reviendrons sur ce thème en traitant des pratiques corporelles d'impression à point de départ auditif (section 1) mais nous pouvons déjà, par ce biais, comprendre les principes de la méthode de R.O. Benenzon, l'une des mieux élaborées jusqu'ici. La musicothérapie est fondée d'abord sur le principe de l'*I.S.O.* * : « c'est un phénomène sonore et de mouvement interne qui résume nos archétypes sonores, notre vécu sonore intra-utérin et notre vécu sonore de la naissance, de l'enfance jusqu'à notre âge actuel » (R.O. Benenzon, op. cité p. 60). En d'autres termes, c'est l'identité sonore de chacun. « J'explique en termes très simples le principe de l'*I.S.O.* en disant que pour produire un canal de communication entre thérapeute et patient, le tempo mental du patient doit coïncider avec le tempo sonore musical exécuté par le thérapeute » (op. cité p. 60). L'autre notion importante est celle d'*objet intermédiaire* : « un objet intermédiaire est un instrument de communication capable d'agir thérapeutiquement sur le patient au moyen de la relation sans libérer des états d'alarme intenses » (op. cité p. 65). R.O. Benenzon a emprunté cette notion non pas à D.W. Winnicott mais à J.G. Rojas Bermudez qui désignait ainsi la marionnette mise en jeu dans le cadre du psychodrame. « Je considère que les instruments musicaux et le son qu'ils émettent peuvent être considérés comme objets intermédiaires (...) Le choix correct d'un objet intermédiaire dans la relation thérapeutique dépendra de l'habileté du musicothérapeute pour découvrir l'identité sonore de son patient (...) » (R.O. Benenzon, op. cité p. 67).

En pratique, la méthode se compose de deux parties essentielles. L'une d'ordre diagnostique a pour objectif de découvrir l'I.S.O. du patient (ou l'I.S.O. du groupe si on travaille en groupe) et l'objet intermédiaire qui facilitera la thérapie. Pour ce faire, R.O. Benenzon dresse la *fiche de musicothérapie du patient* (qui correspond à l'entretien d'E. Lecourt) : il s'agit de l'interrogatoire du patient et/ou des

---

* I.S.O. : contraction d'Identité Sonore.

parents, sur l'histoire sonore et musicale (on note les éléments sociaux survenus pendant la période de gestation, tous les souvenirs sonores de l'enfance et les souvenirs actuels). Par ailleurs, il pratique l'*examen d'encadrement non verbal* (qui correspond dans le test de réceptivité musicale d'E. Lecourt à «l'approche active d'un matériel sonore et musical»): il s'agit de «confronter le patient à une série d'instruments à percussion simples et à quelques instruments mélodiques, à observer comment il parvient à communiquer par leur moyen» (R.O. Benenzon, op. cité p. 100). La seconde partie de la méthodologie générale est d'ordre thérapeutique: il s'agit des séances de musicothérapie «où patient et thérapeute travaillent activement. Il s'agit d'établir des canaux de communication de niveau régressif au moyen de l'identité sonore du patient et d'ouvrir de nouveaux canaux, en vue de son intégration future dans un groupe ou vers d'autres thérapies» (op. cité p. 100). La séance elle-même comprend trois étapes: l'échauffement (ou préparation), l'examen non verbal (élaboration du projet du thérapeute pour ouvrir un canal de communication), le dialogue sonore (échange de messages sur le canal choisi). Tel est le cadre méthodologique dans lequel se déroule l'ensemble du processus thérapeutique.

Par certains aspects, le rôle du musicothérapeute recouvre celui qu'ont tenu (ou que tiennent encore) les thérapeutes de la psychomotricité: faire écouter une musique apaisante dans une position de détente ou de relaxation proprement dite; inviter à percevoir des structures rythmiques frappées dans les mains ou sur un tambourin; mettre en situation de produire des sons ou de la musique à partir d'instruments introduits dans la salle ou encore de s'exprimer par la voix, l'attitude, le geste sur des musiques créées sur le champ ou enregistrées préalablement, etc., représentent des actes professionnels qu'on peut rattacher aux deux rôles. Mais comme il n'est pas possible de tout aimer, de tout connaître et de tout mettre en œuvre, on a pris pour principe de spécialiser les tâches et, ce faisant, les statuts et les formations. Il serait étonnant que la législation future ne vienne pas consacrer les partages de territoire que l'usage a déjà dessinés.

Ainsi, au terme de ces rapprochements de rôles, nous pouvons comprendre les fondements théorico-pratico-institutionnels de l'identisation professionnelle des psychomotriciens thérapeutes. Le processus de démarcation déjà repérable en 1963 (*certificat d'Université*) a été officialisé en 1974 (*Diplôme d'Etat*) mais, aux yeux des syndicats de praticiens, il n'est pas achevé: l'obtention du monopole d'exercice et du statut d'auxiliaire médical, la légalisation de l'exercice libéral font partie des revendications corporatives le plus souvent avancés; plusieurs propositions de loi (la dernière étant présentée à la session de 1977-78 par J. Delaneau et L. Donnadieu) ont envisagé la création d'une profession inscrite au *Code de la Santé Publique*. Pour notre part, nous estimons que l'heure est venue de considérer le psychomotricien comme un professionnel à part entière, différent des autres «para-médicaux» (masseurs kinésithérapeutes, ergothérapeutes, musicothérapeutes notamment) et aussi indispensable dans son domaine que l'orthophoniste peut l'être dans le domaine du langage.

2. LES PRATIQUES DU PSYCHOMOTRICIEN

Après avoir situé les pratiques psychomotrices parmi les autres pratiques corporelles plus ou moins institutionnalisées, il nous reste à les saisir dans leur originalité, leur caractère propre. Cette identité s'inscrit, avons-nous dit, dans la logique informationnelle et s'ordonne autour de deux polarités: l'impression et l'expression corporelle. Nous pensons l'avoir démontré dans l'étude historique en traitant du *corps conscient* et du *corps signifiant*. Nous ne reviendrons pas sur ce tableau mais dans un souci de mise à jour et de visée prospective, nous ferons l'*inventaire critique des pratiques corporelles d'impression et d'expression**. Non pas un simple catalogue de techniques. Encore moins un répertoire d'exercices. Mais une analyse des pratiques utilisées ou utilisables par les psychomotriciens; une analyse dans laquelle, on s'efforcera de répondre aux questions: *quoi? pour qui? pour faire quoi? comment? par qui?*

---

* Pour beaucoup d'entre elles, il s'agira d'une évaluation inaugurale; pour quelques-unes, nous sortirons du cadre strict de la R.P.M.

Section 1
Les pratiques corporelles d'impression

Sur ce versant, nous allons ranger les pratiques qui, à des fins d'éducation, de rééducation, de formation ou de thérapie, sollicitent prioritairement nos capacités de captage, de réception, de distribution, de traitement, de stockage des informations issues du corps propre ou de l'environnement. Suivant la nature des canaux informationnels mis en jeu, nous distinguerons les pratiques à dominante proprioceptive et les pratiques à dominante extéroceptive (olfactive, tactile, auditive), la vision intervenant plus ou moins dans tous les cas.

1.1. Pratiques à médiation proprioceptive

Dans les pratiques de ce genre, le sujet est informé de la position de l'ensemble du corps et des différents segments dans l'espace (statesthésie) ainsi que de l'amplitude, de la vitesse, de la force des mouvements globaux ou partiels (kinesthésie) grâce à la mise en jeu de récepteurs spécialisés (fuseaux neuro-musculaires, récepteurs tendineux de Golgi, récepteurs articulaires, récepteurs vestibulaires constitués par les canaux semi-circulaires et les otolithes). Nous n'avons pas à décrire ici les mécanismes physiologiques de cette forme d'impression mais plutôt à explorer les pratiques qui les utilisent. Et il nous semble alors possible de différencier deux séries de pratiques suivant qu'elles intéressent ce que J. Paillard appelle le *corps identifié* ou le *corps situé* (J. Paillard, 1978a).

1.1.1. Pratiques mettant en jeu le corps identifié

En suivant J. Paillard, on peut considérer qu'il existe une première manière de traiter l'information relative au corps propre, c'est celle qui conduit à *«une identification perceptive des propriétés de l'objet»* autrement dit à la connaissance du corps *«dans ses caractéristiques habituelles d'espace corporel familier que nous habitons et que nous avons investi affectivement»* (op. cité p. 8). On pourrait dire aussi que ce corps identifié correspond à ce que classiquement on désignait par «corps perçu» (avec sa forme, sa consistance, son volume, son poids, ses limites) et «corps vécu» (avec les expériences émotionnelles, les fantasmes, les valeurs qui lui sont attachés). Les pratiques qui cultivent ou restaurent cette capacité d'identifier le corps propre comme composante de l'image de soi (ou si l'on préfère de la conscience de soi) ont en commun de placer l'individu dans une situation de repos, le plus souvent dans la posture en coucher dorsal, et de solliciter la somesthésie, l'attention intériorisée. Nous ferons l'inventaire critique de ces pratiques en traitant d'abord de la technique de base, le *training autogène*, ensuite des autres techniques utilisées en France (eutonie, relaxation de sens analytique et yoga).

A. La technique mère : le *training autogène*

Depuis la publication de l'ouvrage du célèbre psychothérapeute berlinois (1932), huit éditions de l'adaptation française de l'œuvre originale du professeur H.J. Schultz (de 1958 à 1979) ont fait connaître au grand public les principes, les modalités et les indications du *training autogène*. Th. Kammerer, P. Geissmann, R. Durand de Bousingen ont contribué à en faire une méthode qui traite préférentiellement les désordres neuro-végétatifs et les névroses mineures et qui, en conséquence, ne doit être utilisée que par des médecins, psychiatres et psychosomaticiens. Le descriptif de la technique et les fondements neuro-physiologiques du *training autogène* sont à présent trop connus pour que nous présentions une étude détaillée. Il nous suffira d'en rappeler le principe édicté par son créateur : «Induire par des exercices physiologiques et rationnels déterminés, une déconnexion générale de l'organisme qui, par analogie avec les anciens travaux sur l'hypnose, permet toutes les réalisations propres aux états authentiquement suggestifs» (J.H. Schultz, 1968, p. 1). Ces exercices s'étalent sur deux cycles mais ce sont surtout les expériences du cycle inférieur (pesanteur, chaleur, contrôle cardiaque, contrôle respiratoire, expérience abdominale, rafraîchissement du front) qui constituent l'armature neuro-physiologique du *training*. Il est admis aussi que cette forme de psychothérapie donne de bons résultats en médecine psychosomatique (syndromes cardio-vasculaires, respiratoires, digestifs, etc.) et en neuro-psychiatrie (états névrotiques anxieux, dépressions névrotiques, troubles du sommeil, etc.) mais qu'elle est inopérante dans les cas où les patients ne sont pas en mesure «d'apporter une collaboration minutieuse et persévérante» (J.H. Schultz, 1968, p. 12), c'est-à-dire dans les cas de névroses graves, de psychopathies constitutionnelles, d'arriération mentale profonde.

Nous voudrions ajouter deux remarques qui vont à l'encontre de certaines idées reçues: l'une se rapporte aux indications, l'autre aux praticiens. Au dire même des chefs de l'école strasbourgeoise, le *training* est contre-indiqué dans le traitement des psychoses en raison de l'affaiblissement et de la transformation du contact avec la réalité qu'il provoque: les schizophrènes, les délirants chroniques, les maniaco-dépressifs en état de crise sont considérés comme incapables d'apprendre les exercices et inaptes à tirer bénéfice de l'autodécontraction concentrative. Ce point de vue, pour si fondé qu'il soit, ne peut pas être accepté sans réserve. En effet, des psychothérapeutes spécialisés dans le traitement des psychoses ont largement utilisé le *training* avec certains de leur patients: Giséla Pankow en particulier, connue pour sa méthode de structuration dynamique de «l'image du corps» (comme forme et comme contenu), fait état des résultats positifs qu'elle a obtenus avec bon nombre de sujets qualifiés de psychotiques (G. Pankow, 1969).

Par ailleurs, s'il faut se méfier des contrefaçons et des déviations fantaisistes, nous ne pensons pas que le *training autogène* doive être employé seulement par des médecins. S'ils prenaient appui sur une solide formation clinique, incluant bien sûr la pratique personnelle de cette technique, les psychologues cliniciens et les psychorééducateurs, devraient pouvoir se servir — sous contrôle médical du moins — de la relaxation thérapeutique. Pour notre part, après avoir été préparé par un psychiatre toulousain, nous avons dirigé des séances de relaxation qui s'adressaient à des étudiants du *diplôme de psychologie clinique* et nous n'avons jamais déclenché ces fameuses scènes «d'hystérie collective» que certains psychiatres évoquent comme un incontournable traquenard. Ce qu'il faut dénoncer, c'est le charlatanisme et la psychothérapie de bazar mais la relaxation thérapeutique doit appartenir à tous ceux qui ont fait la preuve de leur compétence et de leur honnêteté. Le diplôme de docteur en médecine ne constitue ni une condition nécessaire, ni une condition suffisante! Cela dit, il faut évidemment exiger de tout relaxateur une qualification sérieuse, sanctionnée par un certificat d'aptitude qui fait suite à une ou plusieurs années de spécialisation. Abandonnons notre conception fétichiste du diplôme et montrons-nous plus vigilants sur la qualité de la formation.

B. Les autres techniques utilisées en France

En 1968, P. Geissmann et R. Durand de Bousingen ont publié un inventaire critique des techniques de relaxation dans lequel ils distinguaient trois catégories principales : méthodes inspirées de la technique de Schultz avec notamment la *rééducation psychotonique* mise au point par J. de Ajuriaguerra et ses élèves M. Cahen, J.G. Lemaire; méthodes utilisant la technique de E. Jacobson dite *relaxation progressive* avec notamment la *relaxation analytique* (au sens topographique du terme) de R. Jarreau et R. Klotz; méthodes périphériques à visée globale avec notamment la relaxation par la méthode du *mouvement passif* que H. Wintrebert destinait aux enfants et la pédagogie de relaxation de G. Alexander. Cette revue de la question reste acceptable pour l'essentiel mais nous la compléterons en soulignant que depuis 1968, les principaux praticiens de l'école française de psychomotricité (G.B. Soubiran, H. Bucher, J. Le Boulch, P. Vayer, A. Lapierre, B. Aucouturier, etc.) ont constamment considéré le contrôle tonique comme une partie de la séance et ont systématiquement consacré un chapitre de leurs ouvrages aux fondements et aux modalités du travail de relaxation; que le docteur J. Bergès, l'un des spécialistes français de neuro-psychiatrie infantile, a procédé à une étude approfondie des indications, des principes, des règles d'application et des effets de la relaxation thérapeutique chez l'enfant (J. Bergès et M. Bounes, 1974). Tous ces textes sont familiers aux psychomotriciens et il serait fastidieux d'en faire l'exégèse. Par contre, il nous semble utile d'attirer l'attention sur deux techniques qui ont été découvertes ou réactualisées ces dernières années : l'eutonie de G. Alexander et la relaxation de sens analytique de M. Sapir. Pourquoi choisir ces deux techniques? D'abord parce qu'elles sont encore mal connues dans les milieux de la psychiatrie et de la psychomotricité; ensuite parce que nous avons eu la chance de les expérimenter avec leurs créateurs et donc d'avoir accès à l'original.

- *L'eutonie de G. Alexander*

En dépit de certaines convergences avec les pratiques néo-reichiennes, cette méthode ne fait pas partie des «techniques corporelles» récemment importées de Californie. Sa créatrice, G. Alexander née en Allemagne en 1908 et installée au Danemark depuis 1930, l'a conçue avant la seconde guerre mondiale à partir de son expérience pédagogique de rythmicienne (dans la lignée de J. Dalcroze) et l'a systématisée sous le nom d'*eutonie* en 1957. Du reste, les premières apparitions de G. Alexander en France remontent à 1947 (elle a été invitée à donner un cours aux musiciens de l'orchestre de Paris) et à 1949 (il s'agissait d'un cours d'été organisé à Talloires à l'initiative de G. de Failly qui animait alors les *Centres d'Entraînement aux Méthodes d'Education Active)*. Cette technique qui peut se définir comme une recherche de l'équilibre des tensions (le préfixe «eu» dénotant une idée d'harmonie) a d'abord suscité l'intérêt de quelques médecins : autour des années 60, Th. Kammerer, R. Durand de Bousingen (R. Durand de Bousingen, 1962), Mme Doury-Laudon (Mme Doury-Laudon, 1962), J.G. Lemaire (J.G. Lemaire, 1964) l'envisageaient timidement, en annexe de leurs classifications des méthodes de relaxation, comme un entraînement à visée essentiellement hygiénique. Les professeurs d'E.P.S. sous l'impulsion de R. Bertrand (R. Bertrand, 1967) et dans le cadre de l'*Ecole Normale d'Education Physique* ou de la *Fédération Française de Gymnastique Educative*, la considéraient alors comme une sorte de gymnastique d'entretien, particulièrement indiquée pour l'obtention de la détente et le perfectionnement de l'adresse. Les rééducateurs de la psychomotricité la citaient aussi dans leurs inventaires des moyens d'action et par l'entremise de S. Masson et de G.B. Soubiran (G.B. Soubiran et B. Jolivet, 1967) connaissaient au moins son existence et sa finalité. Mais à ce moment-là, personne ne savait précisément (nous voulons dire, au terme d'une pratique individuelle étayée par une tentative sérieuse de théorisation) de quoi il s'agissait et, en l'absence d'étude rigoureuse, l'eutonie ne faisait naître que l'enthousiasme béat du disciple, l'attention mêlée de doute du psychiatre curieux et les citations de complaisance de ceux qui avaient à décrire les méthodes d'éducation, de rééducation et de thérapie par le mouvement. La situation changea en 1967, lorsque D. Digelman consacra sa thèse de médecine à l'analyse des principes et des modalités de travail préconisés par G. Alexander: promu par les éditions du *Scarabée* (D. Digelman, 1971), cet ouvrage permit à un large public de se familiariser avec une discipline jusque-là à peine déflorée par une poignée de spécialistes. C'est d'ailleurs à partir de 1971 que les publications d'élèves de G. Alexander et notamment de G. Brieghel-Muller (G. Brieghel-Muller, 1972), eutoniste diplômée résidant à Genève et de R. Murcia (R. Murcia, 1972, 1973, 1978, 1980a), professeur d'E.P.S. enseignant l'*eutonie*, élargirent l'audience de la méthode et incitèrent les psychomotriciens à expérimenter l'*eutonie* comme moyen de formation personnelle et comme technique à usage professionnel. Incitation renforcée en 1977 par la divulgation du seul ouvrage écrit en français par G. Alexander (G. Alexander, 1977) et, en 1979, par la réédition du traité de G. Brieghel-Muller. C'est cette diffusion massive des idées et des techniques de G. Alexander (son livre comme ceux de Lowen a inondé les rayons des *grandes surfaces*) et aussi la rareté des études critiques dans la littérature française qui nous ont amené à faire paraître un rapport d'évaluation dans l'*Information psychiatrique* (J. Le Camus, 1982 a).

- Originalité et utilité de l'eutonie

En parodiant le titre d'un ouvrage de B. Bettelheim (B. Bettelheim, 1972), nous pourrions dire que la devise des eutonistes, c'est de rendre le corps conscient. C'est en développant ou en redonnant la conscience de son corps, à l'arrêt ou en mouvement, dans sa globalité ou dans ses moindres parties, dans son intimité ou dans ses rapports aux objets ou aux partenaires, qu'on parviendra à supprimer les tensions et à acquérir une gestualité eutonique, c'est-à-dire économique, harmonieuse, fluide. «Etre présent à tout son corps», «observer les différentes sensations» qui peuvent affleurer à la conscience, «être au clair» sur son espace corporel, tels sont les leitmotive de G. Alexander et de ses élèves. Disons, pour mieux situer les finalités et les modalités de cette méthode, que l'*eutonie* s'intègre dans le cadre des pratiques informationnelles d'impression chères aux psychomotriciens du troisième quart du XXe siècle. Mais il faut souligner que par bien des aspects de son système G. Alexander a innové et que cette technique tient à la fois de l'anti-relaxation et de l'anti-gymnastique.

Comme *technique de repos*, l'eutonie se différencie du *training autogène* orthodoxe dans la mesure où il ne s'agit plus de suggérer au patient les sensations de lourdeur, de chaleur, etc. pour parvenir à un état de régression proche du sommeil et favorable au relâchement des muscles et de la censure, mais au contraire, d'inviter le sujet à explorer le contenu de ses sensations, à faire l'expérience d'une passivité consciente et voulue, pour parvenir à un état de détente active, à l'harmonie tonique, à l'équilibre des tensions. La détente eutonique ne doit pas être confondue avec le relâchement musculaire complet et dans ses leçons G. Alexander met en garde contre l'avachissement: «Ne dormez pas» répète-t-elle souvent. La concentration sur le corps propre reste le processus clé mais le sujet est laissé libre de ressentir ce qui se passe en lui (ce ressenti, personne d'autre ne peut le prédire et *a fortiori* l'imposer). Parmi les moyens utilisés pour atteindre cet état d'eutonie, on peut citer «l'inventaire» qui consiste à diriger l'attention sur les différentes parties du corps nommées par l'eutoniste et à accueillir sans jugement ni réaction, les sensations de poids, de consistance, de température, de forme, de volume, etc. qui progressivement parviennent à la conscience; «les positions de contrôle» qui du point de vue cinématique se rapprochent de certaines postures du *yoga* mais qui ont ici pour visée de servir de test (subjectif et objectif) de souplesse et aussi d'exercice «d'eutonisation» (diminution et disparition des crispations sur lesquelles on se concentre); les exercices de «contact» entre le corps et l'environnement physique (support ou objet tenu), la conscience étant comme projetée à l'extérieur du corps «vers» le sol ou «vers» l'objet et «à travers eux» (c'est un peu ce que conseillent les maîtres du *kendo*, du *karaté*, du *kyudo* et autres arts martiaux d'origine asiatique); les exercices de «courant» qui consistent à faire parcourir à la conscience différents circuits intérieurs, comme si l'attention pouvait cheminer sur le trajet des bras réunis par les doigts, des jambes connectées au niveau des pieds, etc. Pendant ces exercices, la respiration doit rester «libre»: on conseille au débutant de ne pas intervenir, de ne pas s'en occuper. Tous ces procédés ont le pouvoir, facile à vérifier, de provoquer des modifications circulatoires objectivées par les sensations de picotement, de chaleur, etc. et surtout d'éliminer progressivement les tensions qui limitent notre équilibre et notre bien-être.

Comme *technique d'action,* l'eutonie se différencie des méthodes d'apprentissage le plus souvent utilisées dans le sport, la danse, l'éducation professionnelle, dans la mesure où il ne s'agit plus tellement de faire acquérir, par la répétition et l'imitation d'un modèle, des savoir-faire qui évoluent tout droit vers la stéréotypie, la mécanisation, mais au contraire d'aider le sujet à (re)trouver le geste que les Allemands qualifient de «naturel» ou «d'organique» et que nous préférons qualifier de coulé ou de fluide. Comment parvenir à cette liberté et à cette économie du mouvement déjà rendue possible par le travail statique dont nous avons parlé? A côté des étirements (faisant suite au repos), des balancers activo-passifs des bras et des jambes, des exercices de dissociation et de vibration que nous trouvons dans d'autres méthodes d'éducation motrice, G. Alexander propose trois types de mouvements propres à l'*eutonie*: les «micro-mouvements» qui consistent à bouger du dedans, sans changer de point d'appui et en glissant à l'intérieur du revêtement cutané; les mouvements «dessinants» dont le principe est de diriger l'attention en dehors du corps comme si l'énergie employée se trouvait au-delà, par exemple comme si les bras étaient tirés par des fils (image de la marionnette), comme si les doigts ou les pieds voulaient laisser des traces sur un mur; les mouvements de «repousser» qui consistent à déplacer le corps en exerçant une pression au niveau des zones de contact et à agir comme si l'énergie venait du dehors (c'est-à-dire du sol, d'un mur d'appui, etc.). Ces différents types s'appliquent à des situations variées: gestes non conventionnels et gestes de la vie quotidienne (déplacement, travail), gestes individuels et gestes duels, mais dans tous les cas, la consigne à respecter, c'est de rester conscient de son corps agissant, dans ses parties et dans sa globalité.

Pour résumer, nous croyons pouvoir avancer que l'*eutonie* mérite d'être apprise et utilisée comme *technique de prise de conscience* par tous ceux qui sont à la recherche de formations ou de thérapies à médiation corporelle. Nous en sommes tellement convaincu qu'après avoir suivi une première initiation en 1972, nous avons appliqué avec succès certains procédés (inventaire, positions de contrôle) à la réhabilitation d'enfants qualifiés de maladroits (J. Le Camus, 1976). Nous sommes aussi de ceux qui la considèrent comme une forme intéressante de «gymnastique de pause» ou de «gymnastique d'entretien» applicable sur les lieux du travail (ateliers, usines, bureaux). Dans les limites et les modalités que nous lui avons assignées jusqu'ici, l'eutonie devrait être approchée par les psychiatres, les psychomotriciens, les kinésithérapeutes ne serait-ce que sous la forme de stages d'évolution personnelle, comme moyen de se familiariser au «dialogue tonique» et à cette relation soignant-soigné que M. Sapir a récemment nommée «le corps à corps» (M. Sapir, 1980).

- Limites de la méthode

C'est à la suite d'un stage de perfectionnement, vécu à Talloires en 1980 sous la conduite de G. Alexander, que nous avons été amené à souligner les limites de l'*eutonie* et de son accompagnement parolier et institutionnel. Nous ne reviendrons pas ici sur les aspects mercantiles et mystificateurs du stage que les «anciens élèves», c'est-à-dire les initiés, sont invités à suivre dans le prieuré de Talloires, véritable Mecque de l'*eutonie* (J. Le Camus, 1982a). Nous glisserons aussi sur les extravagances du discours dont «l'abbesse» entoure les deux séances de travaux pratiques quotidiens (J. Le Camus, 1982a). Nous envisagerons seulement l'armature théorico-pratique de la méthode, c'est-à-dire l'essentiel de ce qui devrait intéresser les psychiatres et les psychomotriciens.

a) Des mécanismes encore mal expliqués

Le lecteur non averti a déjà peut-être sursauté lorsque nous avons abordé les exercices de «contact», les «repoussers» ou les mouvements «dessinants» (où finit l'impression imaginée et illusoire, où commence la sensation éprouvée et objectivable?) mais on passe de la surprise au doute, au doute méthodique bien sûr, quand G. Alexander en vient à ses thèmes favoris du *redressement* et du *transport*, du *rayonnement* et du *prolongement*. Il est pour le moins difficile de savoir ce qu'elle entend exactement par ces mots (la différence de langue ne saurait être une excuse) et surtout de comprendre en 1984 les mécanismes neuro-phisiologiques ou proprement psychologiques qui sous-tendent ces phénomènes. Qu'on en juge: «le redressement réflexe peut être consciemment obtenu à partir de la voûte du pied en passant par le tibia, le péroné, l'articulation du genou, l'ossature de la cuisse, le col et la tête du fémur, l'articulation de la hanche, la ceinture pelvienne et la partie supérieure du sacrum vers la 5e vertèbre lombaire et à travers toute la colonne jusqu'à l'atlas. Ce *redressement* peut être obtenu non seulement à partir des pieds mais aussi à partir de n'importe quelle partie du corps, en position assise, par exemple, à partir des ischions. J'ai nommé *transport* cette utilisation consciente du réflexe de redressement, pour souligner la différence avec le réflexe de redressement inconscient» (G. Alexander, op. cité p. 55). De quoi est-il question au juste? du réflexe archaïque de redressement que les pédiatres peuvent mettre en évidence au cours des deux ou trois premiers mois de la vie? Du réflexe myotatique, parfaitement connu des physiologistes et des médecins? D'un mouvement volontaire de grandissement, jadis utilisé en gymnastique de maintien? G. Alexander ne répond pas à ces questions et ce silence est gênant pour qui ne se contente pas de croyances et d'explications approximatives.

G. Alexander parle aussi de *zone de rayonnement* et invite à sentir une sorte de contact à distance (entre la main et telle autre partie du corps propre, entre soi et autrui). De quoi est-il question au juste? De la perception des effets de chaleur irradiés par toutes les régions d'un corps vivant? ou de celle de la «couronne kirlienne», sorte de corps spectral qui, tel une aura, doublerait le corps physique? La prêtresse se tire d'affaire en invoquant les vieux poncifs de la «présence» (acteur qui passe la rampe, qui rayonne) ou ceux plus récents de la «bio-énergie» mais elle n'explique pas.

Troisième exemple d'obscurité, l'induction et la conceptualisation des *prolongements*: «l'égalité du tonus à un niveau approprié et l'équilibre des tensions dans les muscles effectuant un travail, sont atteints par le contact à travers le corps et à travers l'espace au moyen des prolongements. Cette technique des prolongements intéresse particulièrement les professeurs d'E.P.S. pour son efficacité, pour la libération des tensions autour des articulations et pour son influence sur un tonus rigide (...)» (op. cité p. 36). De quoi est-il question au juste? De la seule intention d'allonger la taille de tel ou tel segment du corps? De l'impression de le faire à la suite des suggestions de l'eutoniste? De la sensation subjective et objective d'un véritable prolongement?

On reste sur sa faim et là encore, dans l'attente des vérifications expérimentales, il vaut mieux s'avancer avec prudence et circonspection. Non pas nier ou se moquer mais s'interroger et mettre à l'épreuve.

b) Des indications mal posées

Déjà en 1977, on restait quelque peu surpris par le nombre et la variété des troubles dits curables: G. Alexander cite, dans le désordre, les cas graves d'insomnie, de troubles circulatoires, les tics, les douleurs du membre fantôme (guéris par la technique du contact); la poliomyélite, les paraplégies et les quadriplégies; la stérilité masculine ou féminine et la frigidité; les névroses d'angoisse, les inhibitions à manifestations agressives; les handicaps cérébraux (spasticité par exemple, mais aussi athétose et débilité profonde); l'asthme; les troubles de la vieillesse. Surprise confortée par la lecture de la préface de l'ouvrage de Brieghel-Muller en 1979: «*L'eutonie* s'emploie au niveau des écoles pour enfants handicapés physiques ou caractériels (...), en médecine psychosomatique et dans certaines affections psychiatriques. Son rôle est considérable dans le domaine de la rééducation des affections traumatiques, orthopédiques et neurologiques» (G. Alexander, op. cité p. 5). Surprise encore renforcée en 1980 lorsque G. Alexander écrit: «Très souvent, *l'eutonie* fait faire l'économie d'une analyse ou d'une psychothérapie» (G. Alexander in R. Murcia, 1980). Nous disons surprise par euphémisme car devant la proclamation de pouvoirs aussi extraordinaires, c'est de doute et d'incrédulité qu'on est saisi. A défaut, de pouvoir constater *de visu* ou de pouvoir imaginer *de intellectu*, on ne peut pas ne pas se poser quelques questions relatives à la validité générale de la méthode ou à l'opportunité de tel ou tel exercice. On voit mal, par exemple, comment une telle éducation de la prise de conscience corporelle (conscience poussée jusqu'à l'intérieur des articulations et même jusqu'à «la moelle osseuse») peut s'appliquer à des débiles profonds ou à des schizophrènes qui ont déjà bien du mal à avoir conscience que leur corps est unifié ou qu'il se différencie du monde. On voit mal ce que les exercices de «contact» et de «prolongement» peuvent apporter à tous ceux qui ont déjà une image du corps instable, diffuse ou morcelée, c'est-à-dire à la quasi-totalité des psychotiques (c'est plutôt la globalité du corps et ses limites qu'ils ont besoin de ressentir). On voit mal par quel biais l'eutonie parvient à agir sur les drogués, malades récemment touchés par les vertus du remède-miracle. On voit mal comment la verbalisation des souvenirs de la première enfance qui accompagne le revécu de la situation traumatisante, peut suffire à guérir les troubles névrotiques. Tant que G. Alexander voudra faire croire que *l'eutonie* est une véritable panacée (seuls y seraient insensibles les thyroïdiens et les hystériques!), les milieux thérapeutiques français ne pourront que réagir avec scepticisme; le jour où G. Alexander (ou l'un de ses élèves) précisera, dossier clinique à l'appui, les cas où elle peut agir et ceux où elle est peu opérante ou déconseillée, alors, alors seulement, *l'eutonie* sera prise au sérieux.

Pour en finir avec cette revue critique, nous dirons que cette technique ne parviendra à s'imposer que si les eutonistes diplômés (il y en avait 58 dans le monde, dont 9 français à la fin de l'année 1979) acceptent *d'évoluer dans le sens de la rigueur*. Pour convaincre de sa validité, *l'eutonie* aurait besoin d'une véritable consolidation scientifique et aussi d'une épuration radicale dans ce qu'elle contient encore de magique (références à des notions d'anatomie et de physiologie fantastique, extension abusive des indications, atmosphère religieuse des cours de Talloires qui renforcent l'allure messianique de la pythie et la crédulité renversante des fidèles, etc.). Sans cette double action d'étayage et de décapage, elle restera ce qu'elle a toujours été pour la psychiatrie française : un pratique corporelle marginale, sans armature théorique intelligible, sans portée opérationnelle vérifiable et sans programme méthodologique codifiable et transmissible.

- *La relaxation de sens analytique de M. Sapir*

Cette méthode de relaxation dont nous avons déjà donné le principe ne figure pas *stricto sensu* dans les répertoires, maintenant classiques, publiés autour des années 60 par J.G. Lemaire (1964) ou par P. Geissmann et R. Durand de Bousingen (1968). On pourrait donc croire qu'il s'agit d'une création récente, vulgarisée par l'ouvrage collectif de 1975 (M. Sapir et al., 1975) et due uniquement à M. Sapir et à son équipe (S. Cohen-Léon, R. Philibert, F. Reverchon, etc.). Or il n'en est rien.

Il faut remarquer d'abord que l'approche psychanalytique de la relaxation a été introduite en 1960 lors du *1ᵉʳ Congrès de Médecine psychosomatique* de langue française à Vittel par J. de Ajuriaguerra et M. Cahen. C'est à ce moment-là que l'expérience de relaxation a été décrite comme un état transférentiel et pas seulement comme un état de simple détente; que les modifications du tonus dans la relation extraverbale qui unit le patient et le contrôleur ont été comprises comme «passivité» et comme «résistance» et pas seulement comme hypo et hypertonie. Il faut mentionner aussi que dès 1964, J. de Ajuriaguerra écrivait : «Nous devons signaler qu'une variante de cette méthode — la méthode psychotonique — est en cours d'application depuis deux ans à la *Clinique Psychiatrique* de Genève, à savoir le contrôle des exercices par deux personnes de sexe différent qui interviennent toutes deux au cours d'une même séance et éventuellement l'une sans l'autre. Cette variante s'avère intéressante mais pose de complexes problèmes d'ordre transférentiel et d'identification dont nous espérons tirer d'utiles renseignements » (J. de Ajuriaguerra in J.G. Lemaire, 1964).

Par ailleurs, il faut savoir que les travaux de M. Sapir sur la relaxation et ses applications en médecine psychosomatique remontent également aux années 60-61 (M. Sapir aime rappeler qu'il a été initié au *training autogène* dès 1954). On doit à M. Sapir d'avoir consacré la relaxation comme technique de soin mais surtout d'en avoir fait une formation: d'abord plurimodalitaire (toutes les grandes méthodes sont exposées et expérimentées) et uniquement réservée à des médecins, des somaticiens et des psychiatres, elle s'est étendue après 1968 aux psychologues praticiens puis aux para-médicaux en cours d'études (psychomotriciens, kinésithérapeutes, infirmiers psychiatriques). C'est aussi très progressivement que la technique s'est infiltrée de sens psychanalytique et que s'est imposée l'idée de ne confier l'animation des groupes de formation qu'à des psychanalystes.

Nous avons déjà annoncé l'originalité de cette technique de formation: travail en groupe mixte sous la conduite d'un couple qui procède par inductions multiples. C'est sous cette forme que nous avons été initiés par M. Sapir et l'une de ses coéquipières en 1976. C'est en prenant appui sur cette expérience de formation par la relaxation que nous mettrons l'accent sur quelques autres particularités de la méthode Sapir.

A la différence de ce qui se passe dans une séance de *training* orthodoxe ou d'*eutonie*, les relaxants sont invités ici à exprimer ce qu'ils ont ressenti au cours des inductions verbales à la détente et au cours des silences coupés parfois de touchers. Les relaxants ne sont pas seulement à l'écoute de leurs sensations (de poids, de chaleur, de consistance, de forme, etc.), ils parlent de ces sensations dans un temps prévu à cette fin. Chacun à leur tour, les participants ont la possibilité d'évoquer ce qu'ils ont ressenti dans leur corps anatomo-physiologique (ex.: « j'ai senti mon bras droit lourd (...) des fourmillements dans la main gauche (...) un engourdissement au bout des doigts (...) des petits mouvements incontrôlés dans mes jambes », etc.) mais aussi d'évoquer l'accompagnement émotionnel, mnésique et fantasmatique de ces sensations. Ils parlent de la difficulté ou de la facilité qu'ils ont éprouvée à suivre telle consigne (ex.: « j'avais du mal à choisir le côté par où commencer »); ils font état du plaisir ou du déplaisir ressenti lors de l'approche ou du toucher d'un des co-animateurs; ils en viennent rapidement à projeter le bon et le mauvais sur les voisins ou sur les thérapeutes ou sur le groupe (ex.: «c'était trop long; la respiration de X me gêne; j'ai eu l'impression d'être coupé(e) en deux lorsque vous m'avez touché(e); je me sens isolé(e) dans ce groupe»). Cette liste non limitative donne une idée de la nature des verbalisations. Comme dans une cure psychanalytique de groupe, ce matériel verbal est souligné, renvoyé, interprété selon les règles de la théorie freudienne. Sur ce registre de l'alternance des moments de détente et des moments de parole, la méthode Sapir nous paraît beaucoup plus riche, beaucoup plus totalisante que les méthodes sèches, strictement corporelles, de Schultz et de G. Alexander.

Une autre particularité importante de la relaxation de sens analytique c'est la qualité et la portée de la régression qu'elle provoque. Comme dans la cure-type de Schultz et dans *l'eutonie*, la régression est facilitée par le cadre: «la position allongée devant le thérapeute assis invite à une dépendance symbolique. L'immobilité, la passivité concentrent les énergies pulsionnelles sur des représentations imaginaires (...)» (M. Sapir, 1977, p. 190). Mais ici, il y a plus. En modifiant la forme de l'induction verbale (un discours variable et à deux voix s'est substitué aux formulations brèves et répétitives du *training*) et en ajoutant l'induction tactilo-kinesthésique (les co-animateurs touchent le corps réel des patients ou mobilisent passivement un de leurs membres), M. Sapir a voulu s'orienter vers une méthode plus régressive. Par là, il se range du côté de Ferenczi et de Balint pour qui il est nécessaire de laisser s'exprimer la régression des patients, pour qui la régression est «l'étape première et indispensable du renouveau», pour qui il s'agit «de régresser pour progresser» (M. Sapir, 1977, p. 189). Régresser vers quoi? Vers le temps de la petite enfance bien sûr, vers les péripéties de la relation d'objet: «le sujet est plongé d'emblée dans le monde de sa propre histoire. D'un moment à l'autre, selon les mots prononcés, selon leur impact, il saute d'un stade génétique à un autre. Son corps d'aujourd'hui rencontre le langage qui le nomme. Langage énoncé déjà par quelqu'un d'autre affectivement important. A tout moment, il y a variation de niveau. Le relaxant est à la fois l'adulte qui vit son corps, l'enfant qui apprend à le connaître en relation avec des images parentales» (M. Sapir, 1977, p. 190). M. Sapir et F. Reverchon en sont même venus à décrire de façon assez précise les moments de l'évolution des groupes de relaxants. Dans les premières séances, c'est «un vécu de corps morcelé qui s'exprime verbalement, avec ou sans angoisse, sur le mode descriptif souvent prolongé par une fantasmatisation. En même temps, la relaxation se dessine sur le mode de la soumission apparente, de la séduction ou du refus» (op. cité p. 190).

L'apparition du morcellement, les modifications hallucinatoires du corps poussent les patients à se raccrocher au couple de moniteurs : ceux-ci n'existent pas encore comme homme et femme mais plutôt comme indifférenciés dans une sorte de «magma parental». Progressivement et à des périodes qui varient selon les sujets, va s'opérer la différenciation sexuelle du couple : au travers des particularités de leur voix, de leur dire, de leur toucher, les co-animateurs vont acquérir une identité sexuelle qui fait surgir chez les relaxants des vécus infantiles se rapportant effectivement au père ou à la mère. Et c'est finalement à une sorte de génitalisation du couple et des participants qu'aboutit la progression du groupe. Il doit être assez évident à présent que cette régression/progression ne peut se produire que si l'expérience de formation est conduite par un couple de moniteurs et non par un seul relaxateur du type Schultz ou du type G. Alexander. M. Sapir parle à ce propos de «fil conducteur» de la cure et cette importance ne nous semble pas exagérée. Quoi qu'il en soit, nous tenons là une heureuse conjonction des voies de la thérapie à médiation corporelle, des techniques de groupe et de la psychanalyse. Sans doute est-il trop tôt pour se prononcer sur la validité à moyen et à long terme de cette méthode. Mais les effets à court terme sont jugés prometteurs et le succès qu'a connu la relaxation «de sens analytique» depuis 1975 nous semble justifié.

- Le yoga

Pour en finir avec les pratiques mettant en jeu le corps identifié, nous traiterons sommairement d'une technique d'origine orientale susceptible d'intéresser les psychomotriciens : le yoga. Par là, nous ferons rupture avec une tradition qui veut que les psychiatres et les auxiliaires médicaux ne doivent pas se sentir concernés par cette discipline «ésotérique». En effet, les ouvrages des médecins spécialisés en relaxation (P. Geissmann, R. Durand de Bousingen, M. Sapir, J. Bergès, etc.) n'y prêtent aucune attention; les manuels des psychomotriciens les plus connus (ceux de G. Soubiran, H. Bucher, P. Vayer, A. Lapierre, B. Aucouturier) l'ignorent aussi; les trois revues professionnelles diffusées en France ne l'ont jamais présentée à leurs lecteurs (*Thérapie Psychomotrice* a pourtant réservé deux numéros à la relaxation), si ce n'est de façon très schématique, pour ne pas dire allusive (*La psychomotricité* en 1978, *Pratiques Corporelles* en 1981). Comment expliquer cette tradition du silence ?

J.G. Lemaire a fort bien résumé l'argumentation du monde médical dans son inventaire critique des méthodes de relaxation : «la pratique de cette psychotechnique mystique varie quelque peu suivant l'initiateur et a lieu souvent dans une atmosphère ésotérique de révélation et de secret qui n'a rien de médical. Beaucoup s'en inquiètent et s'y refusent; d'autres au contraire se sentent d'autant plus poussés à cette expérience que l'initiation ésotérique leur confère un titre d'originalité qui paraissait leur manquer. Enfin un grand nombre de psychopathes et surtout de malades dont la structure se situe à la frange de la schizophrénie sont très spécifiquement attirés par le caractère indifférencié, «océanique», «fusionnel», «anéantissant» — prégénital au sens psychanalytique — de l'atmosphère qui accompagne le yoga; tout au moins en Occident» (J.G. Lemaire, 1964, p. 48). On ne saurait être plus radical!

Notre point de vue sera moins tranché. En effet, si nous croyons salutaire de mettre en garde pratiquants et praticiens contre les risques d'endoctrinement ou de mystification que présentent certaines techniques portées par la vogue de l'orientalisme et habilement utilisées par les faux gourous et autres marchands de bonheur, nous savons, par expérience et aussi par ouï-dire, que la critique de J.G. Lemaire demande à être sérieusement révisée.

Nous avons été initié à cette pratique en 1972 par André Van Lysebeth qui, après avoir suivi une formation auprès de maîtres indiens, s'est spécialisé dans l'enseignement du hatha-yoga en Occident et aussi dans la rédaction d'ouvrages méthodologiques qui font autorité en la matière (A. Van Lysebeth, 1968, 1969, 1970). C'est en prenant appui sur ce stage de sensibilisation de huit jours que nous ferons quelques remarques d'évaluation sans entrer dans le détail des techniques et de leurs effets (qu'on peut trouver minutieusement décrits aussi dans l'ouvrage de l'autre grande figure du *yoga* occidentalisé, Eva Ruchpaul, 1978).

Cette forme de yoga, la seule qui soit bien connue en France, est généralement présentée avec ses deux composantes: une partie physique composée pour l'essentiel de postures (*âsanas*) et de respirations dirigées (*prânayama*); une partie dite mentale qui repose sur la concentration. Nous ne retiendrons pas cette distinction classique et nous lui préfèrerons une différenciation en trois niveaux qui correspondent chacun à des objectifs et à des modalités de travail bien précis: le niveau thermodynamique, le niveau cybernétique, le niveau spirituel. Chez le *yogi* de souche, ces trois niveaux sont intégrés mais les adeptes de culture occidentale peuvent parfaitement se limiter à la maîtrise des deux premiers degrés, voire même au seul étage thermodynamique.

Le *yoga* thermodynamique c'est celui qui, par le moyen de la maîtrise posturale et du contrôle respiratoire, se propose d'obtenir une action favorable sur les fonctions organiques. A la différence du sport et de tous les exercices physiques de type dynamique (gymnastique naturelle, jeux traditionnels, etc.), le *yoga* se pratique avec le minimum de déplacements (on peut évoluer sur un petit tapis de sol), dans la lenteur (pas d'explosions, pas de changements de rythme violents) et dans la continuité fonctionnelle (les poses sont prises, tenues, enchaînées sans que des plages de repos complet soient intercalées). En conséquence, les effets obtenus portent moins sur la musculature de la vie de relation que sur les organes de la vie végétative: viscères, système nerveux, glandes endocrines. On y recherche moins la force que la souplesse et l'harmonie. On pourrait dire qu'il s'agit d'une gymnastique douce, rigoureusement codifiée dans son déroulement (les maîtres définissent strictement la position de départ, l'installation dans la posture et le mode de respiration qui convient, l'attitude finale) mais, ce faisant, on ne saisirait qu'un seul aspect des choses et on ne respecterait pas l'esprit «yogi» qui veut que le «mental» et le physique se rejoignent (*yoga* veut dire joint).

En effet, tous les professeurs de *yoga* mettent l'accent sur la nécessité de la concentration, c'est-à-dire la focalisation de l'attention sur le corps propre. A. Van Lysebeth écrit à ce propos: «Pendant les *âsanas* le mental contrôle les mouvements du corps; c'est essentiel et constitue la base même du *yoga* (...). Cette prise de conscience sera centripète: partant des couches extérieures, la conscience progressera en profondeur (...)» (A. Van Lysebeth, 1969, p. 88). C'est ainsi qu'au cours des séances, nous étions invités à prendre conscience successivement des sensations de contact cutané (c'est en quelque sorte l'inventaire des points de contact du corps avec le tapis de sol), des sensations musculaires (facilitées par la contraction préalable, presque imperceptible, des muscles intéressés), de la respiration («observez votre souffle, sans l'influencer» disait notre guide), enfin des organes profonds et pour commencer des battements cardiaques. En dehors de cette phase de prise de conscience qui était placée à la suite des exercices de *mise en train* (l'échauffement cardio-pulmonaire), la concentration était sollicitée au cours même des *âsanas* à l'aide de formules du type: «votre attention se porte sur l'exécution lente et continue (...), sur la décontraction de tel muscle (...), sur la respiration abdominale, thoracique ou costale (...), sur l'immobilité (...), sur la gorge ou la nuque, etc.». Il était considéré comme essentiel «d'être dans» le mouvement ou la posture, de «l'habiter», de ne faire qu'un avec telle zone ou avec tel exercice. C'est, bien sûr, par cette insistance à souligner

« l'unité psychosomatique » de la nature humaine, à considérer comme des «totalités» tous les désordres qui affectent l'individu et tous les exercices de remise en ordre ou de préservation de cet ordre, que les adeptes du *yoga* se situent en continuité avec les psychomotriciens occidentaux. Pour être plus précis, on pourrait dire qu'il y a une communauté d'objectifs et de moyens techniques entre les pratiques occidentales d'impression centrées sur le corps identifié et le *yoga* informationnel. Nous disons bien le *yoga* informationnel et pas le *yoga* tout court, car le *yoga* n'est pas qu'une pratique psychomotrice à usage éducatif ou thérapeutique, c'est aussi, pour les sages orientaux, un art de vivre et une religion. Une religion très ancienne.

A un troisième niveau en effet, le *yogi* cherche à faire le point entre lui et le divin : le *yoga* est, au sens strict du terme, une religion. L'état de *yoga*, c'est celui où l'homme a fait le lien non seulement entre ce qu'il fait et ce qu'il est (sa vraie nature) mais aussi entre lui-même et l'infini, l'infini cosmique, l'infini de l'amour, l'infini de la connaissance. Le *yoga* spirituel ne peut tout à fait se comprendre que replacé dans le cadre de l'Hindouisme où il prend la signification d'une ascèse. C'est à ce stade qu'on quitte le terrain de la rationalité scientifique pour pénétrer dans celui des croyances. C'est par ce biais que la pratique du *yoga* peut conduire selon les uns à la réalisation suprême, selon les autres à l'illusion. Mais personne n'est obligé de croire aux bienfaits de ce *yoga* métaphysique, ni surtout de l'expérimenter : les Occidentaux que nous sommes peuvent parfaitement ignorer ou refuser les tentatives de fusion océanique des sages hindous et adopter la technologie du *hatha-yoga*. On peut tirer grand profit de l'enseignement d'un A. Van Lysebeth ou d'une E. Ruchpaul sans suivre tous les conseils de Swami Sivananda ou de Shri Aurobindo, grands maîtres de l'Inde religieuse. On peut s'exercer à la méthode des postures pour tenter d'améliorer le fonctionnement des bio-systèmes (ostéo-articulaire, musculaire, digestif, circulatoire, respiratoire, nerveux, endocrinien) ou la connaissance du «pays de son corps» ou l'équilibre émotionnel ou le simple bien-être — c'est ce que disent obtenir, au moins partiellement et à des degrés divers, les adultes qui pratiquent le *yoga* avec assiduité et sérieux — sans pour autant en faire des exercices de méditation transcendentale, de fakirisme ou de communion spirituelle ! On peut pratiquer le *yoga* sans croire à Shiva !

1.1.2. Pratiques mettant en jeu le corps situé

Après cet examen des pratiques mettant en jeu le corps identifié, nous étudierons celles qui intéressent le corps situé. En suivant les indications de J. Paillard, on peut définir le corps situé comme étant celui que nous localisons dans l'espace : « Il y a aujourd'hui justification neurophysiologique à considérer ce qu'on peut appeler d'une part un *corps identifié (...), d'autre par un corps situé par rapport aux objets de l'espace extra-corporel dans un double système de relations où il peut à la fois jouer le rôle d'une référence stable pour l'évaluation de la position des objets externes (référentiel égocentrique) et le rôle d'objet déplaçable repéré par rapport aux repères stables de son environnement physique (référentiel exocentrique)* » (J. Paillard, 1978a, p. 8). Ce corps situé, c'est bien sûr celui qui est en jeu dans les activités motrices de type dynamique, c'est-à-dire celles qu'on a classiquement rangées sous les appellations : coordination dynamique générale (ou globale), coordination statique (ou équilibre), coordination oculo-manuelle (ou coordination dynamique des mains), organisation de l'espace (perception et structuration), organisation du temps (perception et structuration des cadences, des rythmes, etc.). Quand nous écrivons classiquement, nous voulons dire dans les principales synthèses théorico-pratiques qui ont ponctué l'itinéraire du *corps subtil* et que nous avons analysées dans l'étude historique : celle de E. Guilmain (1935), celle de G.B. Soubiran (1960), celle de P. Mazo et G.B. Soubiran (1965), celle de J. Le Boulch (1966), celle de H. Bucher (1970), celle de P. Vayer (1971). Mais ces notions ont vieilli et dès 1975, dans une thèse de 3e cycle, nous avons proposé une autre façon de concevoir et d'exercer la motricité d'action : nous distinguions alors trois grands thèmes (organisation spatiale, organisation temporelle, jeu des coordinations) et nous suggérions d'en faire un des pôles du projet de R.P.M., à côté du pôle de la motricité d'expression-communication et du pôle de la motricité tonique. Aujourd'hui, nous abandonnerons volontiers cette classification des formes de motricité d'action pour prendre appui sur celle que J. Paillard a publiée en 1974 (J. Paillard, 1974) et perfectionnée depuis (J. Paillard, 1978a). Son fondement neuro-physiologique doit apparaître comme un excellent point de départ, même si la mode des années 80 a poussé les psychomotriciens vers une dégestualisation de la pratique et donc vers l'oubli (sans doute passager) des lois biologiques de l'acte moteur. Nous allons donc envisager deux sphères fonctionnelles : les activités motrices de « positionnement » et de « transport » du corps d'une part, les activités de « saisie » et de « manipulation » des objets d'autre part.

A. La maîtrise du corps

Dans l'espace orienté, l'activité du sujet humain consiste d'abord à se placer et à se déplacer : nous devons dissocier les deux fonctions non pas parce qu'elles correspondent à des phases distinctes de la conduite motrice (concrètement elles sont liées ou même intriquées) mais parce qu'elles mettent en jeu des niveaux de complexité bien différents.

a) Les *activités de positionnement* sont très étroitement déterminées par des mécanismes neuro-physiologiques dont on connaît assez bien les lois. L'attitude corporelle «résulte d'une véritable stabilisation automatique de la tête et du corps dans l'espace suivant deux grands systèmes étroitement subordonnés: le *positionnement antigravitaire* (...) où les informations d'origine labyrinthique et musculaire associées aux signaux visuels et cutanés plantaires interviennent pour le maintien et le rétablissement de l'équilibre du corps dans son orientation fondamentale par rapport aux forces de pesanteur (...); *le positionnement directionnel* (...) assuré par le jeu coordonné de trois opérateurs spatiaux assurant respectivement le relèvement et l'abaissement de la tête dans le plan médian sagittal, le déplacement latéral droite et gauche dans le plan horizontal et la rotation dans les deux sens autour de l'axe du corps» (J. Paillard, 1974, p. 14). Il est clair que les exercices dits «d'équilibre» ont pour but de mettre en jeu ces systèmes de détection et de rétablissement de ce fameux «invariant statural» propre à l'espèce et caractéristique des états d'alerte: en faisant varier les conditions de réalisation (équilibre sur une jambe ou sur deux jambes, sur une base de sustentation plus ou moins étroite, yeux ouverts ou yeux fermés, etc.), on cherche à consolider ou à restaurer ces capacités de positionnement indispensables à notre orientation et à nos évolutions dans l'espace.

b) Les *activités de transport* font intervenir des niveaux de régulation de nature diverse. Les multiples activités à base de marche, de course, de saut mettent en jeu, bien sûr, «la machinerie locomotrice» (op. cité p. 18) avec ses programmes et ses systèmes d'ajustement correcteur, mais nous savons que l'espace n'est pas qu'un support (plus ou moins dur, plus ou moins large, etc.) et pas qu'un cadre tridimensionnel (plus ou moins ouvert, plus ou moins riche en repères visuels, sonores, etc.), nous savons qu'il est un milieu de vie (un *oïkos* comme le dit E. Morin) et, plus précisément encore, le lieu de notre relation aux autres. L'espace n'est pas seulement perçu (espace visuel, espace tactile, espace sonore, espace kinesthésique, espace olfactif), il est vécu, c'est-à-dire traversé par nos souvenirs, coloré par nos émotions, habité par nos fantasmes. Nous savons que par-delà ses dimensions apparentes, il est tissé de ce que l'anthropologue américain a appelé les *dimensions cachées* (E.T. Hall, 1966): quatres sortes de distances qualifiées «d'intime», «de personnelle», «de sociale», «de publique» règlent — souvent à notre insu — nos rapports à autrui. Les troubles de l'organisation de l'espace peuvent donc s'être construits sur de multiples registres et tout l'art du psychomotricien consistera à détecter le niveau auquel il devra se placer pour aider le bébé, l'enfant, l'adulte, voire le vieillard, à mieux vivre, son rapport à l'espace. Les activités de déplacement à base de marche, de course, de saut, etc. peuvent être conçues comme de simples exercices sensori-moteurs (déjà prodigieusement complexes pour le neuro-physiologiste); comme des mises en situation structurées par des consignes relatives à l'amplitude, à la vitesse, à la force, à la direction, à la durée de la translation; comme des moyens de faire vivre, à deux ou à plusieurs, l'aventure, la rencontre, la proximité, la fusion, la séparation, l'agression canalisée, etc. Assurément, nos activités de placement et de déplacement ne se réduisent pas aux aspects cinématiques facilement identifiables, ni même aux aspects bio-énergétiques et bio-informationnels déjà moins évidents, elles s'enracinent et se développent dans les diverses couches du psychisme individuel et même de la Culture.

B. *La maîtrise des objets*

La seconde sphère fonctionnelle de la motricité d'action contient les activités dirigées sur les objets eux-mêmes: saisie, manipulation, projection. Au cours de la dernière décennie, les connaissances relatives aux mécanismes neuro-physiologiques qui interviennent dans la conquête et la maîtrise de l'espace des objets, ont beaucoup progressé et c'est surtout à J. Paillard que nous devons de mieux comprendre comment sont traitées les informations spatiales (J. Paillard, 1974), comment se coordonnent les différents espaces sensoriels (J. Paillard, 1976), comment s'organise la saisie manuelle (J. Paillard et D. Beaubaton, 1978b). Nous n'avons pas ici à faire état de ces travaux de psychophysiologie, mais nous voudrions donner une idée de la diversité des mises en situation auxquelles le perfectionnement de la coordination oculo-manuelle peut donner lieu.

Cette coordination est mise en jeu d'abord dans la *préhension*. Ce schème s'organise chez le nourrisson au fur et à mesure que diminue l'hypertonie des muscles fléchisseurs des doigts, phénomène caractéristique du début de la vie aérienne, et que progresse la localisation visuelle de l'objet: succédant au comportement archaïque du *grasping*, le contrôle cortical du mouvement devient possible. Depuis les travaux de Held et Hein, on sait que la vision des membres supérieurs joue un rôle décisif dans la mise en place de ce schème. Grâce aux travaux d'Halverson, on connaît bien aussi les étapes de l'acquisition de l'approche manuelle (balayage à bout de bras, approche parabolique et approche directe) et de l'acte de saisir (prise cubito-palmaire, prise digito-palmaire, pince), acquisition qui s'opère selon la loi de progression proximo-distale et qui émerge généralement en même temps que la préférence latérale (G. Sounalet, 1975). Cette préhension se diversifie et se complique dans plusieurs actes tonico-cinétiques que notre langage traduit par les verbes d'action tels que saisir, pincer, ramasser, attraper, serrer, agripper, etc. Dans le cadre du travail en psychomotricité, ces actes constituent l'aboutissement des gestes de lancer ou le prélude des actes de manipulation.

La coordination visuo-tactilo-motrice se manifeste aussi dans la *manipulation*, activité intentionnelle qui revêt chez l'homme une multitude de formes. On peut regrouper ces formes dans deux cadres suivant que l'action est conduite sans ou avec instrument. Dans l'action manipulatrice proprement dite, l'outil se confond avec le corps puisque la main agit sans intermédiaire. L'ontogenèse et la phylogenèse montrent que c'est la forme gestuelle la plus archaïque: l'enfant mange avec ses doigts avant d'utiliser l'outil-cuiller et on sait par ailleurs qu'il y a un capital gestuel commun à l'homme et aux singes supérieurs. «Les grands singes saisissent, touchent, ramassent, pétrissent, épluchent, manipulent, ils dilacèrent entre leurs doigts et leurs dents (...), martèlent de leurs poings, grattent et fouissent de leurs ongles» (A. Leroi-Gourhan, 1965, 2ᵉ partie, p. 40). Cette manipulation s'exerce sur les objets que la main aura au préalable jugés comme «bons pour soi», c'est-à-dire à sucer, à manger, à explorer, à conserver, etc.; après discrimination, les objets dangereux seront au contraire repoussés et lâchés. Cette proximité biologique ne doit pas nous faire considérer l'action manipulatrice comme méprisable. Bien au contraire. L'opération à mains nues, qui est en jeu dès que l'enfant peut saisir, doit être encouragée dans toutes les activités de pétrissage, de pliage, de vissage, de construction, etc. qui ouvrent la voie à des conduites typiquement humaines, les conduites de création, observables dans la peinture au doigt, le modelage, la vannerie, la poterie, etc. et aussi dans les conduites ludiques où l'on se sert d'un objet à manier (balle, ballon, corde, bâton, etc.). Toutes ces activités doivent être à la disposition du psychomotricien.

L'autre cadre, c'est l'action instrumentale. Dans cette catégorie l'outil est devenu séparable du corps: la main agit sur la matière grâce à un intermédiaire; elle devient selon le mot d'Aristote «l'instrument des instruments». Cette capacité de se servir d'outils est-elle proprement humaine comme on l'a souvent écrit? La réponse n'est pas simple. On a longtemps cru que l'animal était incapable de se servir de l'outil et d'agir sur le monde à la manière de nos lointains ancêtres les *Anthropiens* qui, à la fin de l'ère tertiaire, utilisaient le percuteur du galet, le grattoir de silex, le poinçon d'os, etc. Les travaux de Kohler (1921), Kohts (1935), Yerkes (1948), Rensch et Dohl (1968) menés dans le cadre du laboratoire (problèmes de détour, de parcours de labyrinthes, etc.) avaient permis de mettre en évidence l'intelligence pratique des singes les plus évolués mais on doit aux éthologistes d'avoir fait nettement progresser nos connaissances en ce domaine. On s'est aperçu que les chimpanzés observés dans leur milieu naturel (en particulier par J. Goodall) étaient doués du pouvoir d'exercer ce que A. Leroi-Gourhan appelle la *motricité directe*: cette primatologue a filmé des chimpanzés en train de se nourrir de termites grâce à une brindille qu'ils imprégnaient de salive, enfonçaient dans le trou d'un arbre et suçaient. Il semble donc qu'il faille reculer la frontière qui sépare l'homme de l'animal et la situer à l'étape suivante: celle du *Paléolithique*. A ce stade, les hommes ont inventé des machines qui ont annexé le geste, la main n'agissant plus qu'en *motricité indirecte*, c'est-à-dire n'apportant plus que l'impulsion motrice. Les Préhistoriens affirment que le *bâton percé* a été utilisé comme levier 30.000 ans avant Jésus-Christ. Quel que soit le moment de son apparition dans l'Histoire, l'instrument joue dans le développement de l'enfant un rôle considérable: le processus d'hominisation commence avec l'art d'utiliser les outils. Quels outils? L'outil que nous appellerons artisanal et que mettent en jeu beaucoup d'activités d'âge préscolaire: piquage, découpage, enfilage, tissage, etc., activités que le développement du machinisme a progressivement éliminées du monde agricole et industriel et a étroitement cantonnées à quelques métiers traditionnels, au bricolage et à quelques arts manuels où l'homme façonne la pierre, le bois, le métal, etc. Le progrès technique a entraîné une *démanualisation* croissante de notre action sur le monde et dans les sociétés post-industrielles beaucoup d'hommes ne retrouvent l'usage de leurs mains (de leurs muscles, de leur système cardio-pulmonaire, etc.) que dans le temps de non travail, c'est-à-dire le jeu et les activités de plein air. A ces activités manuelles de type artisanal, le psychomotricien pourra ajouter en effet celles qui font appel à des outils dans le registre des jeux tels que le ping-pong, le tennis, le golf miniature, l'escrime, etc., c'est-à-dire des jeux sportifs. L'autre catégorie d'outil, c'est l'outil scripteur. Celui qui permet à l'enfant de laisser une trace et de développer à partir du gribouillis initial, le dessin, la peinture, l'écriture, activités dont nous connaissons bien désormais les étapes d'acquisition grâce aux travaux de Prudhommeau (1950), à ceux de Bates et Ames, collaboratrices de Geseil, à ceux de L. Lurcat et qui, chacun en conviendra, ouvrent la voie aux productions les plus raffinées de l'humanité.

La coordination oculo-manuelle est sollicitée enfin dans la *projection* des objets, schème qu'exploitent tout particulièrement les divers jeux de jonglage et de lancer. Dans l'ontogenèse, les gestes de préhension et de manipulation précèdent le geste de lâcher: on voit ce dernier à l'œuvre dans l'acte d'offrande que J.C. Rouchouse a décrit dans une communication au *Congrès International de Psychologie de l'Enfant* de Paris (1979) et aussi dans les actes de jeter et de lancer. A la crèche et à l'école maternelle, les mouvements de lancer commencent à être abordés au travers des jeux de ballon; à l'école primaire et au collège, ils s'intègrent dans les activités sportives individuelles (comme l'athlétisme) ou collectives (comme le basket-ball, le hand-ball, etc.). Dans ce dernier cas, ils atteignent leur plus haut niveau de complexité puisque le lanceur et le destinataire sont en déplacement. Lorsqu'il aura à développer l'adresse de ses patients, le psychomotricien commencera par des lancers avec une position de départ stabilisée et une cible fixe (type jeu de quilles) et il augmentera la difficulté en introduisant les activités de transport chez le lanceur et la mobilité de la cible ou du récepteur s'il s'agit d'un partenaire.

Pour en finir avec l'analyse des directions que peut prendre le travail de maîtrise des objets, nous remarquerons que les activités de préhension peuvent contribuer non seulement à l'appropriation et à la reconnaissance des objets mais aussi à l'exercice et au développement de l'intelligence manipulatrice et instrumentale, de la sensibilité esthétique et des capacités de création. La manualité apparaît bien comme la fonction essentielle de l'action motrice et chaque fois que nous avons à faire ou à refaire une éducation de l'adresse, les activités manuelles occupent largement le devant de la scène: comment a-t-on osé écrire que les «jeux de main» étaient des «jeux de vilain»?

Après avoir défini et analysé les pratiques mettant en jeu le corps situé dans son double rapport à l'espace, il nous reste à donner quelques règles qui commandent le travail de la motricité d'action. La première règle, c'est de respecter «les contraintes de la machine informationnelle» (J. Paillard, 1976, p. 5). Victimes du succès extraordinaire qu'a connu le concept de *schéma corporel*, les psychomotriciens français ont été tentés autour des années 70, par ce qu'on pourrait peut-être appeler le corticalisme: la prise de conscience faisait fonction de slogan pour ne pas dire d'obsession. Or, nous ne devons pas oublier que l'action humaine repose d'abord sur les programmes rigidement câblés des «postures antigravitaires, des réactions de défense, des automatismes de la marche, de la course, du saut et des ancrages positionnels» (op. cité p. 6). Ces contraintes s'expriment notamment par la subordination de la posture vis-à-vis de la position et des mouvements du « massif céphalique » porteur des propriocepteurs vestibulaires et articulaires, d'autre part « les mouvements des articulations distales des membres (cheville-poignet, coude-genou) vis-à-vis des mouvements de l'articulation proximale (épaule-hanche) » (op. cité p. 7). Il ne faut pas chercher à rendre conscient ce qui ne peut pas l'être (la critique vaut surtout pour l'*eutonie* et pour le *yoga*) et il faut avoir l'humilité de laisser jouer l'automatisme là où la conscience ne peut pas se loger! Il faut discerner les différents niveaux de contrôle (J. Paillard, 1980).

L'autre règle essentielle, complémentaire de la précédente, c'est de développer le plus possible les potentialités de la machine informationnelle et notamment la *flexibilité* et la *plasticité* des programmes moteurs. La flexibilité d'un système c'est « la marge d'erreur ou d'écart par rapport à sa norme de fonctionnement que le système peut tolérer à l'exercice correct de la régulation ou de la fonction qu'il assume » (J. Paillard, 1976, p. 10). Cette capacité d'élasticité, d'auto-adaptation aux changements des conditions d'exécution est due à des circuits d'assistance dont on connaît assez bien l'anatomie et la physiologie : « les programmes finalisés se trouvent généralement assistés dans leur modalité d'exécution, par des circuits de rétroaction ou de régulation qui font partie de l'équipement primitif du système et de son plan de câblage » (op. cité p. 10). Quant à la plasticité, c'est « la capacité que possède un système de modifier durablement sa propre structure en acquérant une possibilité nouvelle de fonctionnement non primitivement prévue dans son plan de câblage initial » (op. cité p. 10). Ces modifications sont d'ordre structural et d'ordre fonctionnel. On sait maintenant qu'il existe des périodes sensibles ou *phases critiques* du développement de l'enfant au cours desquelles on assiste « à des remaniements importants du réseau des connexions synaptiques » (op. cité p. 11). Comme les systèmes de traitement des informations sensorielles, « les programmes moteurs primitifs peuvent présenter une certaine malléabilité aux phases initiales de leur constitution » (op. cité p. 11). On sait aussi comment s'opère cette modification : « les périodes de sensibilité de la structure au remodelage semblent correspondre aux périodes de prolifération des arborisations dendritiques des neurones qui s'accompagne d'un appel des terminaisons axoniques des neurones voisins avec constitution des boutons synaptiques de connexions interneuroniques » (op. cité p. 11). C'est aussi ce qu'enseigne au *Collège de France* le Pr. Changeux (1983) et c'est en prenant appui sur ces données récentes de neurologie que G. Azemar a recommandé de favoriser « l'aventure motrice » — au sens d'exploration et d'expérimentation — du jeune enfant.

Les aspects fonctionnels de la plasticité nerveuse sont aussi mieux connus depuis qu'on a mis en évidence l'importance de la motricité active. Cette importance a été soulignée d'abord par Held et Hein en 1963 : le chaton qui collecte passivement les informations visuelles issues du milieu se révèle incapable de localiser les objets dans l'espace; le chaton qui, à l'inverse, est resté actif dans la même expérience présente un comportement visuo-moteur normal. Chez l'Homme, J. Paillard a montré que la vision d'un membre activement mobilisé suffit à réorganiser des programmes corrects de pointage d'une cible visuelle après déviation expérimentale de l'espace visuel par port de lunettes prismatiques alors que la simple vision du membre passivement déplacé n'y contribue pas. Ces découvertes de psychophysiologie conduisent à penser que la construction, l'affinement ou la restauration de ce qu'on a appelé le *schéma corporel*, au sens de système de référence géocentré, passe par l'activité propre du sujet beaucoup plus que par la mobilisation passive (telle que la concevait Wintrebert dans sa méthode de relaxation pour enfants) ou par les inventaires réalisés dans l'immobilité du coucher dorsal (tels qu'on les pratique dans l'*eutonie*, le *yoga*, etc.). On verra là une justification supplémentaire de la distinction que nous avons adoptée entre pratiques mettant en jeu le corps identifié (sujet statique) et pratiques mettant en jeu le corps situé (sujet dynamique).

1.2. Pratiques à médiation extéroceptive

Après cet examen critique des pratiques d'impression à dominante proprioceptive, nous passerons en revue les pratiques d'impression dans lesquelles la stimulation emprunte prioritairement un canal extéroceptif : olfaction, tact et audition. Ces pratiques ont en commun d'être beaucoup moins systématisées que les précédentes et aussi d'être inspirées par les données relatives aux modes de communication du très jeune enfant : plusieurs d'entre elles pourraient s'intégrer dans ce qu'on nomme couramment le *maternage*.

1.2.1. *Pratiques à point de départ olfactif?*

On sait depuis quelques années que l'enfant est capable de reconnaître l'odeur de sa mère et que les stimulations olfactives jouent un rôle non négligeable dans l'établissement des liens privilégiés qui caractérisent le phénomène d'*attachement*. En 1975, Mac Farlane a montré que dès le 6e jour post-natal, le bébé orientait la tête de façon préférentielle en direction d'un tampon de gaze imprégné de l'odeur de sein maternel (Mac Farlane cité par H. Montagner, 1978). A peu près à la même époque, H. Montagner soutenait que des enfants de 28 à 36 mois, confrontés à un choix entre deux tricots imprégnés chacun de l'odeur d'une mère différente, choisissaient de façon significative le tricot maternel et que cette reconnaissance entraînait chez l'enfant des modifications de comportement : tendance à se couper des autres enfants pour jouir du tricot maternel (dont ils se frottent le visage, qu'ils mordent ou qu'ils lèchent), diminution de la fréquence et ritualisation des comportements d'agression (H. Montagner, 1974). Plus récemment, B. Schaal et al. ont confirmé l'émergence précoce de cette capacité de discrimination olfactive et ont précisé les modalités de sa mise en place au cours des dix premiers jours de la vie (B. Schaal et al., 1980). Sans entrer dans des détails de la méthode décrite par les auteurs, on doit retenir que le contact du nez du nouveau-né avec la source d'odeurs maternelles (tampons de gaze imprégnés des sécrétions lactées, sébacées et sudoripares) se traduit de façon significative par une diminution de l'étendue et de la densité des mouvements de la tête et des deux bras : tout se passe comme si les bébés de 3 à 10 jours de cette expérience étaient apaisés et calmés par la présence de l'odeur maternelle (les tampons imprégnés de l'odeur du sein d'une mère étrangère ou olfactivement neutre ne produisent pas ces effets sédatifs). Par ailleurs, il semble que les « bases olfactives de l'attachement » subsistent assez longtemps : en effet, l'équipe de Besançon affirme que sur une population totale de 26 enfants âgés de 45 à 58 mois, huit sujets ont choisi de façon significative (avec un pourcentage de choix supérieur à 70 %) le *tee-shirt* maternel lorsque en présence du tricot maternel et du tricot anonyme, on leur a posé les questions : « lequel tu prends ? lequel tu aimes ? ». On ne sait pas encore pourquoi un tiers des enfants reconnaissent et choisissent le tricot maternel et pourquoi les deux autres tiers montrent des choix fluctuants ou aléatoires mais, pour ces auteurs, la reconnaissance olfactive de la mère par les enfants scolarisés en maternelle, est un fait d'observation solidement établi.

Il serait intéressant aussi de savoir comment évoluent les capacités de discrimination au cours de l'ontogenèse : chez les enfants qui reconnaissent, y a-t-il des périodes de sensibilité ou d'indifférence ? chez ceux qui ne reconnaissent pas au départ, voit-on apparaître plus tard des moments de réceptivité et si oui dans quelles conditions ? Nous ne sommes pas pour l'instant en mesure de répondre à ces questions et, à notre connaissance, nous ne disposons sur ce registre que des travaux de M.J. Russel cité par J. Corraze (1980a) : le nombre de bébés capables de répondre positivement (orientation de la tête et succion) à l'odeur maternelle fixée sur un tampon de gaze aurait tendance à augmenter au cours des premières semaines (0 sur 10 à 2 jours; 3 sur 10 à 2 semaines; 6 sur 10 à 6 semaines).

Bien que fragmentaires, ces résultats incitent à croire que la composante olfactive des pratiques de maternage à visée thérapeutique (utilisées avec des enfants fortement carencés ou très régressés) mérite d'être prise en considération* et que la relation d'aide peut emprunter des canaux que l'on juge communément trop archaïques (caractéristiques de nos «frères inférieurs», les animaux) ou trop triviaux (n'intervenant que dans les comportements sexuels). Il est clair que la nature a fait jouer à l'olfaction un rôle de moins en moins important; il est clair que la culture occidentale privilégie à la fois l'inodore et le parfum artificiel (le commerce des désodorisants est devenu aussi prospère que celui des parfums) mais est-ce une raison suffisante pour faire l'impasse sur la communication chimique? Nous ne le pensons pas. La meilleure façon d'humaniser les pratiques éducatives et les pratiques thérapeutiques ne consiste certainement pas à ignorer ou à refuser ce que notre comportement a de plus animal. Pour maîtriser la nature, il vaux mieux commencer par bien la connaître et pour parvenir à cette connaissance, il ne doit pas exister de sens interdit. Faut-il aller jusqu'à voir dans la reconnaissance de l'odeur de la «figure d'attachement» principale un pré-organisateur du psychisme (précédant le contact œil-œil et le sourire au visage humain)? Faut-il avancer l'hypothèse d'un moi olfactif et d'un fondement olfactif précoce de nos choix et de nos rejets affectifs? Rien ne permet encore de justifier de telles propositions et il faut se méfier des métaphores sémantiques trop suggestives (du genre: «Je ne peux pas le sentir») mais la psychologie des origines n'a pas dit encore son dernier mot et on traitera peut-être un jour de l'enveloppe olfactive du moi.

1.2.2. *Pratiques à point de départ cutané*

La communication qui emprunte le canal cutané et les pratiques qui la mettent en jeu sont beaucoup mieux connues. Nous ne pourrons évoquer ici que les travaux les plus directement liés aux applications pédagogiques et thérapeutiques proposées ces dernières années.

---

* Le psychiatre B. Cyrulnik affirmait récemment avoir vérifié les propriétés apaisantes des odeurs maternelles dans le traitement d'enfants insomniaques (cf. *Sciences et vie*, déc. 1983).

- *Importance des stimulations cutanées dans l'enfance*

Il est bien établi désormais que l'expérience tactile précoce affecte le développement ultérieur de l'enfant: comme l'a montré A. Montagu en 1971 (A. Montagu, 1979), les stimulations cutanées qu'apportent les caresses et les manipulations induites par les soins constituent un «besoin fondamental» (op. cité p. 46) du nouveau-né, «une nécessité pour son équilibre» (p. 143). Les observations de Yarrow, Province et Lipton, Shevrin et Toussieng, etc. rapportées par A. Montagu montrent que le besoin de contact corporel est irrépressible et qu'en cas de non-satisfaction l'enfant souffre de retards de croissance à tous niveaux. Il convient toutefois de nuancer les affirmations un peu trop enflammées de A. Montagu. En effet, on admet aujourd'hui d'une part, que ce besoin varie en intensité selon les enfants; d'autre part, que le rapport entre la qualité de stimulation et les effets obéit à une loi d'optimum: le manque et l'excès sont également néfastes. Venons-en maintenant aux essais de théorisation qui se rapportent davantage à l'anthropologie.

Pour J. Bowlby, le besoin primaire d'amour *(primary drive)* se manifeste par un certain nombre de comportements d'appel destinés à la «figure d'attachement» (sourire, pleurer, tendre les bras vers, etc.) auxquels l'adulte répond par des comportements de tendresse (sourire, caresser, prendre dans les bras, etc.). L'équilibre émotionnel de l'enfant dépend de la qualité des manifestations d'amour de l'entourage (figure principale, mais aussi, figures auxiliaires) et notamment de la qualité du lien physique qui unit l'enfant aux autres humains proches, c'est-à-dire de la proximité des partenaires de la dyade. Pour Bowlby (1978), comme pour Harlow, l'évocation du «contact» interhumain dépasse l'usage métaphorique usuel (proximité socio-affective) et la tendresse s'exprime et s'alimente dans le corps-contre-corps des premières semaines, des premiers mois de la vie. Le psychanalyste hongrois I. Hermann a voulu signifier cette importance du corps-contre-corps en parlant d'un «instinct de cramponnement» (S. Lebovici, 1981).

Dans une perspective voisine, D.W. Winnicott a mis l'accent sur le rôle des techniques de soin dans le processus de maturation de l'enfant. Pour que l'enfant puisse évoluer de la dépendance absolue vers une dépendance relative et vers l'indépendance, il est nécessaire que les soins corporels soient «suffisamment bons, actifs et adaptés» (D.W. Winnicott, 1974, p. 17). Les recherches portant sur des cas individuels permettent de rattacher différents troubles de la personnalité (autisme, schizophrénie latente, etc.) à certaines carences d'intensité variable, concernant les manières de porter *(holding)* et de manier *(handling)* le nourrisson au stade le plus primitif, ainsi que la façon de lui présenter les objets *(object-presenting)* (op. cité p. 13). Rappelons que le terme anglais *holding* (traduit par «maintien» chez J. Kalmanovitch, par «soutien» chez S. Lebovici, par «maintenance» chez J. de Ajuriaguerra) dénote la manière de porter physiquement l'enfant mais aussi l'ensemble des comportements de protection, de contact peau à peau et «toute la routine des soins de jour et de nuit (...). Dans le *holding*, il y a surtout le fait qu'on tient physiquement l'enfant, ce qui est une forme d'amour. C'est peut-être la seule façon par laquelle une mère peut montrer à son enfant qu'elle l'aime. Il y a celles qui savent tenir un nourrisson et celles qui ne savent pas; ces dernières provoquent rapidement chez l'enfant un sentiment d'insécurité et de pleurs de détresse» (D.W. Winnicott, 1969, p. 250). C'est en insistant sur l'importance de l'environnement dans le développement de l'enfant que le psychanalyste anglais a particulièrement orienté la pensée psychiatrique française des années 70 (E. Badinter, 1980).

Le troisième concept important, celui de *moi-peau* a été introduit par D. Anzieu en 1974 (D. Anzieu, 1974). Prenant appui simultanément sur les travaux de Harlow, de Bowlby, de Winnicott, de Fisher et Cleveland et sur sa propre expérience d'animateur de groupe, D. Anzieu en vient à soutenir l'hypothèse d'un *moi-peau*. Cette structure archaïque se constituerait à partir d'une triple expérience du bébé: dans le maternage, le bébé fait l'expérience de la chaleur (passage du lait chaud dans la bouche et l'œsophage), l'expérience de la lourdeur (réplétion stomacale) et du *holding-handling* («l'enfant est tenu dans les bras, serré contre le corps de la mère dont il sent la chaleur, l'odeur et les mouvements, porté, manipulé, frotté, lavé, caressé, le tout généralement accompagné d'un bain de paroles» op. cité p. 204). A quoi mènent ces expériences? Ces activités conduisent progressivement l'enfant à différencier une surface comportant une face interne et une face externe, c'est-à-dire permettant la distinction du dehors et du dedans et un volume ambiant dans lequel il se sent baigné, surface et volume qui lui apportent l'expérience d'un contenant» (op. cité p. 204). Mais qu'entend-on au juste par *moi-peau*?

«Par *moi-peau*, nous désignons une figuration dont le Moi de l'enfant se sert au cours des phases précoces de son développement pour se représenter lui-même comme Moi à partir de son expérience de la surface du corps. Cela correspond au moment où le Moi psychique se différencie du Moi corporel sur le plan opératif et reste confondu avec lui sur le plan figuratif (...). Toute activité physique s'étaie sur une fonction biologique. Le *moi peau* trouve son étayage sur trois fonctions de la peau. La peau, première fonction, c'est le sac qui retient à l'intérieur le bon et le plein que l'allaitement, les soins, le bain de paroles y ont accumulés. La peau, seconde fonction, c'est la surface qui marque la limite avec le dehors et contient celui-ci à l'extérieur, c'est la barrière qui protège des avidités et des agressions en provenance des autres, êtres ou objets. La peau enfin, troisième fonction, en même temps que la bouche et au moins autant qu'elle, est un lieu et un moyen primaire d'échange avec autrui. De cette origine épidermique et proprioceptive, le moi hérite la double possibilité d'établir des barrières (qui deviennent des mécanismes de défense psychiques) et de filtrer les échanges (avec le ça, le Surmoi et le monde extérieur) (...). Par rapport au moi-peau, le narcissisme primaire correspond à l'expérience de satisfaction; le masochisme primaire à l'épreuve de la souffrance (...) (op. cité p. 208).

Nous avons dans ce texte, un très bel exemple d'extrapolation scientifique, c'est-à-dire de l'extension d'une notion d'ordre neuro-physiologique jusqu'à la définition d'un concept d'ordre psychologique pour ne pas dire méta-psychologique.

L'importance de ces courants de pensée dans la psychologie actuelle a incité un chercheur, C. Widmer-Robert-Tissot, à se demander si l'enfant jeune était capable de différencier le *holding-handling* réalisé par sa mère de celui réalisé par une femme anonyme. En filmant les réactions de bébés âgés de moins de 6 mois dans l'obscurité, l'auteur a soutenu qu'effectivement le nourrisson se montre capable de reconnaître la manipulation familière : cette identification se traduit par des différences dans les productions bucco-pharyngées et surtout dans la posture adoptée par le corps (C. Widmer-Robert-Tissot, 1981). Malheureusement, cette expérience n'a pas permis d'isoler tout à fait l'influence de la variable tactilo-kinesthésique : on a supprimé les possibilités de reconnaissance auditive (les adultes doivent rester muets) et de reconnaissance visuelle (grâce à l'obscurité de la pièce) mais on n'a pas neutralisé l'effet possible de la variable olfactive. On ne sait pas ce qui, dans le phénomène de reconnaissance, doit être attribué aux stimulations olfactives et aux stimulations tactiles et kinesthésiques.

- *Application de ces données théoriques à l'éducation et à la thérapie*

Sur la base de ces considérations, on a vu se développer au cours des dix ou quinze dernières années, de multiples techniques qui ont en commun d'insister sur les dimensions tactile, thermique et kinesthésique du maternage et de postuler que les effets érogènes de ces stimulations contribuent au renforcement de l'investissement ou du ré-investissement du corps, de la motricité et pour tout dire de l'existence.

• Application aux pratiques d'obstétrique et de puériculture

Après la vogue de l'*accouchement sans douleur*, qui concernait surtout les mères, on a vu se développer celle de la *naissance sans violence* qui concerne surtout les nouveau-nés. Pour atténuer le traumatisme de la naissance, en qui O. Rank voyait le précurseur de toutes les angoisses ultérieures (O. Rank, 1968), des médecins ont été conduits à concevoir et à mettre en acte une nouvelle façon de venir au monde, une façon plus douce et moins médicalisée que celle qu'on avait l'habitude de faire vivre aux enfants occidentaux. En France, c'est surtout de F. Leboyer (1974) et M. Odent (1977), que sont venues les exhortations les plus enthousiastes et aussi, il faut le reconnaître, même si on ne partage pas leurs idées, les descriptions et les conseils les plus précis. Pour bien naître, il convient d'instaurer un autre climat psychologique et une autre technologie. Le climat tient à la volonté du père et de la mère d'accueillir l'enfant dans la sérénité et la tendresse; la technologie consiste à diminuer le plus possible les stimulations désagréables ou douloureuses (le bruit, la lumière vive, les manipulations brusques, la séparation brutale du corps-en-corps). Plus précisément, sur le registre que nous étudions, on va s'attacher à prolonger la quiétude prénatale en retardant la ligature du cordon ombilical (on le sectionne lorsqu'il a cessé d'être pulsatile), en maintenant le contact du nouveau-né avec le corps de la mère (l'enfant est couché sur le ventre maternel, peau-à-peau), en procurant ensuite le bien-être d'un bain tiède (c'est en principe le père qui place le bambin dans une eau de 38° ou 39°, température proche de celle du liquide amniotique). Après avoir digéré les propositions révolutionnaires de F. Leboyer, le poète accoucheur, les milieux médicaux ont plus ou moins appliqué certains principes de la *naissance sans violence* et quelques maternités, à l'exemple de celle dirigée par M. Odent, ont institutionnalisé cette nouvelle façon de naître.

Certains gynécologues d'Union Soviétique, d'Allemagne ou même de France (à Pithiviers, à Toulouse, etc.) ont poussé plus loin le souci de naturaliser et d'adoucir l'accouchement en faisant naître les bébés en baignoire (eau à 37°) : il est trop tôt pour savoir si cette pratique entraînera l'adhésion des femmes enceintes et des accoucheurs ou s'il s'agit là d'un *gadget*, d'une fantaisie réservée à quelques excentriques en mal de notoriété. En tout cas, on n'a pas encore donné la preuve des bénéfices apportés par la naissance sub-aquatique * et les difficultés matérielles qu'exige sa mise en place interdisent pour l'heure tout espoir de généralisation.

Si nous quittons le stade de la naissance pour envisager la période de la première enfance, nous devons porter attention à trois séries de

---

* L'une de nos étudiantes de 3ᵉ cycle, D. Jochem, prépare une thèse sur ce sujet (service du docteur A. Baux).

pratiques d'impression à point de départ cutané. La plus vulgarisée et la moins discutable, c'est le maternage lui-même : les idées de A. Montagu, de J. Bowlby, de D.W. Winnicott ont été diffusées dans les milieux de la pédiatrie et de la puériculture. Les femmes qui ont la charge d'élever les jeunes enfants savent de plus en plus que les moments de la tétée, du change, de la toilette, du bain, etc. permettent une communication étroite (passant prioritairement par le canal cutané) et, à ce titre, doivent être vécus dans le calme et sans précipitation. Nous avons déjà souligné que les auxiliaires des crèches sont invitées à mettre le maximum de soin aux gestes qui constituent la trame de ces instants de contact intime.

La seconde pratique, déjà moins répandue, c'est le bain en piscine publique. Actuellement, nous poursuivons nos recherches sur les processus de communication propres à cette situation de bain collectif*. Le succès de l'entreprise locale donne à penser que la conception ludique et relationnelle de la mise à l'eau précoce sera non seulement prolongée avec les enfants «tout-venant» mais aussi étendue aux enfants handicapés moteurs ou mentaux.

Avec le massage des bébés, on fait un pas de plus vers l'intimité et vers la recherche active du plaisir corporel de l'enfant. C'est encore F. Leboyer qui a fait connaître, en 1976, l'existence d'un art traditionnel oriental, le massage des enfants, pratiqué par *Shantala*, l'héroïne indienne du premier ouvrage de vulgarisation (F. Leboyer, 1976). Depuis, ces pratiques se sont développées mais sans dépasser le stade des expérience ponctuelles et semi-privées. Au dire de B. Stacke, la kinésithérapeute parisienne qui a présenté cette pratique dans le bulletin de la S.F.E.R.P.M. en 1981, il s'agit de répondre à un besoin vital de l'enfant, «le besoin de tendresse» (B. Stacke, 1981, p. 19). Mais comment est conçu le mode d'action de cette pratique ?

«Le massage, grâce à l'innervation très riche de la peau, se trouve être un régulateur de toutes les fonctions vitales. En stimulant l'épiderme de bébé, nous éveillons tout son système neuro-végétatif, respiratoire, circulatoire et digestif. Ainsi donc, le nourrisson massé est plus calme, son sommeil plus profond, son appétit stimulé, ses fonctions digestives plus aisées. Toutes ses pulsions de vie s'en trouvent renforcées. Le massage concourt aussi à la croissance harmonieuse du corps par l'assouplissement des tissus musculaires. Il tend à équilibrer les forces antagonistes qui s'exercent sur les articulations. Cette croissance ne peut s'accomplir qu'au sein du climat de sécurité affective qui préside au massage» (op. cité p. 19).

---

* Plusieurs mémoires de nos étudiants de maîtrise ont déjà porté sur l'expérience des *bébés dauphins toulousains* (J. Le Camus, 1982 d).

Comme l'indiquait déjà F. Leboyer dans *Shantala* (F. Leboyer, 1976, p. 24 et séq.), la mère, assise à même le sol, tient contre elle le corps nu de son enfant et, les mains enduites d'une huile douce, fait glisser ses doigts effleureurs et pétrisseurs sur les différentes zones de la peau : poitrine, bras et mains, ventre, jambes, dos, visage. B. Stacke respecte la chronologie et la technologie suivies par les mères indiennes et elle recommande « de masser quand on en a vraiment le désir plutôt que par devoir » (B. Stacke, 1981, p. 20). Il est clair que cette pratique s'inscrit dans le prolongement de celles qui entourent la *naissance sans violence* et qu'elle vise à aider le bébé « à accepter le monde et à le faire sourire à la vie » (F. Leboyer, 1976, post-face). Il est clair que, confiée à des mains expertes, cette technique doit avoir des effets neuro-physiologiques salutaires et plus globalement des effets sédatifs et euphorisants du type de ceux qu'entraînent le bain ou le bercement. Mais faut-il aller jusqu'à en recommander un usage courant ? Nous ne sommes pas en mesure de nous prononcer car nous n'avons jamais pratiqué, ni vu pratiquer cet art. Néanmoins, il nous paraît aventureux, voire dangereux de banaliser ce genre de massage. D'abord, en raison de ce que nous savons sur les méfaits d'un excès de stimulations tactiles sur les jeunes animaux. Ensuite, en raison des différences de réceptivité que présentent les enfants à ce type de manœuvres. Enfin, en raison d'un risque d'érotisation pathologique de la relation mère-enfant : à notre avis, les expériences de plaisir partagé sont positives et invigorantes, si elles ne dépassent pas les limites imposées par le souci de l'équilibre sexuel des deux partenaires. Ce n'est pas faire preuve de puritanisme que de mettre en garde contre certains débordements de la fusion primitive.

- Application aux pratiques de formation et de thérapie

Les pratiques d'impression à point de départ cutané existent depuis fort longtemps : les Grecs et les Romains en savaient déjà long sur les effets sédatifs, euphorisants, voire stimulants des massages et de l'hydrothérapie. Si l'on en croit les adeptes du massage thaïlandais mais aussi du *Do-in* chinois, du *Shiatsu* japonais décrits dans la revue *Pratiques Corporelles* (1981, n° 50), les Orientaux n'étaient pas en reste dans l'art de la manipulation. Bien que ces deux catégories de techniques ne soient pas communément reconnues comme faisant partie de l'arsenal du psychomotricien et s'intègrent beaucoup mieux dans le travail du kinésithérapeute, il convient de souligner quelques innovations qui concernent les spécialistes de la motricité d'information.

a) La découverte de l'hydrothérapie

Depuis qu'ils ont vu leur secteur d'affectation s'élargir des C.M.P.P. et des I.M.P. vers les hôpitaux de jour, les institutions pour handicapés adultes, les hôpitaux psychiatriques, etc., les psychomotriciens ont dû se familiariser avec les activités liées à l'hydrothérapie classique. A titre d'exemple, nous citerons trois expériences dont les revues spécialisées ont rendu compte en 1981 ou 1982.

S'appuyant sur un substrat théorique multiréférencié (D. Anzieu, J. Lacan, G. Pankow, D.W. Winnicott, etc.), Lafforgue a introduit en hôpital de jour pour enfants de 2 à 10 ans une activité différente de celle qu'on pratique dans la piscine ou dans la baignoire, le travail en *pataugeoire (La Psychomotricité*, 1981, vol. 5). Il s'agit pour l'essentiel de favoriser un «jeu d'eau sans immersion et en présence d'un miroir» dans un lieu intermédiaire entre le pédiluve et le bassin, la «flaque thérapeutique» (op. cité p. 1). Le principe d'intervention est double: «l'enfant joue dans la flaque avec l'eau et l'environnement; pour cela, il peut utiliser la projection d'eau en jet, la mobilisation du corps et l'adulte peut y ajouter le massage, etc. Par ailleurs, l'adulte est là pour permettre la symbolisation; par un bain de paroles et par ses interventions corporelles, il donne sens à l'expérience vécue par le sujet et les intervenants (...)» (op. cité p. 3). Selon l'auteur, «on peut aborder par cette technique toutes les difficultés pré-génitales en complémentarité avec les approches psychothérapiques: autisme précoce, type Kanner; psychoses et prépsychoses jusqu'à 9 ans; symbiose psychotique ou non psychotique; dysharmonie évolutive; symptomatologie de structure anale (énurésie, encoprésie)» (op. cité p. 2). Le compte rendu de cette recherche donne à penser que les psychanalystes et les psychomotriciens peuvent trouver dans cette technique de «riches possibilités d'action thérapeutique» (op. cité p. 5).

La deuxième expérience, rapportée lors des *Journées Annuelles* de Nantes (décembre 1980), nous entraîne sur le terrain de la balnéothérapie. La technique préconisée par P. Sivadon est appliquée ici par une psychomotricienne, S. Allemandou, au traitement de déficients mentaux profonds séjournant en institution (il s'agit pour l'essentiel de malades adultes). Le principe de l'intervention du soignant nous renvoie, là aussi, à la problématique du maternage. «Notre visée thérapeutique est que le résident accède, par l'intermédiaire d'une relation privilégiée, à une relation duelle par analogie à la relation mère-enfant (analogons: bain, massage, exercices psychomoteurs) afin de développer de façon plus harmonieuse sa personnalité et de lui permettre de vivre mieux» (S. Allemandou, 1981, p. 22). Viennent alors les inévitables références à G. Pankow, à D.W. Winnicott à D. Anzieu, etc. dans un cadre conceptuel qui emprunte largement à l'appareil thérorique de la psychanalyse. C'est l'exemple même de la mise en jeu du corps-à-corps thérapeutique.

C'est le même souci de donner forme au corps en faisant sentir ses limites qui anime les psychomotriciens adeptes du *«pack»*. G. Laurent-Terrillon a fait part de l'expérience qu'elle poursuit (dans un hôpital psychiatrique) aux *Journées Annuelles* de janvier 1982: l'enveloppement prolongé (la séance dure de 45 à 60 minutes) dans un drap préalablement trempé dans de l'eau glacée aurait, selon l'auteur, le pouvoir d'atténuer l'angoisse des psychotiques lourdement atteints et contribuerait en même temps à la restructuration d'une *image du corps* profondément détériorée. Cet emmaillotement thérapeutique s'intègre, bien sûr, dans un contexte relationnel et institutionnel d'aide et de protection (G. Laurent-Terrillon, 1982). Bien que les malades le supportent sans réticence, le *pack* nous est apparu comme un traitement de choc (les malades sont déshabillés en public puis enfermés dans un maillot humide et froid qui empêche toute liberté gestuelle) à prendre seulement comme une recherche de moindre mal.

b) La découverte des pratiques de contact

Au cours des dernières années, les psychomotriciens en formation ont eu l'occasion de praticer à des séances de travail de groupe où, à des fins de sensibilisation et d'évolution personnelle, les expériences de toucher* étaient systématiquement proposées. Nous avons personnellement vécu ce type de situations à point de départ tactilo-kinesthésique avec plusieurs animateurs et tout particulièrement avec J. Ambrosi, B. Aucouturier, A. Lapierre, L. de la Robertie et A. Thuriot. Il nous est arrivé aussi dans le cadre de nos activités de formateur d'adultes à l'Université, de demander aux participants de sentir la chaleur du corps de l'autre; de se laisser conduire en aveugle ou de se laisser manipuler, porter, bercer; de passer par étapes de la fusion groupale (le magma) à la séparation, etc. Que dire de ces mises en situation qui ont en commun de placer le sujet dans l'état du bébé que la mère tient, caresse, dorlote dans un bain de regards et de paroles? Si l'on veut bien laisser de côté le halo de mercantilisme et de snobisme qui entoure ces pratiques d'impression, on peut maintenant évaluer la portée de ces expériences.

---

* Nous ne parlerons pas du co-massage et du «rolfing», sorte de remodelage de l'architecture corporelle (à base de pressions de doigts profondes et prolongées) car ces techniques ont été peu utilisées en France.

Il y a indéniablement des aspects positifs dans ces tentatives de donner à la formation des psychomotriciens une dimension corporelle qui les renvoie à leur propre évolution libidinale et à des expériences infantiles de maternage qu'il est toujours utile de repérer, d'élucider et d'assumer. Avant de s'engager professionnellement dans des thérapies qui vont le confronter à une double régression (celle du malade et la sienne), le psychorééducateur se doit de mettre à l'essai ses émois et sa façon de vivre le corps-à-corps d'une cure. On verrait mal qu'un spécialiste des thérapies à médiation corporelle s'engage dans une relation de maternage avec ses patients sans être passé, au préalable, par une formation où il aura lui-même expérimenté la situation du materné. Cette orientation de la formation des psychomotriciens nous paraît donc tout à fait saine. Ce qui fait problème, c'est la compétence des animateurs de groupe.

On ne devrait confier la direction de ces groupes qu'à des formateurs solidement préparés à jouer les rôles de contention (Bion employait le terme *«container»*), de facilitation et d'interprétation sans lesquels les groupes de rencontre tournent au *happening*, au mélange des genres et à cette *dolce vita* institutionnalisée qu'un psychothérapeute a joliment appelée le *coïtus ininterruptus* (G. Laffargue, 1979, p. 36). Des formateurs qui seraient capables de déceler les contre-indications de participation, de contrôler l'évolution du groupe en même temps que celle de chaque sujet, en un mot de faire de ces séances de vie en commun des moments de structuration (et non, comme cela arrive parfois, de distraction anodine ou de défoulement sauvage). Quand on met le corps en scène, il faut savoir à quoi on joue !

Pour prolonger ces réserves et aussi pour en finir avec l'examen des pratiques d'impression à point de départ cutané, nous ferons état du jugement anticonformiste que deux psychanalystes lacaniens ont émis à l'encontre de l'utilisation du maternage dans la psychothérapie des très jeunes enfants. Dans le récit de la psychanalyse de *Nadia* (13 mois), atteinte d'hospitalisme grave, R. Lefort nous dit, qu'avec ce bébé, elle a refusé de s'offrir «sous la forme d'un quelconque substitut maternel qui viserait à réconforter et à satisfaire» (R. Lefort et R. Lefort, 1980, p. 15). C'est au niveau de l'œil et de la voix seulement que la relation «a pu s'établir et évoluer favorablement».

«Le Réel pur des corps rend toute relation impossible; or, c'est ce qu'elle a connu jusqu'alors: être manipulée sans être parlée (...). Le Symbolique se fonde sur l'accès au signifiant: et c'est bien là l'articulation du Réel qui est en attente d'être muté en signifiant par la parole de l'Autre (...). C'est cet Autre qui, bien qu'elle l'ait connu dans sa multiplicité d'existence, a manqué à donner à *Nadia* son statut de sujet par la parole (...). *Nadia* n'a de corps que comme objet de soins. Que ce soit en famille ou en milieu institutionnel, la sollicitude ambiguë de l'entourage peut laisser le sujet dans la déréliction totale d'un corps manipulé réellement, sans qu'une parole vienne répondre de sa place de sujet. C'est dire combien, à partir de cette expérience douloureuse, je suis peu encline au maternage, c'est-à-dire à donner un supplément de soins et à mettre en jeu inconsidérablement le Réel des corps, celui de l'enfant et le mien (...) (op. cité p. 16).

Il est bien clair que ces lignes ont fait l'effet du «pavé dans la mare» surtout à une époque où la thérapie de *Bruno* par B. Aucouturier était présentée comme modèle d'engagement corporel du thérapeute. Mais les vagues se sont rapidement aplanies car, en fait, aucun thérapeute sérieux n'a jamais soutenu que le corps du patient devait être «manipulé» sans être «parlé». Il est bien évident que toute tentative de maternage qui s'en tiendrait aux seuls rapports de manipulation et de nutrition n'aboutirait jamais à faire accéder le patient au statut de sujet. Tout l'art du thérapeute consistera à saisir par quel type de relation il faut commencer pour répondre à la demande d'amour du patient et selon quel dosage le langage digital et le langage analogique devront se compléter pour mener à bien le processus de personnalisation.

1.2.3. Pratiques à point de départ auditif

La communication qui emprunte le canal auditif et les pratiques éducatives et thérapeutiques qui la mettent en jeu intéressent d'abord les divers spécialistes du langage mais par certains aspects elles concernent aussi le psychomotricien. C'est la raison pour laquelle nous leur accordons une place dans l'analyse des pratiques corporelles d'impression.

- *Importance des stimulations sonores pendant la gestation et au cours de la première enfance*

De même que nous avons évoqué l'hypothèse de l'existence d'un moi olfactif et d'un *moi-peau*, nous pouvons faire état de travaux récents qui paraissent étayer l'hypothèse de l'existence d'un moi auditif prénatal et néo-natal. Nous disons bien l'hypothèse car nous manquons encore de preuves expérimentales et de preuves cliniques tout à fait indiscutables.

Pour ce qui est de la vie intra-utérine, nous nous réfèrerons à l'ouvrage du pédopsychiatre argentin déjà cité, R.O. Benenzon, mondialement connu pour ses recherches en musicothérapie. L'hypothèse de ce chercheur se formule ainsi :

«Depuis le moment précis où l'ovule s'unit au spermatozoïde et nide dans l'utérus maternel pour donner naissance à un nouvel être, celui-ci, déjà, se trouve en contact avec les pulsations du rythme cardiaque et avec d'innombrables sensations vibratoires; avec le mouvement et le son produits par les parois utérines, avec les bruits intestinaux de la mère, la respiration, avec les différentes positions, etc., c'est-à-dire en contact avec les éléments du complexe non verbal. Il est clair que dans un premier temps, il percevra seulement les phénomènes vibratoires et les mouvements. Petit à petit, ces phénomènes seront perçus comme vitaux et essentiels pour la poursuite de la vie (...). Toute altération dans la fourniture de sang par le cordon ombilical provoque des états de stress, d'alarme fœtale, c'est-à-dire que l'accroissement de l'instinct de vie ou de mort serait en étroite relation avec les battements de cœur qui envoient le flux sanguin de la mère au fœtus à travers le cordon ombilical (...). Je pense que de nombreux stimuli de la mère aussi bien externes qu'internes, feront partie non seulement de la dynamique des complexes non verbaux mais encore de l'engramme mnésique de l'être en gestation» (R.P. Benenzon, 1981, p. 38).

A l'appui de cette hypothèse l'auteur cite un certain nombre de faits d'expérience banale ou scientifique :

«On observe fréquemment que la mère pianiste, au sixième mois de grossesse, doit abandonner la pratique de son instrument et ne plus aller au concert en raison des secousses continuelles du fœtus (...). Actuellement, nous montrons que l'enfant tète plus calmement et d'autre part, calme ses pleurs plus facilement sur le côté de la poitrine où on reçoit les battements du cœur; bien plus, les dernières recherches montrent que les mouvements rythmiques de succion du nouveau-né sont en étroite relation avec ses propres battements cardiaques, c'est-à-dire que si l'on accroît les battements cardiaques d'un bébé, on accélère son rythme de succion et inversement (...). Sontag et Wallace provoquèrent des réponses d'alarme chez un fœtus de neuf mois dans 28 tentatives sur 29, en employant un timbre électrique qui frappait pendant cinq secondes, à une minute d'intervallle, un disque de bois placé sur le ventre de la mère. On nota une augmentation ou un accroissement notable de la fréquence cardiaque (...). Tomatis suppose que le fœtus reconnaît les bruits spécifiques de la mère, y compris sa voix, et il utilise pour le traitement des dyslexies, précisément, le son de la voix de la mère, passée au travers des filtres qui donnent l'impression d'une transmission dans un milieu aqueux (...). L. Salk, dans son article, «Mothers Feartbeat as an *imprinting* stimulus» dit : «Sur le bébé dans l'utérus, il y a *imprinting* auditif du battement du cœur de la mère». La preuve concrète de Salk fut que les nouveau-nés exposés pendant quatre jours à un bruit semblable au battement de cœur, pleuraient moins et prenaient plus de poids que les enfants témoins qui n'étaient pas soumis à l'expérience. «On a observé que les enfants plus grands, lorsqu'ils écoutaient un son de 72 battements par minute s'endormaient mieux que s'ils entendaient d'autres sons». Plus loin, il avance : «la musique et la danse sont le résultat de l'*imprinting* et l'homme les crée et les vit dans son effort pour rester à proximité des stimuli de l'*imprinting*; ainsi la musique et la danse seraient des efforts humains inconscients pour capturer les expériences sensorielles similaires à celles qui furent reçues pendant la vie prénatale» (R.O. Benenzon, op. cité p. 42).

L'auteur cite également des expériences qu'il a réalisées lui-même pour essayer de comprendre ces phénomènes : ces expériences consistèrent à observer passivement les réponses des sujets soumis à l'audition de stimuli musicaux divers. Nous allons en rapporter quelques-unes. Chez des handicapés mentaux âgés de six ans, l'audition de sons qui incluent celui du battement cardiaque a suscité «un climat de confort et de bien-être» (op. cité p. 45). Cette première expérience a conduit l'auteur à émettre l'opinion suivante : « Je me demande aujourd'hui si les compositeurs contemporains ne sont pas en train au moyen de sons régressifs, de découvrir et de rééditer la vie intra-utérine et de composer de ce fait de véritables symphonies intra-utérines » (op. cité p. 45). Une autre expérience réalisée auprès de trois cents sujets a montré que si on demandait de dessiner la première idée qui passait par la tête pendant l'audition du battement cardiaque, on obtenait fréquemment (41/155) les graphismes à nette prédominance régressive (eau, mer, tempête, etc.). Dernière expérience que nous rapportons *in extenso* :

> « J'ai utilisé le battement du cœur expérimentalement, en y soumettant un groupe de sept volontaires, spécialistes de psychodrame. Le battement de cœur utilisé était celui de l'un d'entre eux et l'expérience dura environ quatre heures. On a observé une intense somnolence, un glissement des sièges; certains dormaient en position fœtale, genoux touchant la poitrine, très contractés. Au bout de quatre heures, on entreprit de les réveiller en leur faisant entendre une *batucada*, rythme brésilien excessivement stimulant sur le plan moteur. Aucun ne se réveilla, nous dûmes les secouer pour réussir à les réveiller. Ils firent les commentaires suivants : sensations très agréables; certains sentirent un goût de bonbon dans la bouche; ils se souvenaient d'avoir rêvé de la *batucada* » (op. cité p. 49).

C'est sur la base de ces faits d'expérience que R.O. Benenzon a conçu la musicothérapie comme une technique capable de provoquer des états régressifs et d'ouvrir des canaux de communication entre le thérapeute et le patient.

La thèse de ce psychiatre consisterait donc à affirmer que la psyché commence à s'organiser autour des expériences intra-utérines d'impression auditive à point de départ externe (il s'agit des sons proprement dits) et interne (secousses vibratoires). Cette thèse n'a pas encore reçu le label scientifique des milieux médicaux français mais elle s'appuie déjà sur quelques études considérées comme sérieuses (J.A. Rondal et M. Hurtig, p. 326) et elle est appelée à intéresser les spécialistes d'orthophonie et de musicothérapie intervenant auprès des très jeunes enfants ou auprès des malades très régressés. Par contre, on a porté une grande attention à l'article que D. Anzieu consacra en 1976 à « l'enveloppe sonore du soi » (D. Anzieu, 1976).

Deux ans après avoir formulé l'hypothèse d'un *moi-peau*, ce psychanalyste parisien, s'est efforcé de mettre en évidence l'existence d'une sorte d'organisateur plus précoce que l'image spéculaire et que l'expérience pellique, qu'il a appelé « miroir sonore », « peau auditivo-phonique » et, plus communément, « enveloppe sonore du soi ». On sait en effet que la première forme de communication extra-utérine est d'ordre audiophonique (J.A. Rondal et M. Hurtig, p. 327). Le bébé sourit à la voix de la mère avant de sourire à son visage et nous savons depuis peu que c'est l'intonation de la voix qui permet la discrimination (J. Mehler, 1976). Par ailleurs, dès les premières semaines, le nourrisson émet des cris que la mère cherche et parvient à interpréter: cri de faim (fondamental), cri de colère, cri de douleur d'origine externe ou viscérale, cri de réponse à la frustration. Toutes les mères savent aussi que le meilleur moyen d'arrêter les cris, c'est de parler à l'enfant: la voix maternelle apparaît dès la seconde semaine comme plus efficace que tous les autres sons et que la présentation du visage humain. Vient ensuite le stade du gazouillis et du babil au cours duquel le bébé se montre capable de jouer avec les sons qu'il émet, d'imiter certains de ceux qu'il entend et surtout comme l'a montré Butterfield, cité par H. Herren (1971), de percevoir et d'apprécier des stimulations musicales: en 1968, ce chercheur a montré que «les bébés de quelques jours sucent plus activement une tétine musicale qu'une tétine ordinaire aux heures habituelles d'alimentation» (...) et deviennent capables par la suite «de contrôler la marche ou l'arrêt des musiques enregistrées et connectées au biberon» dans les moments d'éveil, une heure avant le repas «c'est-à-dire indépendamment de la gratification alimentaire» (H. Herren, 1971, p. 432). Cette découverte montre d'une part, que l'enfant est sensible à des gratifications autres que celles directement liées à l'alimentation (argument qui plaide en faveur de la nature *primaire* de l'*attachement* étudié par Bowlby); d'autre part, que ses capacités mentales s'exercent sur du matériel acoustique avant de s'exercer sur du matériel visuel. «L'apprentissage des conduites séméiologiques de nature audio-phonologique précède de beaucoup les différenciations acquises de la mimique et du geste si souvent invoquées par Wallon pour souligner le rôle des facteurs sociaux dans la genèse de la représentation chez l'enfant» (H. Herren, 1971, p. 434). Cette primauté de l'audio-phonologique sur le visuo-moteur conduit D. Anzieu à écrire: «L'acquisition de la signification pré-linguistique (celle des cris puis des sons dans le babillage) précède celle de la signification infralinguistique (celle des mimiques et des gestes) (D. Anzieu, op. cité p. 169).

C'est en mettant en relation ces données récentes de la psychologie du premier âge et les enseignements tirés de plusieurs cures psychanalytiques de patients adultes que D. Anzieu en est arrivé à concevoir un moi primitif de nature sonore. Voici comment ce moi audio-phonologique s'intègre dans l'édifice psychique du premier âge:

> «Le Surmoi sadique archaïque commence à acquérir un caractère régulateur de la pensée et de la conduite avec l'apprentissage de la première articulation du langage (assimilation des règles régissant l'usage lexical, la grammaire et la syntaxe). Aupara-

vant, le Moi s'est constitué comme instance relativement autonome, par étayage sur la peau, avec l'acquisition de la seconde articulation (fixation du flux de l'émission vocale aux phonèmes qui sont les formants de la langue maternelle) avec l'acquisition également du statut d'exterritorialité de l'objet. Plus avant encore, le Soi se forme comme une enveloppe sonore dans l'expérience du bain de sons, concomitante de celle de l'allaitement. Ce bain de sons préfigure le Moi-peau et sa double face tournée vers le dedans et le dehors, puisque l'enveloppe sonore est composée de sons alternativement émis par l'environnement et par le bébé. La combinaison de ces sons produit donc: a) un espace volume commun permettant l'échange bilatéral (alors que l'allaitement et l'élimination opèrent une circulation à sens unique); b) une première image (spatio-auditive) du corps-propre, c) et un lien de réalisation fusionnelle réelle avec la mère (sans quoi la fusion imaginaire avec elle ne serait pas ultérieurement possible) (op. cité p. 173).

La préséance du miroir sonore sur le miroir visuel (qu'on repère déjà dans la légende d'*Echo* et de *Narcisse*) nous paraît aujourd'hui assez évidente et nos propres observations nous conduisent à partager le point de vue de D. Anzieu: «Avant que le regard et le sourire de la mère qui allaite ne renvoient à l'enfant une image de lui qui lui soit visuellement perceptible et qu'il intériorise pour renforcer son Soi et ébaucher son Moi, le bain mélodique (la voix de la mère, ses chansons, la musique qu'elle fait écouter) met à sa disposition un premier miroir sonore dont il use d'abord par ses cris (que la voix maternelle apaise en réponse) puis par son gazouillis, enfin par ses jeux d'articulation phonématique» (op. cité p. 175). Selon cet auteur, l'équilibre psychologique de l'enfant dépend d'abord de la qualité de ce miroir sonore et la «discordance», la «brusquerie», «l'impersonnalité» de ce premier miroir auraient des effets pathogènes qui pourraient aller jusqu'à la schizophrénie. «Les déficits originaires de l'enveloppe sonore du Soi handicapent le développement de la série des espaces visuel, puis visuo-tactile, puis locomoteur et enfin graphique qui introduisent l'enfant aux différences entre le mien et le non familier, entre le Soi et l'environnement, aux différences à l'intérieur du Soi, aux différences dans l'environnement» (op. cité p. 177). L'espace sonore est bel et bien l'infrastructure de l'espace psychique.

- Application de ces données théoriques à l'éducation et à la thérapie

Sur la base de ces considérations, on a vu se développer au cours des dix ou quinze dernières années des techniques de rééducation et de thérapie qui ont en commun de mettre l'accent sur les effets régressifs des stimulations sonores et musicales ainsi que sur la contribution de ces impressions à l'investissement ou au réinvestissement du corps propre, de la motricité et du langage. Pour ne pas trop empiéter sur le domaine des orthophonistes et des musicothérapeutes, nous nous limiterons à quelques considérations sur la sémiophonie et sur les techniques rythmiques.

- **La sémiophonie de I. Beller (1973)**

L'idée de mettre les patients en état de régression grâce à des stimulations sonores de type archaïque n'est pas propre à R.O. Benenzon: ce procédé a été mis en pratique en France par I. Beller, cité par D. Anzieu (op. cité p. 174), sous le nom de *sémiophonie* dans le but de préparer les rééducations des troubles du langage.

> « Le sujet est enfermé dans une cabine insonorisée et spacieuse dotée d'un micro et d'un casque d'écoute, véritable *œuf fantasmatique* dans lequel il peut narcissiquement se replier et régresser. Dans une première phase purement passive, il joue librement (dessins, puzzles, etc.) tout en écoutant pendant une demi-heure de la musique filtrée et préenregistrée. Il est ainsi soumis à un bain sonore réduit au rythme, à la mélodie et à l'inflexion. La seconde phase de la rééducation porte sur la seconde articulation; elle requiert du sujet après audition de la musique filtrée, la répétition active de signifiants également préenregistrés et passés à un filtre doux qui rend la voix parfaitement audible et distincte et favorise l'échelle des harmoniques aigus; en même temps qu'il répète le mot, le sujet s'entend dans les écouteurs, il découvre sa propre voix et fait l'expérience du *feed back* auditivo-phonatoire. La phase suivante, plus banale, comporte la disparition du bain musical préalable ainsi que des sons filtrés et la répétition de phrases organisées en récit » (D. Anzieu, 1976, p. 174).

D. Anzieu s'en prend à l'aspect un peu trop machinique de l'action rééducative (l'auteur évacuant trop rapidement le transfert et l'interprétation) mais qualifie l'intuition de I. Beller de féconde.

- **Les techniques rythmiques en psychomotricité**

Sur les traces d'E. Guilmain, M. Vyl, G. Soubiran, etc., les psychomotriciens ont toujours donné une large place aux techniques de stimulation rythmique. Peut-être l'ont-ils fait avec trop d'insistance et, parfois, à partir d'exercices assez laborieux (du genre marcher, courir, sauter en suivant la cadence d'un métronome ou d'un frappé au tambourin)? Ces maladresses pourraient expliquer le déclin actuel de thèmes jadis considérés comme essentiels, à savoir « perception des structures rythmiques » ou « organisation spatio-temporelle ».

Quoi qu'il en soit, l'intérêt s'est déplacé aujourd'hui de l'aspect mécanique et cognitif de l'organisation temporelle du mouvement vers l'aspect émotionnel de l'imprégnation musicale. M.F. Fauvel, psychorythmicienne à Lyon, a parfaitement saisi les implications de ce glissement :

> « Associé à la mélodie et à l'harmonie, le rythme parlera certainement d'une autre manière à notre oreille, dépassant des résonances organiques pour atteindre plus facilement des zones affectives, ouvrant des portes fermées, libérant des charges émotives (...). En psychorythmie, où nous travaillons la détente active au moyen de balancés soutenus par un accompagnement musical au rythme bien précis, il est difficile d'imaginer comment le rythme seul, dépouillé de son soutien mélodique et harmonique, pourrait instaurer l'état de décontraction et de bien-être recherché (...) (M.F. Fauvel, 1976, p. 46).

L'autre caractéristique de l'évolution nous paraît être le glissement de la priorité reproduction vers la priorité production : plutôt que de commencer par imposer des rythmes de l'extérieur (au moyen d'instruments de percussion ou de musiques enregistrées), on préfère partir de ceux que le sujet est capable de produire et travailler ensuite dans le sens de l'affinement ou de la stabilisation. «Aujourd'hui, nous proposons de partir des rythmes moteurs naturels et spontanés et non plus du solfège» (S. Lheureux, 1976, p. 5). Cette recherche de l'autoinduction du rythme est à la base des techniques instrumentales (type Orff) ou des techniques d'expression gestuelle (type danse libre de Malkowsky). Mais nous touchons par là aux pratiques d'expression corporelle dont l'analyse est réservée à la section 2 de ce chapitre. Analyse que nous allons maintenant aborder.

Section 2
Les pratiques corporelles d'expression

Sur ce versant, nous allons ranger les pratiques qui à des fins d'éducation, de rééducation, de formation ou de thérapie sollicitent prioritairement nos capacités de libération émotionnelle, de communication avec autrui, de création aussi, par la mise en jeu du corps réel. Nous parlons volontiers d'expression parce que, tout en s'appuyant sur l'activité permanente et indispensable des récepteurs et des analyseurs de la machine bio-informationnelle, les techniques dont il va être question sont centrées sur l'ef-férence, l'out-put, l'extra-version (par opposition à l'af-férence, l'in-put, l'intro-version des techniques d'impression). Pour faire image, on pourrait dire que l'important ne sera plus tellement que le corps «écoute», «ressente», «enregistre» mais qu'il «parle». Qu'il parle, avons-nous dit, au travers des signaux qui intéressent l'étho-anthropologue, au travers des symptômes et des symboles qui intéressent le thérapeute, au travers des signes qui intéressent le linguiste et le metteur en scène.

En conséquence, il ne serait plus pertinent de prendre comme critère de classification celui que nous avons utilisé dans l'examen des pratiques d'impression, à savoir «la nature des canaux informationnels mis en jeu». Il nous faut aller au-delà des taxinomies inspirées par la neurologie ou même par ce que Sebeok a appelé la zoosémiotique et embrasser, autant qu'il est possible, les multiples voies d'abord de la motricité signifiante. Entreprise difficile, typiquement trandisciplinaire, à peine ébauchée en France en dépit de la profusion des ouvrages qui, depuis les années 70, ont abordé le thème «tarte-à-la-crème» de l'expression corporelle (la bibliographie de l'ouvrage de C. Pujade-Renaud publié en 1974 comporte 66 références, celle de J. Salzer en 1981 en contient 128!).

Le critère que nous proposons, c'est celui qu'avec J. de Rosnay (1975) et E. Morin (1980), on pourrait nommer la complexité. Sur la base de notre expérience de pratiquant/praticien et sur la base de la réflexion qui a accompagné notre travail sur le terrain, il nous semble possible de distinguer trois niveaux de complexité «bio-anthropo-sociale» (E. Morin 1980, p. 95). A un premier niveau, il est possible de parler d'expression organique ou émotionnelle pour désigner les formes les plus directes, les plus primaires, celles qu'on voit à l'œuvre dans le cri primal, la bio-énergie, la transe, etc.: on pourrait écrire qu'il s'agit, avant tout, d'une expression *du corps*. A un deuxième niveau, il est possible de parler d'expression proxémique pour désigner les formes de contact interpersonnel déjà plus médiatisées, celles qu'on voit à l'œuvre dans les techniques de communication par le regard, la voix, le toucher, etc.: on pourrait écrire qu'il s'agit, avant tout, d'une expression *à travers le corps*. A un troisième niveau, il est possible de parler d'expression symbolique pour désigner les formes les plus distanciées, les plus élaborées, celles qu'on voit à l'œuvre dans le mime, la danse d'improvisation (modalités mimico-posturo-gestuelles) et dans le jeu dramatique (modalités voco-mimico-posturo-gestuelles): on pourrait écrire qu'il s'agit avant tout d'une expression *par le corps*. Ce sont celles-ci qui seront examinées pour commencer.

2.1. Les pratiques d'expression symboliques

Suivant que la parole est ou n'est pas prise en compte dans l'activité du sujet acteur, on peut différencier deux grandes catégories de pratiques symboliques: les pratiques silencieuses et les pratiques parlées.

2.1.1. *Les pratiques mimico-posturo-gestuelles*

Ces pratiques reposent sur l'existence du langage pré-verbal, c'est-à-dire sur les possibilités qu'a le très jeune enfant d'émettre des messages en direction de son *oïkos* par l'intermédiaire de la mimique faciale, de la posture et du geste (c'est ce langage que, dans le sillage de H. Montagner, J.C. Rouchouse, etc., nous étudions dans notre groupe d'éthologie de l'enfant). Elles reposent sur l'existence du langage co-verbal et du langage non verbal utilisé dans la vie quotidienne pour accompagner ou remplacer la parole (formes particulièrement bien étudiées en France par J. Cosnier). Elles reposent enfin sur l'existence des comportements mimico-posturo-gestuels enracinés dans les jeux de l'enfance et exploités par les spécialistes des arts du mouvement. C'est ce mode qu'il convient d'analyser à présent au travers des deux manifestations principales: l'expression corporelle sèche, nommée ordinairement *mime* et l'expression corporelle enrichie par une musique d'incitation ou de soutien, à savoir la *danse*.

- *Le mime en psychomotricité*

C'est E. Decroux, acteur de théâtre et de cinéma, qui a posé les bases théoriques et méthodologiques de cet art du silence et qui a fondé en France la première école de mime moderne en 1940*. Nous disons art du silence puisque le mime consiste à évoquer, à rendre présent un absent et que le moyen de signifier est fait non pas de paroles mais d'attitudes et de gestes. Précisons ces deux caractères.

On peut parler d'art, en effet, parce qu'il y a représentation: «pour que l'art soit, il faut que l'idée de la chose soit donnée par une autre chose» (E. Decroux, 1963, p. 48). Même lorsqu'il se veut réaliste, l'artiste opère avec des signifiants, c'est-à-dire avec des représentants des choses ou des êtres. Le sculpteur représente la chair mais il présente la pierre; le mime représente des actions ou des événements de la vie quotidienne mais il présente son corps en mouvement: «le mime fait des mouvements avec son corps pour évoquer ceux de votre âme», aimait dire E. Decroux (op. cité p. 155). Sur scène, on ne présente pas un combat ou un accouplement, on les représente: «Le réel sur la scène est illogique toujours, inopportun souvent. Mais le réel de quoi? le réel de la chose qui est représentée. Illogique, car la chose qu'on présente, ce ne peut pas être celle qu'elle représente. Et celle qu'on représente ne peut être présente. Il en est ainsi de tous les arts de représentation» (op. cité, p. 150).

Comme la danse, le mime raconte des histoires sans paroles. Il est fait de signifiants muets:

«Le mime est une suite d'actions présentes (...). Le mot seul peut dire ce qui fut, ce qu'on voudrait qui soit, d'où l'on vient, ou vers quoi l'on va, ce qui se passe au loin, à perte de vue ou bien derrière le mur, ce qu'on pense de ce qu'on nous fait; lui seul peut dire une abstraction sans laquelle la pensée devient presque impossible (...). Avec des mots, on peut édifier des histoires, des intrigues, on provoque des rebondissements, des bifurcations, des retournements (...). Le mime ne peut pas faire cela, ne doit pas

---

* Avant lui, s'étaient illustrés J.G. Debureau, P. Legrand, L. Rouffe, S. Cafferra, etc. mais c'est E. Decroux qui a donné à cet art son autonomie.

l'essayer. Aucun art n'est tenu de marcher sur les mains, tout art a droit de marcher sur ses jambes et pour devoir de bien marcher (...). L'action du mime se déroule comme la semaine, le mardi suivant lundi; ses actions passent comme se suivent les saisons, comme les opérations d'une usine se succèdent: on commence par un bout et on finit par l'autre. Par contre, il brille par la manière: la nature d'une âme, sa dissimulation spéciale, son matérialisme incurable, sa force d'oubli, sa mémoire rusée qui n'oublie pas d'oublier; l'impartialité de sa paresse: autant à se venger qu'à s'acquitter; son aptitude à la panique: en avant autant qu'en arrière; son égoïsme à courte vue qui assassine autrui pour mieux se suicider; ce n'est pas par des faits, des actes ou des événements inattendus que le mime découvre ces choses: c'est par des manières. La façon de donner vaut mieux que le but, celle de cueillir vaut mieux que la fleur (...) (op. cité p. 136).

E. Decroux a toujours insisté sur la nécessité de concevoir le mime comme une discipline spécifique, non dérivée des arts du langage écrit ou oral: «Le mime ne produit que présences qui ne sont point signes conventionnels. Et s'il lui arrivait de produire de tels signes, il en mourrait: devenu espèce du genre que l'on nomme verbe, il cesserait d'être frère de dessin, de statuaire, de peinture, de musique» (op. cité p. 144).

Sans entrer dans les détails de la technique, il faut souligner l'orientation méthodologique qu'a proposée E. Decroux: primauté du corps sur le visage et les bras. «Dans notre mime corporel, la hiérarchie des organes d'expression est la suivante: le corps d'abord, bras et mains ensuite, enfin visage» (op. cité p. 89). Au théâtre du *Vieux Colombier*, il était d'usage de jouer avec un masque neutre pour tranférer sur le reste du corps les effets d'expression: «On nommait cela le masque. A l'encontre des masques chinois, le nôtre était inexpressif. Le corps était aussi nu que la décence le permettait. Mesure indispensable car le visage annulé, le corps n'avait pas trop de tous ses membres pour le remplacer» (op. cité p. 18).

De Ch. Chaplin à F. Reynaud, l'art du mime a été illustré par des acteurs de grand talent, mais ces dernières années c'est M. Marceau, animateur principal de l'*Ecole Internationale du Mimodrame* qui a tenu le devant de la scène, à la fois comme interprète et comme enseignant. En ce moment, il incarne un style de mime très enraciné dans la Culture et dans l'Histoire: «Le mime est fait de ce qu'est la vie: il est fait de réalité, de rêve, de comique, de tragique (...). Il est l'essence même de nos racines profondes, lié à notre culture, à notre passé, à notre présent, à notre avenir (...). Ainsi, le personnage de *Bip* que j'ai créé et qui est un *Pierrot* du XXe siècle aborde des thèmes tels que l'homme dans le métro, la rue, l'usine, face à la bureaucratie, le monde moderne ou futur ou celui qui révèle un autre univers (...) (M. Marceau, 1981, p. 9). Tout en adoptant la grammaire du mime codifiée par E. Decroux, M. Marceau a contribué à faire de ce langage du silence un spectacle populaire, accessible au grand public, un art qui s'enseigne (l'enseignement dans son école dure trois ans) et aussi une discipline autonome : « Nous avons constaté que le mime est un langage universel à part entière. Il se situe entre le théâtre de verbe et la danse, les clowns acrobates du cirque et le théâtre de marionnettes. Mais il a son langage propre et assume entièrement sa propre théâtralité » (op. cité p. 7).

Dans le secteur de l'éducation et de la thérapie psychomotrice le mime a fait ces dernières années une triple incursion. Sous sa forme classique, il nous a été présenté par Pinok et Matho, par C. Pujade-Renaud, par C. Heggen : les enseignements et les psychomotriciens qui ont participé aux stages de formation dirigés par ces animatrices, ont parfois intégré la technique du mime à leur arsenal. Dans notre thèse de 3e cycle, nous avons rendu compte aussi d'un travail d'expression corporelle réalisé auprès d'enfants maladroits (J. Le Camus, 1976) : notre orientation méthodologique s'inspirait de celle de Pinok et Matho. La technique du *masque* a été proposée en France par L. Sheleen : pour cette pédagogue, le masque est essentiellement un instrument de rêve, de métamorphose. « Grâce au masque l'être humain peut projeter ses fantasmes et ses aspirations irrationnelles (...) Sous le déguisement du masque, le danseur peut échapper aux limites de son ego et de son sur-moi. En perdant ses inhibitions, l'être masqué laisse émerger les principes de sa véritable identité (son essence) et, pendant un temps, il peut échapper à ce qu'il croît être ou à ce qu'il doit être ». (L. Sheleen, 1979, p. 28). Ce pouvoir de métamorphose a été joliment appelé par l'auteur « pouvoir protéen » (qualificatif inspiré par la légende de Protée, le dieu aux multiples formes). Enfin, troisième incursion du mime, le jeu du *clown* : c'est sans doute J.B. Bonange qui, dans ce domaine, a été à l'origine des innovations les plus hardies. C'est lui qui a initié un lot de psychomotriciens de la région *Midi-Pyrénées*. Cette dernière expérience est trop récente pour qu'un jugement d'évaluation puisse être formulé dès à présent.

- *La danse en psychomotricité*

Dans sa forme classique, la danse est aussi un art du silence. Si elle se différencie du mime, c'est non seulement parce qu'elle fait intervenir la musique mais aussi parce qu'elle est, de façon générale, plus aérienne, plus rapide et plus dynamique. Pour mieux caractériser cette différence, laissons parler M. Marceau : « Le danseur touche l'espace par le saut, le bond et se libère ainsi de la pesanteur. Le mime crée, comme Prométhée enchaîné, le tragique d'un homme au sol qui voudrait voler comme Icare. Quand le danseur retombe de l'envolée et qu'il est au sol (la mort du cygne ou la chute d'Icare), il devient mime» (M. Marceau, 1981, p. 7). Cette différence fondamentale doit être cependant atténuée lorsqu'on envisage les formes contemporaines de la danse: dans le style de M. Graham, par exemple, le travail au sol occupe une place importante.

N'ayant jamais pratiqué ni fait pratiquer assidûment la danse, nous emprunterons à C. Pujade-Renaud la mise en confrontation du style de la danse classique et du style de la danse moderne, opposition qui nous permettra de saisir ce qui est en jeu dans ce qu'E. Faure prenait pour «la première messe célébrée par les humains» (E. Faure, 1975) et que P. Legendre réduisait à «la passion d'être un autre» (P. Legendre, 1978).

«La danse contemporaine tente moins d'exprimer des sentiments que de retrouver le corps dans sa nudité, sa violence, son enracinement élémentaire. Retour aux sources du mouvement. La respiration, l'alternance de la tension (*contraction*) et du relâchement (*release*) chez M. Graham. Le jeu direct du corps avec la pesanteur, le déséquilibre chez D. Humphrey. La circulation de l'énergie (*dynamics*), tantôt explosive, tantôt ramassée, est au cœur de la danse contemporaine. Le travail porte sur les différentes intensités du mouvement, ses modulations qualitatives du léger au lourd, du plus ténu au plus complact, du fondu au *staccato*, des ralentis indéfinis aux accélérations soudaines. Les variations dynamiques sont souvent explorées en relation avec des éléments divers, minéraux, végétaux (...) (C. Pujade-Renaud, 1974, p. 69).

L'auteur oppose le corps neutralisé, désexualisé, épuré, décanté de la danse classique au corps énergétique, vibrant, sensible de la danse moderne: «Ce dynamisme énergétique nourrit la forme du dedans, la fait basculer sitôt apparue, dans une autre. Il épargne au corps de venir se figer, se suicider narcissiquement dans la cristallisation d'une structure qui se veut achevée» (op. cité p. 69). Il s'agit donc de deux modèles du corps qui s'opposent.

En conséquence, l'expression du corps danseur d'aujourd'hui n'est pas une élaboration qui viendrait «habiller» le geste: «le corps n'est point instrument au service de quelque sentiment (...). La danse contemporaine tente de rendre au corps une valeur signifiante brute (...)» (op. cité p. 70). Dans les créations de A. Nikolais (héritier de M. Wigman) et dans celles de P. Taylor et M. Cunningham (héritiers de M. Graham), on a vu naître la «non-literal dance», c'est-à-dire une danse qui cherche «la communication directe plutôt que la traduction d'un sens» (M.A. Turner citée par C. Pujade-Renaud): «danse qui ne prétend pas délivrer un message, qui ne s'appuie sur nulle séquence dramatique, nul référent verbal. Elle n'exprime pas intentionnellement mais parle directement aux sens» (op. cité p. 70). En se dépouillant du géométrisme et du rigorisme de la technique, la danse moderne, celle qu'illustre magnifiquement C. Carlson, nous replonge dans le plaisir archaïque du mouvement et dans le jeu élémentaire avec le sol, l'air, les objets, les lumières, les autres corps. C'est sans doute d'abord à cause de cela qu'elle parvient à nous enchanter et à nous ravir.

Nous ne sommes pas compétents pour traiter des finalités particulières ou des modalités d'exécution des méthodes qui font actuellement l'objet d'un enseignement organisé (danse classique, danse moderne, jazz) mais nous devons dire par quels chemins le monde de la psychomotricité et le monde de la danse en viennent à se rejoindre ou même à interférer. Ce faisant, nous abordons un sujet assez nouveau, à peine effleuré dans les ouvrages spécialisés (J. Defontaine, 1976), rarement envisagé dans les revues professionnelles (*Bulletin de la S.F.E.R.P.M.*, n° 43, mars 1979). Nous l'abordons par un examen critique de deux pratiques: la danse thérapie et la danse libre.

La thérapie par la danse (*dance therapy*) est une création américaine: c'est dans les hôpitaux psychiatriques des Etats-Unis qu'on a, semble-t-il, commencé à utiliser la danse comme technique thérapeutique et c'est à I. Bartenieff, T. Schoop qu'on doit les premières expériences systématiques. En France, il a fallu attendre 1978 pour que l'ouvrage principal de T. Shoop, *Won't you join the dance* soit présenté aux lecteurs de *Thérapie Psychomotrice* (n° 37). Depuis cette époque cette artiste-thérapeute propose régulièrement des stages de formation aux praticiens français. Pour notre part, nous avons été familiarisés par une autre spécialiste, une Américaine d'origine suédoise installée en Bourgogne depuis 1972, L. Sheleen. Il n'est pas facile de définir la méthode de cette ancienne danseuse, reconvertie dans la formation et la thérapie, car elle s'inspire de multiples références qui vont de M. Graham à F. Perls en passant par Reich, Jung, Moreno et quelques autres. De cette pratique composite, nous avons retenu une façon originale de faire vivre l'espace et le temps de nos déplacements ou de nos échanges avec autrui. Pour L. Sheleen, le corps est d'abord situé par rapport aux directions absolues que sont le haut (le ciel, l'infini) et le bas (la terre, le zéro). A partir de ce point fixe, l'individu est invité à se mouvoir dans un espace-temps structuré par quatre vecteurs principaux: dans le plan de la profondeur nous découvrons l'avant (qui est aussi le côté public de l'espace scénique, le lointain, etc.) et l'arrière (qui est aussi le côté opposé au public, le proche, etc.); dans le plan frontal, nous découvrons la gauche (qui est aussi le côté de la scène, le passé, etc.) et la droite (qui est aussi le côté jardin, l'avenir, etc.). A ces quatre directions cardinales s'articulent les quatre directions diagonales et on obtient finalement une sorte de *Rose des Vents* à huit branches, numérotées de 1 à 8 dans le sens des aiguilles d'une montre. De même que le temps s'organise à partir des rythmes biologiques (L. Sheleen aime rappeler qu'un cœur au repos bat à une cadence de 60 battements par minutes environ) et des rythmes cosmiques (celui des saisons, des lunaisons, du nycthémère), nos mouvements sont faits de temps forts (actifs, directeurs, etc.) et de temps faibles (passifs, suiveurs, etc.), de préparation et d'exécution, de pleins et de vides, etc. C'est dans cet espace-temps postural, scénique, cosmique, mythique que les sujets sont appelés à évoluer avec ou sans musique, avec ou sans masque, dans le réel ou dans la fiction et c'est au travers de cette expression à champs multiples que L. Sheleen prétend avoir réussi à améliorer et à guérir les malades mentaux qu'on lui a confiés. Nous voulons bien croire notre animatrice sur parole mais cette technique mosaïque nous a semblé trop directive (elle a même un côté fastidieux) et trop peu étayée sur le plan théorique, pour mériter une institutionnalisation immédiate.

Au dire de M. Guiraud qui applique la *danse libre* depuis une dizaine d'années, c'est B. Durey qui a inventé cette forme de danse à visée thérapeutique. Pour le différencier du corps encadré dont il vient d'être question en évoquant la manière de L. Sheleen, on pourrait dire que maintenant, c'est plutôt le corps fou (l'*homo demens* d'E. Morin) qui est mis en scène. Un corps qualifié parfois d'incertain, d'aléatoire, de libertin, d'errant: «la situation de *danse libre* se propose comme un lieu où pourra se dramatiser et se mettre en scène le corps errant, individuel et collectif» (M. Guiraud, 1979, p. 86). Il s'agit de découvrir ou de se réapproprier la danse «comme apprivoisement ludique du déséquilibre» (op. cité p. 87), c'est-à-dire comme activité de jeu du type *païdia* ou si l'on préfère du type *playing* (D.W. Winnicott) et pas du tout comme gestualité codifiée qu'on doit apprendre. Il n'est donné au départ aucune indication sur le «comment évoluer» et la seule régulation tient à la succession des séances et à leur organisation interne en cinq temps. Voici comment est structurée la situation habituelle. Dans un premier temps, l'animateur propose deux disques de musiques dites collectives. «Ce qui ne veut pas dire qu'il faut évoluer ensemble; simplement qu'il est possible d'évoluer en même temps» (op. cité p. 91). Dans un second temps, le groupe est invité à écouter quatre extraits relativement brefs de musiques différentes et chacun doit choisir celle sur laquelle il évoluera quelques minutes plus tard. Le troisième temps (1 h à 1 h 30) est occupé par les évolutions individuelles: «Au moment où quelqu'un me le demandera, je mettrai le disque de son choix. A partir de ce moment-là, ce sera comme il le voudra, tant qu'il le voudra. Je n'arrêterai la musique que lorsque cela me sera explicitement indiqué» (op. cité p. 91). Ensuite, l'animateur remet un ou deux disques de musiques collectives (avec possibilité d'évoluer tous en même temps). Enfin, viendra le cinquième temps, celui de la verbalisation: «Nous disposerons environ d'une heure pour mettre en commun et confronter les impressions, les sensations, les images, les sentiments, les réflexions suscitées par ce qui se sera passé dans la situation» (op. cité p. 92). Le moment vécu comme central est, bien sûr, celui de l'évolution individuelle appelé «traversée». Le jeu dans l'espace vide de la «scène-obscène», un jeu «de résonance corporelle à la musique et aux diverses stimulations présentes dans la situation» (op. cit. p. 96). En résumé, cette pratique est envisagée comme une démarche d'intensification et de théâtralisation, d'exploration et d'appropriation d'autres possibles et pas du tout comme un lieu de travail corporel ou d'orthopédie. La guérison vient par surcroît. Quand elle vient!

2.1.2. *Les pratiques voco-mimico-posturo-gestuelles: le jeu dramatique en psychomotricité*

Avec le jeu dramatique, on franchit un degré de plus dans la symbolisation car, à vrai dire, le mime n'était encore qu'une stylisation de la mimo-gestualité et la danse qu'une ritualisation des jeux de vertige. Désormais, on pénètre dans le registre du simulacre, du comme si, du faire semblant, c'est-à-dire dans ces activités qui consistent à se faire autre et à paraître autre qu'on est dans la réalité quotidienne. Ce jeu du *mimicry*, magistralement analysé par R. Caillois, manifeste la capacité typiquement humaine de représentation, celle-là même qu'après J. Piaget, N. Galifret-Granjon nous a appris à voir naître et se perfectionner (N. Galifret-Granjon, 1982). Ses formes les plus spectaculaires et les mieux étudiées chez l'enfant ont pour nom la poupée, la marionnette, la panoplie. Mais dès lors, la dimension cognitive de la représentation se double de la dimension affective de l'imitation ou de l'identification et de la dimension sociale des stéréotypes, des modes et des modèles. C'est dire la profonde complexité de ces jeux de l'enfance.

Le jeu dramatique nous apparaît comme un prolongement, un enrichissement et une consécration des jeux de simulacre. Comme le mime et la danse, le jeu dramatique est l'affaire d'un petit nombre, les acteurs, mais il nous suffirait d'accepter de redevenir des enfants pour quitter notre siège de spectateur et passer «de l'autre côté de la rampe». A moins que nous soyions encore secrètement freinés par la crainte antique et moyenageuse de passer pour infâme, impur et méprisable. Les préjugés ont la vie dure! Quoi qu'il en soit, c'est bel et bien dans ce dédoublement du «comme si» qu'il faut voir l'essence du jeu dramatique du professionnel ou de l'amateur; c'est dans cette capacité de se dépouiller de ses rôles habituels pour feindre d'être quelqu'un d'autre que réside toute la difficulté et l'attrait de la comédie; c'est dans l'habileté à nous faire croire qu'il est devenu *Tartufe* ou l'*Avare* que l'acteur manifeste son talent. Les grands interprètes ont tous été des maîtres de l'illusion et le langage ne s'y trompe pas qui nous fait dire d'un tel qu'il «joue faux» et de tel autre qu'il «joue bien». Jouer c'est être capable de faire illusion (in ludo) ou d'entrer dans l'illusion que l'autre me propose.

Du théâtre de loisir ou de profession au théâtre thérapeutique, il n'y a qu'un pas. Un pas qu'a franchi J.L. Moréno en 1923 lors d'une séance du *théâtre impromptu*: une actrice, *Barbara*, s'est trouvée transformée après avoir joué sur scène le rôle d'une prostituée assassinée et J.L. Moréno attribua cette amélioration à l'action cathartique (du grec *catharsis** = purgation) de la dramatisation. Le projet de créer un théâtre thérapeutique se concrétise en 1936 et deux ans plus tard, J.L. Moréno établit «la version classique du psychodrame». Rappelons le principe de la technique: jouer sa vie sur la scène («to act out his life on the stage» disait J.L. Moréno), dramatiser ses difficultés réelles ou imaginaires en utilisant l'action et pas seulement le discours, peut permettre dans certaines conditions d'exécution d'aider un patient à sortir de son malaise, à dépasser ses conflits, à guérir. Voici comment l'une de ses élèves, A. Ancelin-Schutzenberger, décrit les conditions du psychodrame classique morénien: «Le psychodramatiste dirige et ne joue jamais: il dirige le jeu comme un metteur en scène (*a director*), aidé d'assistants thérapeutes (les égo-auxiliaires); l'auditoire est souvent nombreux (comme dans un théâtre, de vingt à cinq cents personnes). On ne s'occupe pas du transfert (on ne le nomme pas, on n'en tient pas compte) mais de la création d'un climat de groupe propice et de l'échauffement (*warming up*) de la salle, de l'auditoire, du protagoniste. On joue des situations présentes, futures, passées parfois des rêves. Les séances sont privées ou publiques, fermées ou couvertes,

---

* «Méthode de psychothérapie où l'effet thérapeutique cherché est une purgation (catharsis), une décharge adéquate des affects pathogènes. La cure permet au sujet d'évoquer et même de revivre les événements traumatiques auxquels ces affects sont liés et d'abréagir ceux-ci. Historiquement, la méthode cathartique appartient à la période (1880-1895) où la thérapeutique psychanalytique se dégage progressivement à partir de traitements opérés sous hypnose» (J. Laplanche et J.B. Pontalis, 1981, p. 60).

intensives (d'un ou trois jours à trois semaines) ou extensives (une fois par semaine pendant plusieurs mois) » (A. Ancelin-Schutzenberger et M.J. Sauret, 1977, p. 52).

En France, cette version originelle n'a guère été utilisée et on a coutume d'inventorier deux autres formes, appelées psychodrame triadique et psychodrame analytique. Le psychodrame triadique est une technique mise au point par A. Ancelin-Schutzenberger (autour des années 50) : « la triade est une métabolisation des approches de Freud, de Lewin et de Moréno, c'est-à-dire une extension jouée (psychodramatiquement) du vécu d'un groupe de « groupe analyse », utilisant à la fois le transfert et la dynamique de groupe, comme tout l'arsenal classique du psychodrame morénien » (A. Ancelin-Schutzenberger, op cité p. 54). Le psychodrame analytique est né à peu près à la même époque (1946), sous l'impulsion de S. Lebovici et M. Monod qui avaient le souci de maîtriser les effets de transfert et de contre-transfert totalement négligés dans la version originelle. M. Monod laisse de côté les aspects qui lui semblent le plus prêter à un risque de manipulation : « la scène à degrés, le meneur de jeu *deus ex machina* de l'animation et de l'interprétation, la présence des spectateurs-voyeurs, les moi auxiliaires jouant les rôles apportés par le sujet dans une position déterminée par le meneur de jeu sans que ce lieu de bouillonnement contre-transférentiel soit jamais abordé » (M. Monod citée par C. Dreyfus, 1975, p. 40) et elle ne garde que ce qui lui apparaît comme essentiel : « un sujet venant reproduire ses propres conflits, deux psychanalystes (de sexe différent) inteprétant dans et par le jeu » (op. cité p. 40). En fait, il y a aujourd'hui presque autant de conceptions du psychodrame analytique qu'il y a d'écoles de psychanalyse : les puristes distinguent la technique de S. Lebovici (*Société Psychanalytique de Paris*), de celle de D. Anzieu (*Association Psychanalytique de France*), de celle de P. et G. Lemoine (d'inspiration lacanienne). Dans les dix dernières années, c'est surtout grâce au *Groupe Français de Sociométrie* que les éducateurs et les thérapeutes ont pu se former à la technique du psychodrame (c'est dans ce cadre que nous avons participé à trois week-ends de sensibilisation en 1973).

Dans le secteur particulier de la réadaptation et de la thérapie psychomotrice, le jeu dramatique a fait une entrée tardive mais fracassante. Tardive puisque avant 1975 cette pratique n'est envisagée ni dans les manuels spécialisés (ceux de P. Vayer, ceux de A. Lapierre et B. Aucouturier, ceux de H. Bucher, etc.), ni dans les grands rassemblements internationaux des praticiens (*Journées Annuelles de Thérapie Psychomotrice*, Congrès et Stages de la S.F.E.R.P.M., Congrès de la F.F.P.), ni dans les deux revues professionnelles françaises de l'époque

(*Thérapie Psychomotrice* et le *Bulletin de la S.F.E.R.P.M.*). C'est seulement avec l'offensive du psychanalysme et le déclin de l'instrumentalisme (concrétisés par la sortie en librairie des deux ouvrages d'A. Lapierre et B. Aucouturier nouveau style: *La symbolique du mouvement* en 1975 et *Bruno* en 1977) qu'on va s'intéresser sérieusement à une pratique jusque-là réservée aux psychanalystes et aux psychothérapeutes. Entrée fracassante car depuis 1978, le thème du jeu dramatique figure parmi les préoccupations dominantes sinon de tous les psychomotriciens, du moins des rédacteurs en chef des deux revues précédemment citées (la troisième grande revue, *La Psychomotricité*, publiée à partir de 1977 par la F.F.P. est restée beaucoup moins perméable au phénomène). Précisons les modalités de cette irruption sur chacune des deux scènes.

Dans le cadre de la S.F.E.R.P.M. et sous l'impulsion de J.B. Bonange, l'animateur du *Groupe de la Recherche en Expression Corporelle* toulousain, c'est le jeu dramatique à visée récréative qui a été décrit et encouragé. Un jeu dramatique à promouvoir face aux activités corporelles codifiées du modèle sportif ou même du modèle psychomoteur des années 70-75. Un jeu dramatique qui célébrerait le corps de la turbulence, de la liesse, voire de la transgression en oubliant pour un temps les rigueurs de la discipline, de la technique, de la règle. Un jeu dramatique qui concrétiserait le droit à l'innovation, à la marginalité, voire à la subversion de l'ordre établi. Les propositions de J.B. Bonange ne peuvent se comprendre que replacées dans une démarche pédagogique de la différence, du changement, voire de la rupture institutionnelle (J.B. Bonange in le *Chrono enrayé*, n° 17, non daté). Dans les milieux de l'adaptation et de la réadaptation, on a pu voir se développer des expériences qui, au dire de leurs auteurs, ont eu des effets largement positifs sur l'évolution des enfants. Voici à titre d'exemple le témoignage de plusieurs R.P.M. qui, ces dernières années, faisaient un usage systématique de l'activité-théâtre avec des enfants dits inadaptés: «Pour devenir, il leur fallait un lieu où l'on peut dire ses difficultés, préliminaire à leur dépassement; un lieu où l'on peut régler les comptes; un lieu où l'on peut régresser jusqu'aux limites du tolérable car aucun jugement n'a droit de cité (...)» (D. Michel et C. Bauduin, 1978, p. 15). Ainsi, pour ces élèves de classe de perfectionnement jusque-là empêtrées dans l'échec et le rejet, la découverte et l'acceptation de soi a dû passer par ces jeux apparemment puérils du faire-semblant: jeux où a pu s'exercer leur besoin de puissance et qui ont servi d'exutoire à leurs incertitudes ou à leurs peurs. Réapprendre le jeu aux enfants inadaptés, c'est parfois le meilleur moyen de les aider à vaincre leurs angoisses et aussi à renouer avec le succès sécurisant : « L'expression artistique des enfants handicapés est très souvent le point de départ pour une évolution dans d'autres domaines (...). Les techniques du théâtre permettent à l'inadapté de s'affirmer, de développer ou découvrir certaines aptitudes, de se valoriser aux yeux des autres et à ses propres yeux (...) » (C. Lefrançois, 1978, p. 20). Deux témoignages parmi tant d'autres.

Sur l'autre scène, celle de la thérapie, des tentatives du même ordre paraissent avoir donné aussi de très bons résultats. Nous nous appuierons sur un compte rendu d'A. Eschapasse pour envisager les fonctions et les modalités du jeu dramatique en institution spécialisée (du genre *Institut Médico-Pédagogique* et *Médico-Professionnel*). A la différence des prosélytes de l'expression libre et du défoulement systématique, cette psychomotricienne met d'emblée l'accent sur le rôle structurant de la règle : c'est la règle qui institue l'aire de jeu, ce lieu de passage entre la réalité psychique intérieure et la réalité sociale extérieure (espace que D.W. Winnicott qualifie de « transitionnel »), c'est elle qui permet à l'enfant ou à l'adolescent de se situer et d'entrer dans un processus formateur. En l'occurrence, la règle s'applique à trois moments. La première règle, implicite mais fondamentale, est « qu'il faut jouer, c'est-à-dire utiliser, habiter son corps en tant qu'instrument d'expression en interaction avec d'autres joueurs » (A. Eschapasse, 1980, p. 10). Lors des séances, chacun reste libre de jouer ou de ne pas jouer mais personne ne peut rester spectateur permanent ; par ailleurs, « avant de commencer, les joueurs précisent ce qu'ils vont jouer, situent l'endroit, les personnages » (op. cité p. 10). La deuxième règle « localise un temps et un espace distincts du temps et de l'espace réels (...) ». Cette aire n'est pas « sacralisée » comme dans le psychodrame morénien : n'importe quel espace peut faire office de « scène » à condition qu'il ait été « choisi à l'avance et délimité » (op. cité p. 11) ; par ailleurs, le jeu occupe un temps fixé au départ, il n'est pas arrêté par décision de l'animateur (comme c'est le cas dans le psychodrame classique). Chaque joueur sait qu'il aura à improviser dans cet espace et ce temps potentiels. La troisième règle veut « qu'après le jeu, dans la discussion qui suit, ce soient les joueurs qui parlent les premiers » (op. cité p. 11). La discussion d'instaure à partir du vécu des joueurs et non à partir du vécu des spectateurs : les « regardants » pourront y prendre part dans un second temps mais, pour commencer, la parole est aux acteurs. Voilà donc ce qui fait le cadre de l'activité. Venons-en aux enseignements tirés par la principale animatrice.

L'idée de départ était que le jeu créatif serait peut-être un moyen de rompre avec la monotonie et l'insipidité des activités de rééducation qu'on propose habituellement aux enfants présentant une déficience intellectuelle ou un trouble du comportement. « A la pauvreté et à la stéréotypie de l'enfant dit débile, on répond par des tentatives d'apprentissage dont la rigidité et l'étroitesse du champ sont proportionnelles au handicap. Entre le désir de l'enfant et l'attitude médico-éducative de l'institution, aucun jeu possible : les jeux sont faits d'avance (...) et le manque de créativité est bien ce qui caractérise le plus fidèlement l'enfant débile et la plupart des institutions qui le prennent en charge » (op. cité p. 12). En essayant de briser ce cercle, les trois animateurs se sont d'abord heurtés aux attitudes de doute des autres adultes et aux attitudes de refus des six enfants choisis pour constituer le groupe-théâtre (« jouer c'est pour les bébés ; nous, on n'est pas des fous »). Puis, petit à petit, le jeu s'est instauré et le changement s'est opéré sur divers plans. Voici comment l'auteur analyse l'évolution :

« L'improvisation, au début, renvoya chacun à son symptôme de façon plus ou moins violente et sans pouvoir établir de liaison entre les joueurs. Des textes furent alors proposés (Alice au Pays des Merveilles et Pinocchio). Parce que venant du dehors, ces différents écrits permirent au groupe d'exister dans sa possibilité de jouer ensemble : ailleurs symbolique renvoyant au lieu d'autrefois. Du coup, le symptôme auquel le rôle donnait support pouvait se déplacer (...). Après une période où la place du conteur fut déterminante pour soutenir et structurer le jeu (texte parfois très court, lu par l'adulte et/ou l'enfant en *voix-off*), nous assistons en ce moment à une réelle possibilité de *Jeu Dramatique* tel que nous l'avons défini plus haut ».

« Un espace s'est constitué, tout à fait symbolique dans ce préau réservé aux récréations des jours de pluie et de plus en plus élaboré dans son abstraction. D'abord, ce fut la délimitation de deux lieux par l'utilisation de deux moquettes de couleurs différentes : un tapis-scène et un tapis-coulisse. Maintenant, les coulisses sont à l'extérieur de la salle et distinctes de la zone des spectateurs. Dans l'utilisation même de l'espace de jeu, on observe l'aménagement de plus en plus varié d'espaces internes. Jeu très riche sur l'occupation d'un dehors et d'un dedans sans exclusion, ni hors la loi. Il y a une place pour tous les trajets, toutes les hésitations et surtout le repli. Ce qui a été opératoire dans cette utilisation de l'espace, c'est plus le sens que prenait un lieu par rapport à un autre que l'existence de lieux différents ».

« Au début, un, deux enfants au maximum acceptaient de jouer tandis que les autres, selon les moments parasitaient l'action ou se tenaient en repli, ou au mieux acceptaient de tenir cet emploi créé pour eux en tant qu'éléments significatifs du décor, souvent végétal, muet ; c'est leur corps qui acceptait de parler dans le choix de cet élément. De toute façon le rôle était au début propriété de l'acteur et, malgré nos efforts, rien ne pouvait réduire la douloureuse violence de ceux qui s'en trouvaient frustrés. La folie de se montrer (« c'est la honte » !), nous l'avons assumée en jouant nous-mêmes. Quelquefois seuls, parfois en double de l'enfant. Le jeu est devenu commun, communication. Il faut noter qu'il y a toujours un adulte en dehors du jeu, garant des règles du groupe. Le travail corporel préparatoire est encore très mal accepté. Cela implique que chacun accepte la situation d'être dirigé pour un temps à travers différentes approches. Or, nous touchons là le rapport du savoir et du pouvoir, de l'enseignant et de l'enseigné, voire du monde scolaire, lieu d'échec de ces jeunes.

D'autre part, le corps étant le lieu des derniers retranchements, les participants refusent encore de le mettre en jeu dans cette perspective de travail corporel et préfèrent aller au vif de l'improvisation. Ainsi endosser un rôle, jouer avec l'autre déclenche moins d'angoisse chez eux que travailler sur soi, se rechercher dans son propre corps. En effet, ici plus moyen de se dissimuler (...). Néanmoins, l'augmentation de la durée du groupe (d'une heure et demie au début à une après-midi) permet d'envisager une plus grande disponibilité de chacun. Nous avons pris l'habitude de revenir à la fin de la séance sur le tapis-spectateur et de nous nommer de nos noms véritables. Le jeu était fini, chacun habitait de nouveau son espace réel, dans la solitude et pour un temps dans une sorte de recueillement avant de payer sa séance : à chacun de participer au rangement de la salle, qui redevient préau. Peut-être quelque chose d'une scansion présence/absence peut-il jouer là, au niveau de l'implication dans un rôle et dans son abandon, ce qui peut permettre le début d'un processus de symbolisation au niveau de la naissance d'une parole. A l'heure actuelle, le temps de parole après le jeu s'est réellement instauré : mise à distance et regard possible sur soi et le groupe. Dès lors, les portes du préau — soigneusement fermées au départ pour mettre notre folie à l'abri des oreilles indiscrètes de l'établissement — les enfants les ont laissées ouvertes. Mais la marque, à mon sens, la plus significative du trajet effectué ensemble par enfants et adultes a été l'attitude des enfants quand, après un spectacle (créé par un théâtre d'animation pour enfants de cette banlieue), ils sont allés visiter les coulisses et parler aux acteurs : à cet instant précis, ni handicapés, ni débiles, ils interrogeaient avec sérieux sur les particularités du métier. Leur approche de la réalité du théâtre pouvait être une approche créative » (op. cité p. 15)

Sur la base de cet exemple particulièrement bien analysé, nous pouvons penser que le jeu dramatique s'offre à nous comme l'une des pratiques les plus propres à exercer cette créativité dont D.W. Winnicott fait le signe d'une bonne santé ou tout au moins d'une évolution vers le mieux. Le rôle formateur de l'éducateur ou du thérapeute est de préserver l'aire de «l'illusion créatrice», cet «espace transitionnel» qui est précisément celui du jeu: «il y a nécessité d'instaurer ce lieu qui ne soit ni le lieu de la séparation, ni celui de la fusion mais le lieu de la continuité, du passage qui permet l'expérience de la créativité» (A. Eschapasse, 1980, p. 16).

*
* *

Dans le prolongement de l'étude sur le jeu dramatique, nous devons prêter attention à une modalité particulière de l'expression humaine : *l'expression par la voix*. Et d'abord essayer de comprendre les raisons de l'intérêt suscité par cet attribut proprement humain, cet attribut de «parlêtre», la voix. Autour des années 75, des psychanalystes (G. Rosolato, D. Vasse), des philosophes (M. Bernard, D. Charles), des écrivains (M. Cixous) ont été soudain pris du besoin d'écrire sur la voix. Pourquoi? A notre sens, c'est parce qu'ils ont vu dans cette manifestation de l'être parlant un lieu de rencontre entre le logos, la loi, le code, traditionnellement célébrés et le corps récemment mis à jour par la révolution culturelle de mai 68. Simultanément G. Rosolato

(1974) et D. Vasse (1974) situent la voix «entre corps et langage» (pour le premier nommé), dans «l'entre-deux-originaire du savoir et du lieu» (pour le second), c'est-à-dire à l'articulation du corps et du discours: «la voix se présente comme l'énigme de la réalité humaine. Enigme puisqu'elle ne peut être pensée ni comme le lieu de la présence, ni comme le savoir de la représentation. Elle est le rapport incessant des deux, irréductible à aucun des deux ordres qu'elle articule et parce que justement, elle les articule. Absente de la représentation, elle est cependant dans le manque où elle s'inscrit, ce qui organise le savoir. Absente du lieu, elle est cependant dans la mort où elle s'écoute, ce qui organise la vie. Elle est, dans le savoir, la subversion du lieu, et, dans le lieu, la subversion du savoir, elle est le passage de l'un à l'autre, la traversée elle-même» (D. Vasse, 1974, p. 216). Dans la même perspective, M. Bernard parlera à ce propos de «structure cruciale», de «lieu équivoque», de «statut bivalent de force et de sens, de désir et de discours»: «la voix est ce qui, par le Nom, rompt la facination spéculaire en imposant la loi et le savoir, mais en même temps ne peut le faire que dans la mesure où elle renvoie, à un lieu dont elle exprime, en la transmutant, l'énergie pulsionnelle. Elle atteste donc la dynamique destructrice, anarchique et plurielle d'expulsion énergétique et conjointement pose l'unité référentielle, ontologique et normative à laquelle toute expression sera censée répondre. En ce sens, elle nous apparaît comme la structure archétypique de toute expressivité corporelle» (M. Bernard, 1976, p. 359). Parce qu'elle est présence (la marque que je suis là, que je compte pour un), parce qu'elle est identité (ce par quoi je suis reconnu comme unique), parce qu'elle est manifestation du vouloir (prendre la parole c'est extérioriser son pouvoir, c'est vouloir être), la voix est depuis quelques années plus largement considérée comme un moyen d'expression à respecter, à cultiver, à perfectionner.

C'est en tout cas dans cette visée de développement de la voix humaine que s'est engagé A. Wolfsohn, l'inspirateur de la troupe d'avant-garde, le *Roy Hart Theatre*. Dans son essai sur la voix humaine publié en 1963, ce professeur de chant allemand insistait déjà sur la puissance et la subtilité de ce moyen d'expression:

> «Parmi les divers moyens par lesquels nous nous exprimons, la voix est d'abord la révélation la plus intime et la plus nue de notre être primitif et cependant, elle aspire à la conscience spirituelle la plus élevée. Elle contient chaque instinct, chaque émotion, chaque sentiment et chaque humeur que nous expérimentons. Elle peut nous pousser à l'amour, à la haine, à la frénésie ou l'exaltation. C'est le moyen d'expression possédé par chaque être humain. A la naissance de l'être humain, sa voix proclame «vie»; pendant de nombreux mois, elle reste le plus important des moyens de communication avec ceux qui l'entourent et ceux dont dépend sa vie. Elle devient plus expressive avec

le développement des réactions émotionnelles chez l'enfant : un gazouillement de satisfaction, un cri aigu de plaisir ou un hurlement de rage. L'enfant apprend tout naturellement à utiliser sa voix de plus en plus, criant et pleurant pendant des heures sans fin, sans qu'elle devienne rauque. Le registre de sa voix est extraordinaire» (A. Wolfsohn, cité dans *Pratiques Corporelles*, juin 1980, n° 47).

Avec l'apprentissage du langage et des rôles sociaux cette expressivité de la voix tend à se perdre ou tout au moins à entrer dans la coulisse : «Le royaume du rêve sans limite de l'enfance est sacrifié au gain douteux de la réalité littérale. Les voix coincées, les voix sans vie que nous entendons dans les bus, à la radio, derrière les comptoirs, dans les bureaux et souvent sur les scènes de nos théâtres, c'est la tentative de l'homme d'être objectif et non émotionnel, car l'émotion est interprétée comme de la sensiblerie et non pour ce qu'elle est, la vie dynamique qui pousse à l'expression authentique, ce qui inclut le corps tout entier, l'esprit et l'âme» (A. Wolfsohn, op. cité p. 16).

Les relations entre la voix, le corps et la psyché sont les racines du travail au sein de cette compagnie dramatique internationale. Voici comment le *Roy Hart Theatre* présente actuellement les principes de ce travail :

> «Au cours d'une leçon de chant, la voix est explorée de manière à contacter des sources d'énergie oubliées dans le corps. Il est nécessaire d'avoir une aptitude à l'autodiscipline afin de contenir et de maîtriser cette énergie. Les leçons commencent par l'exploration de la voix comme elle est. Les élèves ne sont pas forcés à explorer certains domaines quand ils ne sont pas prêts ou n'ont pas envie de le faire. La relation entre élève et professeur est d'une importance suprême ; au fur et à mesure que naît la confiance dans cette relation, l'investigation des limites de la voix peut commencer. Cette extension des possibilités va dans toutes les directions : hauteur, profondeur, puissance, timbre, expression et découverte de nouvelles voix (...). Cette extension et cette exploration de la voix sont liées à la découverte de tensions, faiblesses et forces dans le corps. Afin de chanter à partir d'une source d'énergie plus profonde, il est souvent nécessaire de travailler dur physiquement — d'engager le corps — tous ses membres et tous ses organes. D'un autre côté, il peut être nécessaire de trouver des moyens de relaxer certaines zones du corps de façon à produire des sons plus authentiques. Chez beaucoup de gens, par exemple, des tensions excessives dans les épaules (probablement d'origine émotionnelle) bloquent le passage des sons à partir de l'estomac (...)» (in *Pratiques Corporelles*, juin 1980, n° 47).

Ces dernières années, les psychomotriciens français ont pu se familiariser avec le travail d'expression vocale à l'occasion des stages organisés par le *Roy Hart Theatre* mais aussi par des animateurs isolés qui l'associent à l'*eutonie* (P. Pelenc et M. Carton) ou à un travail gestuel (E. Letendre). Ce n'est pas par hasard que le 2ᵉ colloque organisé par l'*Institut de Recherche Animation Expression* (Bordeaux, janvier 1981) a pris pour thème : «Traversées de la voix». Assurément, il y a là un nouveau terrain à explorer en communion avec les formateurs et les thérapeutes qui occupent les espaces voisins de la musique et du théâtre (c'est en 1981 qu'a été lancée la revue *Art et thérapie*).

Avec ce même souci de stimuler et de mettre en œuvre le pouvoir de créer, d'autres thérapeutes ont cherché ailleurs que dans le mime, la danse ou le jeu dramatique des supports d'activité: les marionnettes, la peinture, la céramique constituent, par exemple, des voies d'expression tout à fait estimables (*Thérapie Psychomotrice* a présenté ces techniques dans un numéro consacré à l'expression en 1979, n° 43). Mais comme il s'agit de pratiques qui ne concernent pas directement le psychomotricien, nous laisserons à d'autres le soin d'en étudier les fondements et les indications: elles ne sont pas totalement étrangères à la corporéité (du reste aucune activité humaine ne peut prétendre au qualificatif de non corporelle, pas même la parole ou le rêve) mais nous devons aller à l'essentiel et privilégier les activités où la dimension motrice est manifestement au premier plan et, dans cet esprit, nous allons quitter le terrain de l'expression symbolique pour pénétrer dans celui, déjà plus charnel, des pratiques d'expression proxémiques.

2.2. Les pratiques d'expression proxémiques

Les pratiques d'expression qui viennent d'être étudiées avaient en commun d'utiliser le corps comme moyen d'une représentation plus ou moins complexe (d'où l'appellation «expression par le corps»): avec ou sans parole, la mimo-gestualité servait à évoquer un objet, un être, une action, une idée, un affect, mais toujours à distance d'autrui (ce n'est pas un hasard si chacune des formes d'expression analysées, à savoir le mime, la danse et le jeu dramatique, débouchent sur des productions artistiques qui ont lieu sur une scène et devant des spectateurs). Maintenant, nous envisageons des pratiques d'expression qui exigent la proximité d'autrui et qui mettent en jeu la sensorialité de contact (d'où l'appellation «expression à travers le corps»).

Jusqu'à présent, ces pratiques n'ont pas été considérées comme faisant partie de l'arsenal technologique des psychomotriciens mais seulement comme des voies de formation et d'évolution personnelles. Mais il n'est pas interdit de penser qu'avec l'extension du champ d'intervention de la rééducation et de la thérapie psychomotrice vers l'adolescence, le second et le troisième âge, ces pratiques seront intégrées dans la préparation de base de psychorééducateurs. Quoi qu'il en soit, nous jugeons utile d'en parler ne serait-ce que pour contribuer à les rendre moins mystérieuses.

Notre expérience de pratiquant-praticien nous conduit à distinguer deux catégories: l'expression corporelle banale des *groupes de rencontre* et l'expression corporelle de sens analytique.

2.2.1. Les groupes de rencontre

Autour des années 70 et sous l'impulsion des nouveaux thérapeutes californiens, les pratiques de groupes en viennent à mettre l'accent sur le «non verbal» et à favoriser la mise en scène du corps réel: Lewin et Rogers, les pères de la «dynamique de groupe», ont perdu de leur prestige; Moreno est presque oublié et ce sont les travaux de W. Schutz, de F. Perls, de A. Lowen, de A. Janov qui, aux Etats-Unis puis en France, vont connaître un succès croissant. Nous reviendrons sur les pratiques inspirées par W. Reich dans le prochain paragraphe et nous nous limiterons, pour l'instant, à celles qu'on range sous l'étiquette «groupes de rencontre» (C. Dreyfus, 1975 et A. Ancelin-Schutzemberger, 1977).

On admet aujourd'hui que c'est surtout W. Schutz, un ancien membre du *National Training Laboratory in Group Development* de Bethel, qui a lancé l'idée d'enrichir la formation aux relations humaines d'inspiration lewinienne par la recherche de l'expression totale. Pour l'auteur du best-seller «*Joy*», le besoin des autres êtres humains ne peut se satisfaire pleinement de la coprésence et des échanges verbaux, il exige aussi le contact agi, la mise en situation *hic et nunc* des sentiments éprouvés vis-à-vis des autres membres du groupe, le passage par l'acte manifeste.

Dans les milieux de la psychomotricité française les «groupes de rencontre» n'ont pas été annoncés comme tels mais plutôt sous des vocables familiers: «psychomotricité relationnelle» (A. Lapierre), «relaxation relationnelle» (A. Thuriot) ou tout simplement «pratique psychomotrice» (B. Aucouturier). Dans les trois cas, le principe de travail consiste à faire alterner des plages de communication non verbale avec des plages de verbalisation (dites de «confrontation» ou de «discussion»). Dans les plages de communication non verbale, il s'agit de placer les stagiaires en situation de contact et de faire vivre l'émission et la réception de messages sensoriels. Contact peau-à-peau dans des situations d'enveloppement, de bercement, de caresse, d'exploration tactile. Contact œil-œil dans des situations duelles ou groupales qui sont centrées sur les jeux de regard (jeu du courant électrique, jeu du face-à-face prolongé). Contact de bouche à oreille dans des situations de dialogue vocal (ex. yeux fermés, suivre le partenaire qui vous guide par une émission sonore à peine perceptible). Contact entre partenaires par la médiation d'un objet (bâton, corde, foulard, drap, etc.). La parole est systématiquement suspendue au cours des jeux et c'est seulement après avoir vécu les situations que le groupe est invité à verbaliser.

Pour avoir travaillé plusieurs fois avec chacun de ces animateurs, nous sommes en mesure de formuler un jugement critique nuancé. L'intérêt de cette formule est, à notre avis, de permettre à des adultes — éducateurs, formateurs, thérapeutes — de faire l'expérience de modes de communication que la vie quotidienne n'autorise guère en dehors de la situation de maternage et de la situation sexuelle. Il est bon pour un spécialiste des thérapies à médiation corporelle de mettre à l'essai son rôle d'émetteur et son rôle de récepteur, c'est-à-dire de lui permettre de vivre une relation d'aide dans laquelle le corps-à-corps sera déculpabilisé, accepté et investi positivement. Comme «jeu de rôles» adapté à la tâche du psychomotricien (et par extension de tout soignant) cette pratique nous semble non seulement licite mais même souhaitable.

Les réserves que nous ne pouvons pas taire tiennent d'une part au type de fonctionnement adopté par certains collègues, d'autre part aux limites elles-mêmes de cette forme de travail. Au type de fonctionnement d'abord car la taille des groupes qu'acceptent ces formateurs (jusqu'à 30 ou 40) ne permet pas d'opérer dans des conditions satisfaisantes. Il n'est pas besoin d'être expert en psychosociologie pour savoir qu'il n'est guère possible de contenir et de contrôler un groupe de formation de 30 ou 40 adultes : il nous est arrivé de sentir au cours de ces week-ends que notre animateur ne maîtrisait plus la situation et que les participants glissaient vers le n'importe quoi, n'importe comment. Il n'est pas besoin d'être expert en psychosociologie pour savoir que la parole ne circule pas librement dans un groupe dont la taille dépasse 12 ou 15 participants : à 40 on ne peut verser que dans une caricature de verbalisation (on pose des questions sur le projet de l'animateur ou sur les indications de la technique mais on ne parle pas de soi). Pour éviter ces impasses, il nous paraît absolument nécessaire de limiter le nombre de participants et de respecter les normes qui étaient celles des moniteurs de *training group*. Lorsque nous avons eu à intervenir dans le cadre universitaire, nous avons fait en sorte de nous en tenir à cette règle classique de la formation par le groupe et d'accepter au maximum 20 inscrits par séance (le chiffre de 12 ou 14 apparaît comme un optimum).

Par ailleurs, il faut être conscient de la portée de ces expériences de familiarisation ou d'approfondissement. Même lorsque le formateur est compétent, expérimenté, honnête — ce n'est pas toujours le cas hélas —, on ne doit pas s'attendre au terme d'un stage de longue durée ou d'une suite de week-ends à une transformation profonde de la personnalité. Il y a de fortes chances pour que les névrosés normaux (nous le sommes tous) qui participent à ces groupes retrouvent, à l'issue des sessions, les limitations qu'ils ressentaient avant de s'engager. Ceux qui ont voulu présenter ces pratiques comme des formations miracles ou des thérapies miracles ne sont en fait que des charlatans. Ces techniques corporelles ne pourront jamais remplacer une psychanalyse, même dans le cas où elles sont bien indiquées et bien acceptées par le patient. Il est sûr qu'en se mettant sous le regard des autres, on en arrive à mieux se voir soi-même, peut-être à mieux s'accepter, mais cette exploration garde un caractère artificiel, voire illisoire, car la vraie vie est ailleurs que dans le cocon du groupe. Une fois savourée, la chaleur de cet îlot relationnel fait place aux rigueurs du grand large et aux dures réalités de la vie. Le réveil est parfois source de désillusion et d'amertume. La fusion ne dure qu'un moment!

2.2.2. *L'expression corporelle de sens analytique*

C'est J. Le Du qui a créé cette étiquette pour désigner le travail d'expression corporelle intégré dans un contexte d'inspiration psychanalytique. Depuis la publication de son ouvrage (J. Le Du, 1976), ce psychosociologue propose des stages de formation aux travailleurs sociaux, aux divers soignants et aux animateurs de groupe intéressés par les techniques corporelles. Sa façon de présenter la pratique à laquelle il nous convie, indique assez bien l'orientation fondamentale du travail : «le corps, on parle de lui; mais que dit-il quand on le laisse parler? S'il dit l'aise, l'euphorie, le plaisir, faut-il le croire sur parole et le prendre à la lettre? S'il dit l'angoisse, la résistance, la défense, à quoi répond-il? Quelle est la parole première qu'il a entendue ou dont il se souvient? Quand il a des dysfonctionnements, le remède est-il dans un apprentissage correctif, ou dans l'oreille prêtée à l'inconscient qui pointe? Lorsque le groupe déplore un comportement collectif agressif ou, au contraire fusionnel, quelle est la nature de l'imaginaire déployé, comment le restituer à la sphère de la communication et faut-il même le faire?» (op. cité, Prière d'insérer). Ce questionnement de caractère freudien permet de comprendre l'objectif de la méthode :

> «Il ne s'agit pas, à nos yeux, d'élaborer une conception du corps que nous aurions ingénument découverte au pas à pas d'une pratique de la formation en ce domaine. Mais il s'agit pourtant de dépasser l'empirisme immédiat d'une observation qui se voudrait sans présupposé et qui se contenterait de collationner, jour après jour et sans ordre, les phénomènes surprenants qui ne manquent pas de survenir dans un groupe

de travail. Nos présupposés sont d'ordre psychanalytique. Non pas que les groupes dont nous parlons relèvent d'une analyse de groupe qui ne saurait être, à nos yeux et en ce cas, que sauvage. Mais il nous a semblé que certains thèmes largement pratiqués en psychanalyse, contribuent plus que d'autres à rendre compte de ce qui se passe lorsque le corps se met à parler. Notre méthode consistera à rapprocher des phénomènes déjà gros de questionnement et peuplés d'interprétation fragmentaire, d'une part et le corpus théorique qui permet, au moins globalement, d'en rendre compte, d'autre part» (op. cité p. 16).

C'est ainsi qu'à partir de séquences de communication corporelle banales sont abordés des thèmes comme la neutralisation du corps érogène, la rivalité et la loi, le miroir, l'illusion groupale, le lapsus corporel, l'angoisse de castration et la jouissance immédiate, l'utopie de la nudité, l'objet transitionnel, etc. A titre d'exemple, voici le récit d'une séquence qui a permis d'aborder le thème du défi :

«Un groupe d'une douzaine de participants errent, aveugles dans un espace restreint, cherchant à y vivre le temps de 45 minutes, chacun selon sa façon d'habiter les volumes et de rencontrer les autres. Tâtonnements, effleurements; la parole est proscrite, non le cri. Certains se recroquevillent et se terrent, roulés en boule sur eux-mêmes; d'autres partent à la découverte et cherchent à s'identifier mutuellement par le toucher; aussitôt fait, ils se séparent et poursuivent leur recherche d'état civil. D'autres se rencontrent, s'explorent, s'isolent. Parmi ceux-ci, deux jeunes hommes se sont vite identifiés, reconnus. En tâtonnant, ils semblent se mesurer l'un à l'autre, prendre la mesure de leurs forces respectives. Dos contre dos, se poussant, s'arc-boutant, luttant, ahanant» (...) (op. cité p. 65).

Si l'on voulait saisir en une phrase cette forme de travail, fort séduisante à bien des égards, on pourrait dire que cette voie conduit du sens (des récepteurs sensoriels de l'organisme) au sens (à la signification métaphychologique des comportements). La boucle est bouclée.

C'est dans une optique semblable que travaille un autre psychanalyste français, L. de la Robertie. Le promoteur de *l'analyse corporelle**, technique à laquelle nous avons été sensibilités au cours d'une pré-formation de trois week-ends, se propose également d'améliorer la connaissance de soi et de faciliter l'insertion sociale des stagiaires. Voici comment il décrit les fondements et les modalités de sa méthode :

«L'*analyse corporelle* permet de re-trouver son histoire oubliée et refoulée à travers la reprise consciente de son corps. Retrouver la possibilité de créer, de vivre original et humain en découvrant qu'il n'est pas d'histoire, ni de personne hors du corps. Il n'est pas question d'une analyse à bon marché, ni à court terme. La frustration à travers le transfert est un moyen essentiel d'évolution dynamique et le stage n'est qu'une étape. L'*analyse corporelle* se fait en groupe, comme dans la psychanalyse de groupe. La loi de l'association libre étant de rigueur, la verbalisation n'est pas centrée uniquement sur

---

* Technique de formation utilisée aussi par P. Teil.

le vécu immédiat mais ce vécu immédiat sert de tremplin pour retrouver ce qui l'origine dans le passé. L'*analyse corporelle* consiste en deux parties distinctes: l'une de parole libre, échange et association entre les participants; l'autre d'exercices simples. L'écoute analytique contribue à la structuration du discours (verbal et non verbal) du groupe. Il s'agit ainsi de permettre à chacun d'épanouir des possibilités non reconnues ou niées en soi. C'est un travail de groupe dans lequel chacun est là pour soi et le groupe permet une amplification de la démarche. La durée d'un travail dans un tel groupe est indéterminée. On s'y engage pour la durée qui sera nécessaire à chacun» (in *Pratiques Corporelles*, 1981, n° 50, p. 56).

La courte expérience que nous avons de cette méthode de formation ne nous permet pas de partager l'optimisme de l'animateur mais plusieurs éléments de cette démarche nous ont paru intéressants. D'abord le fait de confier la responsabilité du groupe à un psychanalyste professionnel, spécialisé dans la formation des adultes: c'est une garantie contre ces dangereuses imitations qui ont fleuri dans la mouvance des «nouvelles thérapies» et qui ont été à l'origine de bien des déstructurations, de bien des drames (l'entretien initial, le suivi inter-stages apparaissent ici comme d'indispensables garde-fous). Ensuite, le souci d'articuler, non artificiellement, corps réel (la charpente bio-mécanique) - corps imaginaire (les fantasmes apparus avant, pendant ou après la mobilisation ou l'exercice de contact sensoriel) - corps symbolique (l'histoire plus ou moins oubliée de notre évolution libidinale et relationnelle): donner du corps à la parole, éviter de parler pour ne rien dire, de se perdre dans la folle prolifération du code; réinscrire le vécu corporel dans un discours, éviter la gesticulation insensée. Articulation que R. Gori (1978) et D. Vasse (1978) ont finement étudiée à partir d'exemples cliniques empruntés à leur pratique quotidienne, dépassant ainsi les poncifs du hiatus, de la déhiscence et de l'hétérogénéité: l'acte de parole pour le premier nommé, la voix pour le second sont les lieux privilégiés de l'entrecroisement de ces chemins jadis considérés comme ne devant jamais se rencontrer. Nous avons là, à coup sûr, un nouvel espace de convergence et d'unification du corps et du signe. Un espace en cours d'exploration.

2.3. Les pratiques d'expression émotionnelles

Les pratiques d'expression que nous venons d'étudier avaient en commun de mettre en jeu la sensorialité de contact: elles exigeaient la proximité de l'autre ou des autres comme partenaire(s) et se déroulaient sur un registre d'échanges pacifiques et, le plus souvent, fusionnels. Maintenant, nous envisagerons des pratiques qui peuvent se passer du contact corporel et qui, surtout, sont vécues par le sujet sur un mode d'ébranlement émotionnel intense, si ce n'est de violence, de panique, de vertige et d'explosion organique. Les termes d'expulsion, d'action directe, d'expression du corps disent assez bien à quel niveau vont se situer ces thérapies. Le sensoriel fait place au viscéral.

A la différence de toutes les catégories envisagées jusqu'ici, celle que nous abordons a pour caractéristique de concerner avant tout l'adulte (en thérapie ou en formation) et non l'enfant. Il faut dire aussi que nous allons les analyser sans avoir eu véritablement la possibilité de prendre appui sur une pratique personnelle : notre seule expérience a consisté à suivre trois week-ends de sensibilisation à la méthode de J. Ambrosi qui est un amalgame de «gestalt» et de «bio-énergie». Pour une fois, nous utiliserons donc une information tirée des textes et pas du terrain.

Parmi la multiplicité des techniques corporelles qui ont déferlé sur notre territoire en provenance de l'Asie (zen, méditation, etc.), de l'Amérique (thérapies californiennes) ou de l'Afrique (possession, transe), nous nous arrêterons à deux groupes d'entre elles : celles qui nous paraissent les plus originales et qui ont suscité — ou suscitent encore — l'intérêt des psychomotriciens. A savoir les pratiques empruntées aux sociétés primitives et les pratiques néo-reichiennes (thérapies par le cri et bio-énergie).

2.3.1. *Les pratiques primitives*

Si nous prêtons attention à la transe et aux phénomènes de possession, ce n'est pas seulement pour sacrifier à la mode. Certes, nous avons été sensible à la résurgence dans notre culture de mythes et de rites issus de la *société sauvage* : des journaux sérieux (*Le Monde* du 20/XII/1981), des revues importantes (*Perspectives psychiatriques* n° 84, 1981; *Pratiques corporelles* n° 53, 1981), des ouvrages même (F. Shott-Billmann, 1980; J. Donnars, 1981), ont récemment ponctué cette irruption de la pensée magique. Mais en fait, les ethnologues n'ont jamais cessé d'être intrigués et déconcertés par ces phénomènes. On garde en mémoire aussi les fort belles pages que R. Caillois leur a réservées dans son ouvrage *Les jeux et les Hommes* : «La fête, la dilapidation des biens accumulés durant un long intermède, le dérèglement devenu règle, toutes normes inversées par la présence contagieuse des masques, font du vertige partagé le point culminant et le lien de l'existence collective (...)» (R. Caillois, 1958, p. 138). Parmi les phénomènes analysés, c'est le *shamanisme* qui illustre le mieux la fonction de ces rites dyonisiens :

«Quelles que soient les différences locales, il consiste toujours en une crise violente, une perte provisoire de conscience au cours de laquelle le *shaman* devient réceptacle d'un ou plusieurs esprits. Il accomplit alors dans l'autre monde un voyage magique qu'il raconte et qu'il mime (...). Lors de l'initiation, les esprits dépècent le corps du *shaman*, puis le reconstituent, en y introduisant de nouveaux os et de nouveaux viscères. Le personnage s'en trouve aussitôt habilité pour parcourir l'au-delà. Pendant que sa dépouille gît inanimée, il visite le monde céleste et le monde souterrain. Il rencontre dieux et démons. Il ramène de leur fréquentation ses pouvoirs et sa clairvoyance magiques (...). Les transes dont il est la proie, vont souvent jusqu'à la catalepsie réelle (...). Il imite le cri et le comportement des animaux surnaturels qui s'incarnent en lui: il rampe par terre comme le serpent, rugit et court à quatre pattes comme le tigre, simule la plongée du canard ou agite ses bras comme l'oiseau ses ailes (...)» (op. cité p. 142).

La connivence de l'extase et du simulacre n'est pas l'apanage du *shamanisme*; on la retrouve dans les phénomènes de possession, originaires d'Afrique et répandus au Brésil et dans les Antilles qui sont connus sous le nom de *vaudou*:

«Là encore, les techniques d'extase utilisent les rythmes du tambour et l'agitation contagieuse. Soubresauts et saccades indiquent le départ de l'âme. Des changements de visages et de voix, la sueur, la perte d'équilibre, des spasmes, la pamoison et la rigidité cadavérique précèdent une amnésie véritable ou affectée. Cependant quelle que soit la violence de l'attaque, celle-ci se déroule tout entière comme la crise du *shaman*, suivant une liturgie précise et conformément à une mythologie préalable. La séance apparaît comme une représentation dramatique, les possédés sont costumés. Ils portent les attributs des dieux qui les habitent et ils imitent leurs conduites caractéristiques. Celui chez qui s'incarne le dieu paysan *Zaka* arbore un chapeau de paille, une sacoche et un brûle-gueule; tel autre que chevauche le dieu marin *Agoué* agite un aviron; celui que visite *Dambellah*, dieu serpent, ondule par terre comme un reptile (...)» (op. cité p. 147).

C'est en invoquant ces expériences de convulsions sacrées et de possession que R. Caillois en est venu à soutenir la thèse principale de l'ouvrage: «On peut affirmer sans exagération que vertige et simulacre, ou du moins leurs dérivés immédiats, la mimique terrifiante et l'effroi superstitieux, apparaissent non pas comme des éléments adventices de la culture primitive, mais véritablement comme les ressorts fondamentaux qui peuvent le mieux servir à en expliquer le mécanisme» (op. cité p. 154). Le passage à la civilisation s'accompagne, on le sait, de l'élimination progressive de la primauté du couple *ilinx-mimicry* (simulacre-vertige) au profit de celle du couple *agon-aléa* (compétition-chance): «Chaque fois qu'une haute culture réussit à émerger du chaos originel, on constate une sensible régression des puissances de vertige et de simulacre. Elles se trouvent alors dépossédées de leur ancienne prépondérance, repoussées à la périphérie de la vie publique, réduites à des rôles de plus en plus modestes et intermittents, sinon clandestins et coupables, ou encore confinés dans le domaine limité et réglé des jeux et de la fiction, où elles apportent aux hommes les mêmes éternelles satisfactions, mais jugulées et ne servant plus qu'à les distraire de leur ennui ou à les reposer de leur labeur, cette fois sans démence ni délire» (op. cité p. 154). Thèse qu'un professeur du philosophie, A. Kawa, vient de prolonger et d'actualiser dans un article sur la possession: «Dans la possession telle qu'elle se manifeste dans l'Occident chrétien, le corps exprime tout ce que la prééminence du verbe et de la loi a voulu rendre muet (...). Dans les sociétés dites primitives, elle semble fonctionner comme réaffirmation de l'union indissoluble du corps et de l'esprit. Dans les deux cas, l'*Hubris** est présente et suspend, pendant un temps, la pression sociale qui s'exerce sur le corps; le corps parle c'est-à-dire véhicule un sens, il n'est plus corps producteur et normé. Il mime peut-être alors l'inéluctabilité de son destin d'être mortel, contre laquelle la transe est révolte et, qui sait, spasme conjuratoire, en quoi elle rejoint *Eros* qui est négation de la mortalité» (A. Kawa, 1981, p. 32).

C'est en tout cas comme réhabilitation des rituels animistes que se posent les actuels promoteurs de ce qu'on pourrait appeler la transe thérapeutique. F. Schott-Billmann spécialisée dans l'*Expression primitive* (qu'elle enseigne à l'Université Paris VIII), n'hésite pas à situer sa pratique dans le fil des crises de possession des rituels socio-religieux du *zar* éthiopien, du *vaudou* haïtien, du *condomblé* brésilien, du *ndoep* sénégalais, etc.

«L'animisme, comme tout système religieux, distingue un monde visible et un monde invisible (le surnaturel). Mais si le dieu tout-puissant est toujours caché, les nombreuses divinités intermédiaires se dévoilent parfois pour faire signe aux humains. Ces entités spirituelles représentent des forces de la nature (dieu de la foudre), des forces sociales (dieu de la guerre), des pulsions (déesse de l'amour). Ce sont aussi les esprits des ancêtres morts, des héros mythiques, d'animaux quotidiens ou fabuleux. Dans plusieurs systèmes animistes, les esprits, pour dialoguer avec les humains, s'incarnent en certains d'entre eux. Ils les possèdent. Ils les montent: les possédés, dans toutes les langues de ces sociétés animistes, en Asie, en Afrique occidentale aussi bien qu'en Ethiopie ou aux Antilles, sont appelés les chevaux des dieux. Le sens est donc clair: l'esprit, le dieu chevauche le corps de l'adepte, monture qu'il dirige à sa guise. Le possédé, véritable marionnette est comme hypnotisé par la figure divine et, métamorphosé en dieu, accomplit d'étonnantes performances» (F. Schott-Bilmann, 1981, p. 34.)

L'auteur rappelle alors les prouesses dont se rendent capables les «possédés»: insensibilité à la douleur, incombustibilité, don des langues, acrobaties prodigieuses. «Le corps évolue dans un autre monde, où règne un infini de temps, de possibles. Invulnérable, immortel, sujet à toutes les métamorphoses y compris l'inversion de sexe et les identifications animales, il fait retour à la fusion primitive avec le

---

* C'est-à-dire la Démesure, réservée aux dieux seuls.

monde, sentiment océanique, régression avant le stade du miroir» (op. cité p. 34). Puis elle en vient à poser la question clé: «Comment peut-on expliquer que cet état où la castration est niée, état de toute-puissance, état psychotique, puisque le sujet disparaît, déserte son corps parlé par un autre personnage, son maître qui le séduit, le subjugue et l'enchante, comment est-il possible que cet assujettissement à l'autre soit thérapeutique alors qu'il paraît suprême aliénation? Autrement dit, cet autre qui possède le sujet est-il autre chose qu'un usurpateur, un parasite absolument sans rapport avec le personnage qui lui sert de support?» (op. cité p. 35).

C'est ici que l'interprétation de F. Schott-Billmann devient intéressante. La possession devient lisible, quand on prend en compte la dimension de l'inconscient:

«Ce n'est pas du moi quotidien du sujet qu'il faut chercher une relation avec le dieu qui prend sa place mais du côté de son désir inconscient. Car ce n'est pas une loterie: n'importe quel esprit ne descend pas s'incarner dans n'importe quel adepte. On n'est pas au hasard possédé par le dieu *Ogou* ou par la déesse *Erzulie*. Le sujet est chevauché par le dieu qui prend en compte sa problématique (...). Les esclaves haïtiens montaient à l'assaut des esclavagistes blancs, possédés par *Ogou* (dieu de la guerre) qui décuplait leurs forces (...). Mais *Ogou* peut permettre aussi à des sujets caractériellement violents de canaliser leur agressivité. De même *Erzulie* (déesse de l'amour) qui chevauche souvent les hommes, leur permet de vivre leurs pulsions homo-sexuelles, sévèrement réprimées dans la société haïtienne» (op. cité p. 35).

Cette fonction de décharge pulsionnelle se double d'une fonction de symbolisation: «Par la possession, la problématique du sujet peut prendre un nom (celui du dieu) et une forme (le comportement de dieu, en accord avec le désir du sujet). La crise de possession permet donc de donner un sens (le nom du dieu) et une issue à des pulsions qui autrement seraient facteurs de maladie mentale ou physique» (op. cité p. 35).

Le processus de guérison des maladies proprement dites peut être compris comme un processus de resymbolisation analogue à la cure psychanalytique (comparaison jadis suggérée par C. Levi-Strauss et réactualisée par M. Rockwell, 1981, p. 377). La maladie étant conçue comme une attaque surnaturelle, comme la manifestation d'un dieu au travers d'un sujet (on pourrait le qualifier de «théosomatique»), il faudra, pour commencer, identifier le dieu responsable du mal. L'aide du prêtre-guérisseur est ici nécessaire. Il joue une succession de rythmes et à l'audition de «sa» séquence le dieu possesseur fait bondir son cheval et la guérison est dès lors amorcée:

«Le dieu nommé, reconnu, attribué à un sujet, permet une issue à la maladie. Le corps malade peut devenir un corps dansant exprimant par la danse — langage codifié

— ce qui le travaille : ses désirs, ses conflits pathogènes (ceux du sujet et ceux du groupe dont il est le symptôme). La crise de possession se produit périodiquement, généralement dans le cadre des cérémonies religieuses et semble-t-il, d'autant plus fréquemment que le sujet est plus «stressé» par ses conditions de vie. La crise comporte d'abord une transe atypique, désordonnée, avant que s'installe le comportement chorégraphique, codifé du dieu montrant qu'une canalisation a pu être donnée à la maladie, que le symbolique a eu raison du désordre initial. Comme dans la cure psychanalytique ou dans la cure shamanique, la cure par la crise de possession consiste donc à resymboliser quelque chose qui était tombé dans le sans-nom, dans l'innommable et dont la trace subsiste dans le désordre de début de la crise» (Schott-Billmann, op. cité p. 35).

Pour le psychiatre J. Donnars la transe peut remplir également une fonction thérapeutique mais le mécanisme d'action est compris différemment. En effet, c'est Schilder qui est appelé à témoin pour rendre compte de la relation du somatique et du psychique. Dans son ouvrage sur l'*Image du Corps,* Schilder nous suggère un début d'explication : «Les mouvements rapides ont une influence kinesthésique sur la perception du corps. Tout mouvement rapide, particulièrement les mouvements giratoires, modifie également la réaction vestibulaire et avec elle l'impression de légèreté ou de lourdeur du corps. Phénoménologiquement, la danse est donc un changement et un relâchement de l'image du corps (...). Il est certain que le relâchement de l'image du corps entraîne une attitude psychique particulière. En ce sens, le mouvement influe sur l'image du corps et procède d'un changement dans l'image du corps à un changement dans l'attitude psychique» (P. Schilder, 1968, p. 224). Agir sur le vécu du corps propre et, par là, sur le moi corporel imaginaire et sur l'attitude psychique, tel paraît être le fondement scientifique de la transe thérapeutique selon J. Donnars. Essayons à présent de préciser les modalités de cette *transe terpsichore thérapie* (T.T.T.).

«On commence à induire le danseur sur une musique très rythmée (par exemple la danse rituelle brésilienne appelée *Macumba*). Il ferme les yeux; l'inducteur soutient sa nuque tandis que le danseur laisse aller sa tête en arrière. De l'autre main, l'inducteur induit le souffle après avoir effleuré le plexus solaire. Puis il crée un mouvement de balancier dont les deux pôles sont l'expiration et l'abandon de la nuque. Ce balancement vertical est maintenu pendant que l'on fait tourner la personne sur elle-même. Pendant les premières minutes, cet exercice a pour effet de déstructurer très vite le *schéma corporel*, autrement dit la relation de l'individu au monde extérieur selon les coordonnées qui président à toute action consciente. Cet équilibre peut être récupéré grâce aux deux axes : le plan circulaire étant horizontal, le balancier étant vertical avec une légère inclinaison» (J. Donnars, 1981, p. 37).

Ce premier temps peut s'accompagner de troubles somatiques du type nausée (ils auraient valeur de diagnostic selon le mécanisme de la conversion hystérique) mais lorsque le sujet récupère son équilibre et se laisse aller au tournoiement, on assiste au surgissement du moi imaginaire normalement enfoui, un peu comme dans le rêve : « on peut dire que la musique joue ici le rôle du sommeil, la danse étant le rêve qui a lieu durant le sommeil et grâce à lui » (op. cité p. 37). Au lieu d'être « possédé » par un dieu, l'individu est possédé par ses fantasmes, par un imaginaire qu'il ignore. Le but final serait de faire accéder le sujet à un niveau « que connaissent bien les drogués et les mystiques, le niveau du vécu, de l'être » (op. cité p. 38).

Que dire de ces techniques inspirées par les rituels sauvages ? « Avant de condamner, il faudrait aller juger sur pièce, mettre à l'épreuve, expérimenter » lancent les nouveaux guérisseurs. Certes, nous savons que les médecins scientifiques de notre Occident n'ont pas le monopole de l'efficacité thérapeutique : les sorciers et les magiciens parviennent eux aussi à guérir, ne serait-ce que par suggestion. Mais après plusieurs siècles d'efforts qui nous ont conduits à faire reculer l'ignorance et la superstition, faut-il retourner aux pratiques magiques pour surmonter nos peurs et notre impuissance ? Nous ne le pensons pas. Il y a dans la transe thérapeutique un fossé entre le physiologique et le mythique que nous sommes peu enclins à franchir et nous préférons laisser les « convulsions sacrées » aux sociétés animistes de l'Afrique profonde. Transporter ces rituels dans notre culture équivaudrait, à notre avis, à encourager le leurre et la mystification. Entre le guérisseur et le psychiatre, nous n'hésitons pas à choisir et ce n'est pas être ethnocentriste que de préférer la science à la magie.

2.3.2. *Les pratiques néo-reichiennes*

Pour en finir avec les pratiques d'expression émotionnelles, nous examinerons les techniques inspirées par les travaux de Reich et connues en France sous les étiquettes « bioénergie » et « thérapies par le cri ». Inspirées par Reich, car elles s'appuient sur deux postulats de ce dissident du freudisme : la bonté de la nature humaine (c'est la Société qui est à l'origine de tous nos maux); la faillite de la psychanalyse orthodoxe comme thérapie des névroses (la prise de conscience intellectuelle à laquelle elle conduit est inopérante, c'est en retrouvant la force de l'organisme animal qu'on guérit). Voyons d'abord comment la théorie de Reich s'est exprimée chez ses deux principaux disciples Lowen et Janov. Nous tracerons ensuite les limites du pouvoir de ces thérapies corporelles.

2.3.2.1. *Fondements des thérapies néo-reichiennes*

L'essentiel du message psychiatrique de Reich est contenu dans deux ouvrages : la *fonction de l'orgasme* et l'*analyse caractérielle* (le reste de l'œuvre tient du *gadget* technologique ou du slogan idéologique). Et pour résumer la conception reichienne de l'étiologie et de la thérapie des névroses, on pourrait se limiter à ces quelques lignes tirées de la *fonction de l'orgasme* (p. 204) et citées par R. Gentis: «La névrose n'est jamais que la somme totale de toutes les inhibitions du plaisir sexuel naturel, inhibitions qui, à la longue, sont devenues mécaniques. Toutes les autres manifestations de la névrose sont le résultat de ce trouble original. Aux environs de 1929, je commençai à saisir le fait que le conflit pathogène original de la maladie mentale (le conflit entre l'effort vers le plaisir et la frustration morale) est ancré structurellement d'une manière physiologique dans le trouble musculaire» (R. Gentis, 1980, p. 59). En d'autres termes, c'est la répression sociale des pulsions qui est à l'origine des troubles névrotiques; cette frustration entraîne une souffrance qui s'inscrit comme «armure» non seulement dans le caractère mais aussi dans le corps; le principe de la thérapie consistera à dissoudre ces rigidités musculaires et à donner libre cours au potentiel d'énergie biologique bloqué par la cuirasse. Voilà, en raccourci, le fondement théorique du reichisme.

- La bioénergie de Lowen

Le postulat rousseauiste et reichien de la bonté naturelle de l'homme assorti du postulat de la malignité de la culture est réaffirmé dans tous les ouvrages de Lowen. Dans *la bioénergie* par exemple, il écrit:

«Il existe une «première nature» (...) que nous pouvons définir de façon négative ou positive. Nous pouvons dire que c'est l'absence, au niveau du corps, de tensions musculaires chroniques qui restreignent la sensibilité et le mouvement et, au niveau psychologique, de rationalisations, de dénégations et de projections. Positivement, ce doit être une nature qui garde la beauté et la grâce dont sont normalement doués tous les animaux à leur naissance. Il est important de faire la distinction entre «la première» et la «seconde nature». Trop de gens acceptent comme naturelles leurs tensions et leurs distorsions physiques, ne réalisent pas qu'elles relèvent de leur «seconde nature», qu'ils ne trouvent naturelle que parce qu'ils y sont habitués depuis longtemps. J'ai la profonde conviction qu'on ne peut élaborer une existence saine et une culture saine qu'à partir de la «première nature» de l'homme» (A. Lowen, 1976, p. 90).

A. Lowen a prolongé la thèse de son maître en établissant une sorte de caractérologie fondée sur le type de «schéma défensif» (cinq structures de caractère principales: schizoïde, orale, psychopathe, masochiste et rigide), la grille qui permet la «lecture du corps», puis en mettant au point les exercices utilisables en bioénergétique (le plus célèbre étant le «pont» ou «l'arc», posture verticale en semi-flexion des jambes et en extension arrière du dos qui finit par occasionner un tremblement et — soutient Lowen — une réduction des tensions). C'est ainsi qu'en criant, en tapant du pied, en battant des oreillers avec les poings, etc., le patient en vient à dénouer les raideurs musculaires, conjointement à libérer les souvenirs et les affects pathogènes et donc à se rendre capable de réutiliser l'énergie bloquée dans les stases*.

En bref, la névrose est une maladie *sociosomatique* (et non plus théosomatique) et, grâce à des exercices bioénergétiques bien choisis (sorte de transe profane), l'individu peut parvenir à se libérer de la double cuirasse qui l'emprisonnait (sorte de possession maléfique) et retrouver la force de sa nature première. Les noms des dieux ne sont pas prononcés mais nous sommes très proches des convulsions sacrées. Avec A. Lowen la crise de possession à visée thérapeutique s'est laïcisée mais c'est le même mécanisme bio-anthropo-social qui est en jeu. La bioénergie, c'est le *vaudou* occidentalisé!

• La thérapie par le cri

On peut mettre à jour un raisonnement analogue chez Janov, l'auteur du fameux *Primal Scream* publié en 1970 aux Etats-Unis et traduit en français en 1975. Au lieu d'invoquer une nature première et une nature seconde, Janov parle de moi réel et de moi irréel:

«Le moi réel est le vrai moi, que nous étions avant de découvrir que ce moi n'était pas acceptable pour nos parents. Nous naissons réels (...). La coquille que nous construisons autour du moi réel est ce que les Freudiens appelleraient le système de défenses. Mais les Freudiens estiment qu'un système de défenses est indispensable à l'être humain et qu'un individu sain et bien intégré est nécessairement muni d'un puissant système de défenses. Pour ma part, je considère que l'individu normal est totalement dépourvu de défenses et n'a pas de moi irréel. Plus son système de défenses est puissant, plus l'individu est malade, c'est-à-dire irréel» (A. Janov, 1975, p. 39).

Pour venir à bout de ces défenses, pour libérer *Les prisonniers de la souffrance* (titre de l'ouvrage paru en 1980), la prise de conscience de la cure freudienne n'est pas une technique appropriée. Il y manque la reviviscence des affects pathogènes. Pour guérir la névrose, qui est une maladie du sentiment et pas une maladie de la connaissance, il faut éliminer les «souffrances primales» c'est-à-dire «les blessures originelles de la petite enfance sur lesquelles se bâtit plus tard la névrose» (op. cité p. 19): c'est ce que vise la *thérapie primale*. «*La thérapie primale* est pour ainsi dire le processus névrotique à l'envers. Dans la vie du jeune enfant, chaque jour apporte une nouvelle souffrance qui le fait se fermer un peu plus sur lui-même jusqu'à ce qu'il devienne névrosé. En *thérapie primale*, le patient revit toutes ses souffrances et s'ouvre au fur et à mesure jusqu'à ce qu'il soit guéri» (op. cité p. 126). A ce propos, il faut dissiper un contresens qu'on commet couramment

---

* On retrouve ce projet de dissolution des tensions dans le massage mis au point par Ida Rolf (rolfing).

quand on affirme: «En thérapie primale, c'est le cri qui guérit». En effet, Janov souligne que «le cri primal n'est pas un cri pour le cri. Ce n'est pas non plus un moyen de soulager la tension (...). Ce n'est pas le cri en lui-même qui est curatif, c'est la souffrance. Le cri n'est qu'une expression de la souffrance. La souffrance est l'agent curatif parce qu'elle signifie que le sujet ressent à nouveau (...) (op. cité p. 111). Ce cri primal est un cri profond et involontaire, semblable à un râle: «Il provient de la pression créée par le fait que le moi a été retenu prisonnier parfois pendant des dizaines d'années (...). Ce cri est ressenti dans le corps tout entier. Beaucoup le décrivent comme un éclair fracassant qui semble briser toutes les défenses inconscientes du corps (...)» (op. cité p. 103).

En bref, comme chez Lowen la névrose est conçue comme une maladie *sociosomatique* (une société réduite ici au couple parental) et grâce à la reviviscence répétée des situations traumatiques de l'enfance, l'individu peut parvenir à se libérer de cette «affliction insidieuse», de cette maladie «la plus intangible, dévastatrice et répandue qui soit» (Janov, 1980, p. 9). Le démon a pris la forme de la souffrance et par un coup de ... primal, le sorcier Janov est parvenu à le chasser.

2.3.2.2. Limites des thérapies néo-reichiennes

Nous avons déjà dit (J. Le Camus, 1979b) ce qui nous paraissait positif dans les thérapies corporelles inspirées par Reich. Aujourd'hui encore, nous faisons nôtre leur souci d'intégrer le corps réel dans le processus thérapeutique: à l'origine de la névrose, on rencontre le corps (puisque la pulsion est de nature psychosomatique), on le trouve encore dans les manifestations de la répression (sous forme de stases, de souffrance), on le mobilise enfin dans la cure (exercices «bioénergétiques» et «primal» neurovégétatif). A coup sûr, il est intéressant de tenter de réarticuler corps réel - corps imaginaire - corps symbolique alors que la psychanalyse orthodoxe sous-estime la première dimension (nous ne disons pas qu'elle l'ignore totalement car le psychothérapeute freudien reste attentif à la mimique, à la posture, aux actes du patient, et, même en station assise, même en décubitus sur le divan, le corps parle). L'ici et le maintenant de la cure sont importants et un vrai thérapeute ne doit pas se borner à considérer le passé infantile de celui qui vient le consulter. La reviviscence des expériences pathogènes n'est pas à condamner en soi. Pour toutes ces raisons, nous refusons de ne voir dans les nouvelles thérapies que «toc et simili» (M. Sapir, 1975, p. 3). Mais nous sommes loin aussi de tout accepter, de tout approuver. Avec R. Gentis (1980), nous formulerons plusieurs critiques* qui appellent non pas un rejet pur et simple de ces techniques corporelles mais une révision, une reprise.

A. *Critiques d'ordre idéologique*

Nous n'insisterons pas sur les aspects mercantiles de l'usage de ces nouvelles techniques corporelles : chacun sait tout le profit qu'en ont tiré les promoteurs américains et leurs satellites français. Sous forme de stages résidentiels chèrement payés, sous forme d'ouvrages aux titres alléchants mais d'une indigence théorique tout à fait attristante (du genre *Le plaisir*, *Amour et orgasme*, *Le corps bafoué*, *Le langage du corps* pour Lowen ou *Prisonniers de la souffrance* pour Janov), les nouvelles thérapies se sont bien consommées ces dernières années et le *group-business* a puisé dans ce commerce scandaleux de quoi se revitaliser (après le déclin de la *dynamique de groupe*). Les animateurs, les éditeurs, les directeurs de collection qui ont exploité la curiosité des gens et spéculé sur leur détresse ne méritent que le mépris.

Pour être moins apparent, leur soubassement mythique n'en est pas moins dangereux. Sous prétexte de rétablir le corps dans ses droits, on fait miroiter des promesses qui vont très au-delà de ce qu'on peut apporter effectivement. Il en va ainsi du mythe de l'énergie, nommée mais jamais définie ; du mythe de la Nature vers laquelle on invite à retourner ; du mythe de la spontanéité qu'on cherche à faire jaillir, etc. Le cadre simpliste et manichéen dans lequel on veut nous enfermer doit être dénoncé comme inacceptable : il n'y a pas d'un côté le bien, la nature, l'énergie, le langage du corps et, de l'autre côté, le mal, la culture, la répression, le langage verbal. Il faut avoir l'honnêteté d'admettre que nous ne connaissons pas encore la nature intime de l'Energie (nous ne connaissons que certaines de ses manifestations mécaniques ou caloriques) ; que la Société n'est pas constamment frustrante et répressive pour l'individu (elle lui permet aussi de se personnaliser) ; que le corps n'est pas plus vrai que le discours (il a, comme l'indique R. Gentis, «d'autres façons de mentir», op. cité p. 45). On peut même aller plus loin et soutenir qu'en faisant miroiter la puissance orgastique, l'énergie biologique, la réalité originelle, etc., on ramène la cause de tous les maux à une problématique personnelle sans jamais remettre en cause les mécanismes socio-économiques sur lesquels repose le fonctionnement de la Société. « La Nature a toujours été le Dieu de la bourgeoisie au pouvoir (...). Lisez Lowen, lisez Janov, vous y verrez très clairement que lorsqu'ils se posent en critiques de la société occi-

---

* L'examen critique des nouvelles thérapies pourrait s'appuyer aussi sur le n° 43 de la revue *Autrement* : «A corps et à cri» (1982).

dentale, ce n'est jamais qu'en tant que moralistes: ce qu'ils critiquent, ce qu'ils condamnent, ce sont des mœurs, des pratiques, jamais l'organisation même de la Société, ses fondements socio-économiques, jamais sa rationalité» (R. Gentis, op. cité p. 77). Il faut donc être averti des risques de mystification que présente l'acceptation naïve et béate de ces nouvelles thérapies. Le *corporéisme* dont parle J. Maisonneuve (J. Maisonneuve et M. Bruchon-Schweitzer, 1981, p. 13) n'est pas idéologiquement sans danger.

B. *Critiques d'ordre épistémologique et méthodologique*

Les critiques tout aussi sérieuses qu'on peut formuler à l'encontre des thérapies néo-reichiennes tournent à notre avis, autour d'une seule question, fondamentale et décisive: qu'est-ce que guérir? La réponse des néo-reichiens peut se résumer dans une phrase: guérir, c'est se libérer des influences inhibitrices de son passé, c'est expulser les traces cognitives, affectives et motrices de la répression instinctuelle grâce à des expériences émotionnelles qui permettent de revivre ce passé. Guérir c'est s'expurger du passé. Toute la méthodologie des cures style Lowen et Janov découle de ce principe: pour l'essentiel la cure «bioénergétique» ou «primale» consiste à aider le patient à «débloquer ses émotions» (c'est le titre d'un ouvrage de J. Liss, l'un de ceux qui a fait conaître la *bioénergie* en France). Nous voudrions dire pourquoi ce moment cathartique nous paraît insuffisant.

Freud disait que le rêve est la «voie royale» qui conduit à l'inconscient et donc qui permet de comprendre la maladie mentale. Chez les néo-reichiens la «voie royale» de la compréhension et de l'action thérapeutique, c'est l'émotion. En cela, Lowen et Janov nous paraissent devoir être considérés comme des novateurs et il nous semble positif, dans certains cas, de faire en sorte que la prise de conscience ne se réduise pas à l'évocation intellectuelle du passé et qu'elle s'accompagne du ressenti émotionnel, de la reviviscence la plus large possible des événements pathogènes. La thérapie analytique progresserait, à notre avis, si elle s'enrichissait de ce préalable ou de ce concomitant cathartique, de ce que J. Maisonneuve a judicieusement appelé «un passage par l'acte» (op. cité p. 19) pour le différencier du «passage à l'acte» proscrit par les psychanalystes orthodoxes. Mais s'en tenir à cette étape que nous qualifierons d'excrétoire, c'est ne faire qu'un bout de chemin et se priver de la phase intégratrice du processus thérapeutique: nous voulons parler de ce que les freudiens nomment travail de réorganisation symbolique.

Le premier élément qui nous semble méconnu ou sous-estimé par les néo-reichiens, c'est l'importance du temps dans la thérapie. Toutes ces nouvelles thérapies se veulent brèves, rapides; or, nous savons que rien de sûr ne peut advenir dans ce domaine sans la durée. Les psychanalystes français font souvent remarquer qu'il ne suffit pas d'atténuer ou même de faire disparaître les symptômes pour apporter une amélioration durable: la cure bioénergétique et la cure primale conduisent à des soulagnements momentanés mais dans quelle mesure peut-on soutenir qu'elles guérissent en profondeur? Sans aller jusqu'à condamner systématiquement les thérapies courtes*, nous savons par expérience qu'il faut se méfier des résultats spectaculaires et que la véritable efficacité ne s'obtient qu'avec le temps. C'est pourquoi nous ne souscrivons pas à la prise de position de E. Jalenques, l'un des rares psychiatres français qui ait expérimenté la thérapie émotionnelle par le cri: « Si les problèmes sont graves, les résistances et les défenses psychiques des patients sont telles que si l'on veut aller gentiment et doucement, il faut 10 ou 20 ans. Pendant ce temps-là, la vie passe. J'ai abandonné la thérapie classique parce qu'il m'a semblé que si j'étais analyste, je traiterais en tout dans ma vie à peu près 200 personnes (...). J'essaie d'aller vite, le plus vite possible (...) Où est-ce que nous allons aller dans notre civilisation s'il faut qu'un thérapeute mette 10 ans pour soigner un patient?» (E. Jalenques, 1979, p. 68). Cette recherche de l'efficacité immédiate ne nous paraît pas pouvoir s'inscrire dans un véritable processus de formation ou de thérapie: pour changer en profondeur et durablement, il faut être... patient.

Le second élément que les néo-reichiens sous-estiment ou méconnaissent, c'est l'importance du transfert. Rappelons que le transfert désigne en psychanalyse «le processus par lequel les désirs inconscients s'actualisent sur certains objets dans le cadre d'un certain type de relation établi avec eux et éminemment dans le cadre de la relation analytique. Il s'agit là d'une répétition de prototypes infantiles vécue avec un sentiment d'actualité marquée» (J. Laplanche et J.B. Pontalis, 1981, p. 492). Freud en faisait le principal instrument thérapeutique de l'analyste et, aujourd'hui encore, le transfert est considéré comme le levier essentiel de la cure: «le transfert est classiquement reconnu comme le terrain où se joue la problématique d'une cure psychanalytique, son installation, ses modalités, son interprétation et sa résolution caractérisant celle-ci» (J. Laplanche et J.B. Pontalis, op. cité p. 492). En conséquence, on ne peut pas se dire continuateur de Freud, si l'on nie l'existence du transfert dans la cure. C'est ce qui se passe chez Janov: «En thérapie primale, on ne s'occupe pas du transfert (...).

---

* Les thérapies comportementales sont en général plus courtes que les thérapies psychanalytiques et, dans certains cas, elles s'avèrent aussi efficaces.

En fait, la relation patient-thérapeute est totalement ignorée. Passer du temps à analyser le transfert me semblerait engager la discussion d'un comportement dérivé, déplacé et symbolique alors qu'il s'agit de s'attaquer au besoin fondamental (...). La thérapie primale interdit tout transfert (...). Nous obligeons le patient à être direct. Au lieu de lui permettre de se soumettre ou de raisonner, nous lui demandons de se jeter par terre en criant directement à ses parents «aimez-moi, aimez-moi». En général, cette méthode rend superflu toute discussion quant aux sentiments que le malade pourrait éprouver à l'égard de son médecin» (A. Janov, 1975, p. 301). L'important est donc pour lui de travailler sur les sentiments que le patient éprouve à l'égard des parents et pas sur ceux qu'il éprouve à l'égard du thérapeute. On ne saurait être plus catégorique sur ce point. Mais alors a-t-on encore le droit de parler de psychothérapie? Pour R. Gentis qui résume les avis des psychanalystes français, la réponse est négative: «Dans toute psychothérapie quelle qu'elle soit, tout ce qui se dit, tout ce qui se fait, est pris dans un processus de symbolisation. Il n'y a aucune place pour une réalité quelconque, que ce soit celle du sentiment, de l'émotion ou de n'importe quoi» (R. Gentis, op. cité p. 115). Interdire le transfert est impensable «sinon dans une perspective d'escroquerie et de mystification» (R. Gentis, op. cité p. 116).

Cette réserve nous entraîne sur le troisième terrain de discussion, celui du travail de symbolisation. La cure analytique n'est pas concevable en dehors de l'existence d'un système «symbolique» dans lequel est inséré le sujet humain, un système que C. Levi-Strauss et J. Lacan nous ont appris à concevoir comme pré-existant au sujet et comme étant celui de la loi, celui du langage.

«Nous ne pouvons penser le monde que dans un système de significations symboliques. A partir du moment où je prononce le mot nature, ou le mot monde, cette nature, ce monde dont je parle se situent dans l'ordre symbolique et nulle part ailleurs. Ce qu'il y a en deçà de cet ordre symbolique, la réalité des choses, si l'on veut, c'est à jamais inaccessible. A partir du moment où on en parle, ne serait-ce qu'en soupirant «Nature! Nature!», on n'est plus dans la réalité des choses mais dans l'ordre symbolique, celui qui permet aux hommes de s'entendre, celui qui peut-être spécifie l'humanité. Si on tient absolument à parler d'une nature humaine, cette nature, ce serait d'être un être symbolique, une créature symbolique (...). Et un être créé par le symbolique. Ce qu'on appréhende en thérapie justement, ce n'est pas un corps naturel, c'est un corps créé par le symbolique, travaillé, marqué, façonné par le symbolique — habité par le symbolique» (R. Gentis, op. cité p. 183).

S'il y a un point vers lequel les différentes écoles françaises de psychanalyse peuvent assez facilement converger, c'est bien celui de l'importance du langage dans la cure: «Fraulein Anna O. avait nommé *talking cure* la méthode de traitement que Breuer lui avait proposée et à partir de laquelle Freud découvrit la psychanalyse. Depuis cette époque jusqu'à nos jours, le matériel sur lequel se fait le travail de la cure psychanalytique est un matériel verbal. La règle fondamentale donnée par l'analyste au patient est d'exprimer verbalement tout ce qui lui vient à l'esprit sans critique ou réserve, comme ça lui vient, tandis que l'analyste se fait une règle d'écouter les paroles du patient avec l'*attention flottante* qui lui permet de ne pas en privilégier un aspect plus qu'un autre et, ce faisant, d'être à même de saisir le sens caché du discours du sujet» (B. Gibello, 1977, p. 35). Or chez Lowen et Janov, ce travail de «réorganisation symbolique» par la médiation du langage n'existe pas: les néo-reichiens en restent au niveau de ce que R. Gentis nomme la «pré-symbolisation». Une fois vécue la crise émotionnelle qui met en branle le corps réel (c'est-à-dire le corps neuro-musculaire et neuro-végétatif), une fois franchie l'étape de l'expression et du soulagement, il faudrait, selon nous, réinsérer le sujet dans la démarche analytique, c'est-à-dire l'aider à accéder à la prise de conscience, l'étape de la structuration et de l'ancrage. En d'autres termes, il faudrait que, comme dans le psychodrame analytique et l'expression corporelle analytique, la crise bioénergétique ou primale se prolonge dans une *talking cure* (c'est-à-dire une psychanalyse de groupe si le sujet est engagé en thérapie de groupe ou une psychanalyse individuelle si le sujet est engagé en thérapie individuelle). Par ailleurs, il faut rappeler que les effets cathartiques peuvent être obtenus par le simple jeu de l'expression verbale «C'est dans le langage que l'homme trouve un substitut à l'acte, substitut grâce auquel l'affect peut être abréagi presque de la même manière» (Freud in J. Laplanche et J.B. Pontalis, 1981, p. 61). L'avenir montrera peut-être que le choix de la voie de décharge dépend du type de structure psychopathologique en cause et de la personnalité du sujet qui suit le traitement.

CONCLUSION

Au terme de cette exploration des multiples champs d'application de la *motricité d'information*, on pourrait penser que les pratiques corporelles d'impression et les pratiques corporelles d'expression représentant deux catégories tout à fait distinctes, voire mutuellement exclusives. Il n'est est rien. Il faut les prendre au contraire comme les deux pôles du continuum des moyens d'action actuellement envisageables par les psychomotriciens français. Certes, on peut opposer les pratiques impressives (du type relaxation) aux pratiques expressives (du type mime) mais il est assez évident que ni les unes, ni les autres n'existent à l'état pur. Comme les concepts d'énergie et d'information, les concepts d'impression et d'expression doivent être considérés comme des concepts limites. On n'a jamais affaire à une motricité purement énergétique (même pas chez l'haltérophile qui s'entraîne en «soulevant de la fonte» ou chez le coureur de fond qui s'entraîne en «avalant des kilomètres») pas plus qu'à une motricité purement informationnelle (même pas chez l'eutoniste ou le bioénergéticien): on peut seulement invoquer des prédominances. De la même façon, on n'a jamais affaire à une motricité purement impressionnante (tout comportement d'impression a une face expressive) pas plus qu'à une motricité purement expressionnante (tout comportement d'expression a une face impressive): on peut seulement parler de polarité principale. Il y a là une première raison de faire l'*unité* entre toutes les pratiques étudiées dans cet inventaire des possibles. L'unité mais pas l'amalgame.

L'autre raison nous paraît encore plus forte. Elle tient au fait que par-delà la médiation corporelle utilisée, il y a le psychomotricien qui agit avec et pour un sujet. Rééducateur ou thérapeute, il est chargé d'aider des enfants ou des adolescents (plus rarement des adultes) à vivre mieux: vivre mieux, cela voudra dire pour certains, assumer son handicap, pour d'autres, accroître le pouvoir d'adaptation au monde, pour d'autres encore, gagner en autonomie ou en sérénité, etc. Pour atteindre ces objectifs de réadaptation ou de thérapie, il se doit dans tous les cas d'établir une relation acceptable, stimulante et structurante pour le patient (ou pour le groupe) qui lui est confié. Toutes les pratiques envisagées jusqu'ici vont s'insérer dans un face-à-face ou plus exactement dans un rapport d'accompagnement, de soutien et même parfois d'aide thérapeutique. Dans tous les cas de figure, la motricité informationnelle qui constitue, avons-nous dit, le domaine réservé du psychomotricien, est mise en jeu dans une situation de communication précise qu'on nomme aujourd'hui, la *relation*. Il nous reste, pour finir ce chapitre, à mettre en exergue les finalités et les modalités de cette relation.

Les problèmes posés par l'établissement et l'évolution de la relation psychomotricien-patient ont été nettement envisagés à partir des *Journées Annuelles* de décembre 1978 centrées sur le thème du dialogue corporel (*Thérapie Psychomotrice*, 1979, n°s 41-42); depuis lors, ils n'ont pas cessé de constituer la toile de fond des grandes rencontres de professionnels (Lyon 1979, Madrid 1980, Nantes 1980, etc.). A l'intérieur du cheminement des idées et des techniques, une trajectoire s'est détachée de toutes les autres, c'est celle du duo A. Lapierre et B. Aucouturier: leur influence sur la thérapie psychomotrice française a commencé à poindre avec la sortie en librairie de la *Symbolique du mouvement* (1975); elle s'est affermie avec la diffusion du film et de l'ouvrage *Bruno* (1977); elle a été consacrée par les interventions fort remarquées des *Journées Annuelles* de Paris en décembre 1978, enfin par la diffusion en Espagne, en Italie et en France du *Manque au corps* (A. Lapierre et B. Aucouturier, 1982). Leur succès qu'une formation classique de professeur d'E.P.S., puis une carrière dans les Centres d'Education Physique Spécialisée de Gap et de Tours, ne laissaient pas prévoir (même après la réussite qu'ils avaient connue au sein de la S.F.E.R.P.M. entre 1969 et 1975), fut éclatant et durable. Il nous faut dire ce qui a pu le justifier.

Sans entrer dans le détail de leurs mérites respectifs (en gros, B. Aucouturier jouait le rôle de «moteur» et A. Lapierre celui de «gouvernail»), nos deux collègues ont su s'appuyer sur les solides acquisitions de la *gymnastique corrective* puis de l'*éducation psychomotrice* (celle de L. Pick, P. Vayer, J. Le Boulch) pour s'engager à fond sur un terrain jusque-là réservé aux psychanalystes. A l'heure où la psychomotricité française commençait à s'essouffler sur les traces de Wallon, de Piaget, de Rogers, ils ont compris que la bouffée d'oxygène pourrait être apportée en intégrant à la synthèse des années 70, tout l'apport de Freud et de ses fils, fidèles (M. Mannoni, F. Dolto, etc.) ou infidèles (Reich notamment). C'est là le grand paradoxe de la psychanalysation de la psychomotricité française: même si le terrain avait été bien préparé par des psychiatres (J. Ajuriaguerra, R. Diatkine, S. Lebovici, B. Jolivet, etc.), l'impulsion décisive allait être donnée non pas par des psychanalystes mais par deux professeurs de gymnastique, A. Lapierre, l'ancien (il est né en 1923) et B. Aucouturier, le nouveau (il est né en 1934). Impulsion décisive parce que cette fois les idées de Freud, de Spitz, de Winnicott, etc. ne seraient plus seulement des «mots» que l'on puise dans les ouvrages universitaires ou dans les conférences des Congrès de psychomotricité, mais des «choses» qu'on allait pouvoir expérimenter dans la pratique quotidienne.

C'est, bien sûr, Winnicott, le maître à penser de la pédopsychiatrie et de la pédagogie spécialisée de la décennie 70-80 qui a le plus fortement imprégné leur conception de la thérapie psychomotrice, modèle 78. On peut résumer cette conception en quelques lignes, tellement elle est limpide. Lorsqu'on a affaire à des troubles graves du comportement (dont le type est l'autisme), l'essentiel de la thérapie va consister à faire régresser l'enfant jusqu'au stade de la fusion primitive puis de lui faire vivre les étapes de l'identisation*. Le thérapeute va s'offrir comme mère substitutive et pour commencer s'impliquer dans un contact corporel étroit (par le toucher, par l'harmonie tonique, etc.) puis dans une «fusionnalité» à distance (dont les moyens sont le cri, le regard, le geste, l'objet, le langage verbal) qui doit déboucher sur la conquête de l'identité. La thérapie pourra s'étaler sur des mois ou des années mais pour l'essentiel, elle reproduira réellement le «dialogue corporel» que l'enfant n'a pas pu vivre ou a mal vécu: «on peut dire que les étapes qui sont apparues (lors de la thérapie de *Bruno*) respectent à peu près les étapes de l'évolution de l'enfant dans sa relation avec la mère» (B. Aucouturier, 1979, p. 10). En schématisant un peu, on pourrait dire que le rôle du thérapeute est de faire passer l'enfant de la «fusionnalité» réelle à la «fusionnalité» symbolique, de le rendre capable de s'accommoder de ce «manque au corps» qu'est la naissance physiologique et dont nous gardons tous, peu ou prou, une inextinguible nostalgie. Soigner un enfant en somme, c'est lui rendre sa mère pour lui permettre de vivre positivement ce que Winnicott appelle le «processus de maturation» et Mahler le «processus d'individuation».

Que dire de ce modèle de thérapie psychomotrice inspiré par la psychanalyse mais qui diffère à la fois des pratiques freudiennes (proposées par M. Sapir, J. Le Du, L. de la Robertie, etc.) et des pratiques reichiennes (proposées par A. Lowen, A. Janov, etc.)? Comme tant d'autres, nous avons d'abord été séduits par son originalité, sa simplicité, sa logique. Mais déjà en 1979, nous ne cachions pas nos réserves (J. Le Camus, 1979b) et aujourd'hui encore nous croyons devoir faire état de plusieurs critiques (ne serait-ce que pour stimuler la créativité de ces deux chercheurs).

La première question qu'on se pose est d'ordre déontologique: le psychomotricien formé à partir des programmes officiels a-t-il la compétence et le droit de concevoir et de conduire les réadaptations ou les cures comme des psychanalyses sans parole? Est-il souhaitable de généraliser à l'ensemble des professionnels le droit qu'ont pris A. Lapierre et B. Aucouturier de travailler comme des psychanalystes sans avoir été formés pour le faire? La réponse est évidente. Négative bien sûr. Si l'on assimile la thérapie psychomotrice à une forme de psychothérapie analytique, il faut le dire haut et fort et il faut, en

---

* Démarche qui s'inspire aussi de la conception de M. Mahler, la théoricienne du processus de séparation/individuation (l'enfant doit émerger de la «fusion symbiotique» avec la mère).

conséquence, réviser, renforcer et allonger la préparation initiale. Ce *qui a pu être toléré pour ces deux chevronnés* de l'intervention à visée éducative ou rééducative, nous semble tout à fait inacceptable pour des jeunes diplômés qui se lancent dans la thérapie, trois ans après l'obtention du baccalauréat. Il faut avoir l'honnêteté et le courage d'écrire que les psychomotriciens débutants ne sont pas armés pour prendre A. Lapierre et B. Aucouturier comme modèles. On ne s'improvise pas psychanalyste et on n'a pas le droit de jouer aux «apprentis sorciers». La psychanalyse à point de départ corporel est peut-être l'une des formes de psychothérapie les plus prometteuses mais elle ne doit être appliquée que par des professionnels convenablement préparés.

La seconde question est d'ordre épistémologique et elle nous place devant une contradiction fondamentale: comment peut-on prendre à son compte l'essentiel de l'appareil théorique de la psychanalyse (stades de l'évolution libidinale, étiologie des névroses, importance du transfert dans la cure, etc.) et *récuser en même temps le mode de fonctionnement du thérapeute et du patient, c'est-à-dire le recours indispensable au langage?* Est-il logique d'utiliser «certains concepts psychananalytiques, certains principes directeurs de la relation analytique» (A. Lapierre et A. Aucouturier, 1977, p. 95) et de tranformer la *talking cure* en une *acting cure*? Ces principes directeurs conservent-ils leur validité quand on passe d'une relation dite «uniquement imaginaire et fantastique, médiatisée par le discours» (op. cité p. 96), à une relation où il s'agit «de recevoir le corps, le geste, les tensions toniques de l'autre et (...) de répondre par ses propres gestes, ses propres tensions» (op. cité p. 96)? Si l'on répond oui à ces questions, on doit préciser aussi dans quel cas ce type de thérapie non verbale est applicable? Or, sur ce registre, les propos de nos collègues manquent de rigueur. Quand on lit la fiche signalétique de *Bruno*, par exemple, on se demande dans quel cadre nosographique il faut situer cet enfant: «J'ai connu *Bruno* à 7 ans et demi, il présentait des troubles neurophysiologiques: un accident à la naissance, vous pourrez voir des séquelles d'infirmité motrice cérébrale; il présentait aussi des troubles du comportement; troubles manifestes dus à une éducation très perturbée dans un cadre familial assez dissocié; je ne veux pas rentrer dans les détails des troubles neurophysiologiques comme des troubles affectifs qu'a subis cet enfant» (B. Aucouturier, 1979, p. 6). Comment savoir ce qu'était *Bruno* au terme d'une description aussi succincte? A. Lapierre se contente de dire qu'il travaille avec des enfants «en difficulté» (A. Lapierre, 1979, op. cité p. 207) mais sans jamais préciser l'étiopathogénie et la symptomatologie des cas auxquels il a affaire.

Du reste doit-on se croire tout à fait habilité pour proposer un modèle thérapeutique quand on s'appuie essentiellement sur une expérience de directeur de *Centre d'Education Physique Spécialisée* (qui ne reçoit pas une clientèle d'enfants «pathologiques», au sens strict du terme) et d'animateur de groupes d'adultes (c'est-à-dire «de gens qui ont les structures névrotiques habituelles du civilisé moyen»)? (A. Lapierre, op. cité p. 107).

La troisième série de questions porte sur la méthodologie de la T.P.M. Nous nous limiterons à souligner deux obscurités. D'abord celle du *statut du thérapeute dans la cure* et notamment de son engagement corporel dans la relation. Manifestement, la prise en charge de *Bruno* a commencé par un maternage très étroit mais quelle était la fonction de B. Aucouturier dans ce corps à corps ? Dans quelle mesure un homme peut-il adopter une attitude maternante et jusqu'où peut-il aller dans les propositions de contact, d'enveloppement, etc. ? Peut-il se comporter simultanément comme un père qui dicte la loi et qui interdit, précisément, la fusion de la mère et de son fils ? Nos deux collègues n'ont pas, à notre avis, donné des réponses claires à ces questions : «il est certain que *Bruno* a fait un transfert massif sur le thérapeute, que j'étais à la fois son père et sa mère» (B. Aucouturier, 1979, p. 11). Est-il possible d'être à la fois le père et la mère de l'enfant qu'on a devant soi ? Est-ce souhaitable ? Comment un enfant en difficulté peut-il s'accommoder de trouver dans le thérapeute la mère qui comble et le père qui interdit ? Comment s'y prendre pour faire évoluer la situation de fusion initiale vers ce que A. Lapierre nomme «un véritable rapport fusionnel désexualisé ou tout au moins dégénitalisé » ? (op. cité p. 113). Dans ce corps à corps où l'enfant exprime à la fois sa demande d'amour et son agressivité, on ne démêle pas toujours ce qui est de l'ordre du réel, ce qui est de l'ordre de l'imaginaire, ce qui est de l'ordre du symbolique. Pour un freudien, parler de «symbole corporel» et de «fantasme corporel» est un non-sens. Et ce rappel nous conduit à évoquer la seconde obscurité, celle des *rapports de l'agir et du langage*. Que le corps soit un lieu d'émergence de l'inconscient, c'est évident; mais cela c'est Freud lui-même qui nous l'a appris, dans *Psychologie de la vie quotidienne*, ouvrage écrit en 1901. Que le corps soit un instrument de *l'abréaction*, c'est-à-dire de la décharge émotionnelle par laquelle un sujet se libère de l'affect attaché au souvenir d'un événement traumatique lui permettant ainsi de ne pas devenir ou rester pathogène» (J. Laplanche et J.B. Pontalis, 1981, p. 1), c'est évident, mais cela c'est Freud lui-même qui nous l'a appris dans *Le mécanisme psychique des phénomènes hystériques*, ouvrage écrit en 1893. Que le corps soit instrument de *perlaboration*, c'est-à-dire « du travail psychique qui permet au sujet d'accepter certains éléments refoulés et de se dégager de l'emprise des mécanismes répétitifs » (J. Laplanche et J.B. Pontalis, 1981, p. 305), ce n'est pas du tout certain et comme nous l'avons déjà indiqué en traitant des pratiques néo-reichiennes, il ne semble pas que sans le recours au langage le travail de symbolisation puisse se faire. Or A. Lapierre et B. Aucouturier mettent la parole entre parenthèses pour ne pas dire à l'index (ils la considèrent comme « une défense » et dans les groupes de formation ils ne la réintroduisent que dans l'après-coup, le moment de verbalisation-discussion). Il nous semble que, comme les néo-reichiens, nos deux collègues versent dans un antiverbalisme qui les empêche d'aller jusqu'au terme du processus thérapeutique. Pour toutes ces raisons, la conception de A. Lapierre et B. Aucouturier nous paraît encore incomplète et pas suffisamment élaborée.

Conclusion

Au terme de cet ouvrage qui se proposait de brosser une étude critique des pédagogies et des thérapies à médiation corporelle, je voudrais engager le débat sur une vision plus politique et plus prospective de l'utilisation des pratiques psychomotrices. Conclure par une réflexion sur leur statut théorique et institutionnel.

- Répondre à la question du fondement théorique me conduit à répliquer aux critiques épistémologiques dont je faisais état en commençant cet essai et à proposer un avis bien différent de celui de G. Vigarello (1978, 1979, 1982) et de R. Murcia (1980). Parler tout à la fois « d'inconsistance », de « distorsion » et d'« amalgame » me semble aujourd'hui doublement irrecevable. Ces reproches visent des savoirs anciens (Wallon modèle 1930, Piaget modèle 1936, Freud) et méconnaissent une foule de travaux scientifiques sur lesquels les praticiens actuels peuvent raisonnablement s'appuyer*. Par ailleurs, ces reproches trahissent le rêve d'un savoir homogène et unificateur alors que la complexité structurelle et fonctionnelle de la motricité humaine impose aujourd'hui d'adopter une perspective multi-référencielle : il n'y a, à mon avis, aucun obstacle à admettre qu'une même conduite ou une même phase du développement soient conjointement et complémentairement considérées par le neurophysiologiste, la cognitiviste, le linguiste, le psychanalyste et même l'éthologue. La théorie psychomotrice en cours d'élaboration n'emprunte aucune explication à des champs qui lui seraient étrangers et qu'elles travestirait : c'est au con-

---

* Cet apport récent a été seulement entrevu dans le cadre de cet opuscule mais je renvoie le lecteur intéressé à l'analyse plus détaillée qui figure dans ma thèse de doctorat ès lettres (Université Toulouse Le Mirail).

traire le progrès de la connaissance sur la multidimensionnalité du mouvement qui oblige le praticien — et de plus en plus aussi le chercheur spécialisé — à diversifier et à coordonner les approches. Certes, c'est difficile et il faut se méfier des simplifications et des mésinterprétations mais le psychomotricien bien formé n'y est pas plus exposé que le psychiatre ou l'orthophoniste. Comme toutes les pratiques orientées vers la transformation de l'homme, la pratique psychomotrice doit s'accommoder de l'esprit de complexité que réclament J. de Rosnay (1975), E. Morin (1980), J. Ardoino (1982) et bien d'autres grands esprits du moment.

- Répondre à la question de la portée des pratiques me conduit à réexaminer chacun des trois principaux secteurs d'application:

- *L'éducation psychomotrice*

L'éducation psychomotrice, destinée à tous les enfants et mise en œuvre par des généralistes, me paraît solidement implantée en France grâce à l'action quotidienne des institutrices d'école maternelle. La tradition, les usages actuels des intéressés, les instructions officielles vont dans le même sens que la recherche pédagogique: au niveau pré-élémentaire, l'entretien et le développement de la motricité apparaissent comme des finalités prioritaires de l'école. Comme exercices fonctionnels et jubilatoires, comme activités neuro-perceptivo-motrices conduisant à l'exploration et à la maîtrise du milieu physique, comme moyens d'expression, de communication et de co-action, les pratiques corporelles de l'école maternelle doivent être expliquées (par les spécialistes et les conseillers pédagogiques), encouragées (par les fonctionnaires chargés de rédiger les règlements ou de contrôler leur application) et développées (par les maîtresses). Il faut, à mon avis, revoir les textes ministériels et, sur la base des derniers travaux scientifiques, compléter les « recommandations » de 1980 par des indications plus précises sur les étapes de l'évolution de l'enfant, les programmes annuels de travail et les contenus des séances. Il faut améliorer la formation initiale et continuée des enseignants et fournir à ceux-ci les moyens d'une action pédagogique de qualité (effectifs des classes, conditions matérielles, etc.). Il reste donc beaucoup à faire mais nous devons nous réjouir à l'idée que les 2.400.000 enfants* de 2 à 6 ans confiés à nos 75.000 instituteurs(trices)* bénéficient déjà d'une pédagogie à la fois vivante et efficace où la médiation corporelle est largement sollicitée.

---

* Ces chiffres et ceux qui vont suivre ont été relevés dans les bilans statistiques de l'année 1982.

En amont et en aval de l'école maternelle, la situation des pratiques psychomotrices apparaît moins favorable. En amont, parce que tout en sachant ce qu'il faudrait faire, nous ne disposons pas du réseau éducatif qui permettrait de stimuler et de soutenir le développement des très jeunes enfants: les crèches collectives reçoivent environ 10 % de la masse des enfants qui pourraient en bénéficier (en gros 100.000 enfants sur 1.000.000) et le législateur est resté muet jusqu'ici sur la pédagogie qui pourrait s'y mener; en dehors des crèches, c'est un peu le n'importe qui, n'importe quoi, n'importe comment. En attendant que la capacité des crèches et des haltes-garderies soit à la hauteur des besoins (en 1982, le Gouvernement avait prévu de «créer 10.000 places de garde»), il faut développer la formation des éducateurs de base que sont les parents et les assistantes maternelles. A tous les échelons et en commençant par des émissions de télévision à des heures de grande écoute, il faut informer: des équipes réunissant des pédiatres, des psychologues de la petite enfance, des puéricultrices, des éducatrices de jeunes enfants devraient dire et montrer ce qu'on peut proposer pour accompagner la croissance somatique, perceptivo-motrice, cognitive, socio-affective, esthétique et pour contribuer à l'épanouissement multi-dimensionnel des nourrissons. J'espère avoir largement montré combien il était important, à cet âge, d'éveiller, de stimuler et d'exercer des capacités qui s'enracinent nécessairement dans la mise en jeu de la motricité.

En aval de l'école l'école maternelle, la situation n'est pas très bonne non plus car au moment où l'éducation motrice s'élargit vers les registres de la puissance musculaire, de l'intelligence tactique, de la compétence coopérative, paradoxalement, on constate chez un nombre important d'instituteurs(trices) une baisse d'intérêt pour les activités manuelles et corporelles prévues dans le programme hebdomadaire (5 heures) des écoliers. Cette désaffection est parfois compensée par l'engagement des enfants dans des activités physiques extra-scolaires, mais je crois que la meilleure solution consiste à convaincre les enseignants(tes) d'intégrer l'éducation motrice dans leur travail habituel. Ce n'est pas sans importance puisque 4.500.000 enfants environ fréquentent actuellement l'école primaire et que, très souvent, le goût ou l'aversion pour les activités physiques se forme entre 6 et 11 ans. Il faudrait, à mon avis, réviser les «instructions officielles» de 1977 et relancer l'idée d'une «éducation physique de base» qui, en évitant les impasses où a conduit la «psychocinétique» des années 70, saurait concilier le travail des opérateurs et celui des opérations, le jeu restant, comme à l'école maternelle, le pivot autour duquel s'articuleraient les diverses activités corporelles. Sur la base de ces nouvelles recommandations, il faudrait poursuivre et accentuer l'effort de préparation des maîtres, améliorer l'équipement matériel des écoles, établir un emploi du temps annuel, mensuel, hebdomadaire et journalier qui permette d'insérer intelligemment les plages d'activités physiques, sportives ou non, au sein des programmes généraux. A l'issue de la phase scolaire de formation polyvalente viendrait celle de l'initiation sportive, de l'entraînement et pourquoi pas, de l'opposition amicale (couramment appelée compétition) dans le cadre du collège et du lycée. On solliciterait de concert la motricité informationnelle et la motricité énergétique, la motricité d'action et la motricité de communication, le généraliste (instituteur) faisant place désormais au spécialiste (professeur d'E.P.S.).

- **La rééducation psychomotrice**

La rééducation psychomotrice reste officiellement l'affaire des maîtres spécialisés qui opèrent dans les G.A.P.P. : nous disposons en France d'environ 1.400 rééducateurs en psychomotricité et depuis 1976, année de publication de la circulaire régissant le fonctionnement de ces groupes, le nombre de stagiaires recrutés à chaque session est en moyenne de 200. En fait, la R.P.M. concerne une fraction importante du personnel spécialisé de l'Education Nationale : elle est connue et parfois mise en œuvre non seulement par les autres membres du G.A.P.P. (c'est-à-dire par nos 2.300 psychologues scolaires et par nos 2.500 rééducateurs en psychopédagogie*) mais aussi par les maîtres chargés des classes d'adaptation ou des classes de perfectionnement. C'est dire que nous touchons là à un problème d'intérêt national.

Ce sont les circulaires officielles de 1975 (programmes de formation) et de 1976 (mission du G.A.P.P.) qui servent encore de référence. Nous avons là de bons textes d'orientation mais on peut penser que la fonction du R.P.M. sera révisée dans le cadre de la nouvelle politique des ministères de l'Education Nationale et de la Santé (développement des Zones d'Education Prioritaire, élaboration d'une nouvelle classification des difficultés d'adaptation et des handicaps, mise en place d'une stratégie d'intégration des «inadaptés» les plus autonomes aux «normaux», etc.). Sans préjuger de ce qui sera décidé dans les prochaines années, il me semble utile de formuler quelques remarques.

La difficulté majeure de cette fonction tient à mon avis à la diversité des tâches que l'on confie actuellement aux rééducateurs. On leur demande d'agir tantôt comme de véritables instituteurs spécialisés en

---

* L'effectif des R.P.M. est inférieur parce que leur recrutement a commencé beaucoup plus tard.

psychomotricité, tantôt comme des thérapeutes. En effet, lorsqu'ils animent une séance de psychomotricité destinée à une classe de maternelle, à une classe d'adaptation ou à une classe primaire «normale» (celle du cours préparatoire notamment), ils doivent se comporter en pédagogues: proposer des mises en situation et des exercices correspondant à un niveau d'âge moyen, être attentifs à la réalisation de l'ensemble des élèves, veiller à obtenir des effets éducatifs conformes à ceux que le législateur recommande. Mais il leur arrive, dans la même journée ou dans la même semaine, d'avoir à se charger d'un seul enfant en difficulté et de se transformer alors en quasi-thérapeutes: choisir des mises en situation et des exercices ajustés au cas de l'enfant suivi, être attentifs aux demandes et aux réactions particulières d'un sujet, veiller à obtenir des effets conformes à ceux qu'on aura jugés souhaitables pour celui ou celle qu'on se propose d'aider. Relation pédagogique d'un côté, relation thérapeutique de l'autre. Il n'y a pas a priori d'incompatibilité mais cette bipolarité pose de nombreux problèmes tant au niveau des finalités, des méthodes et des contenus de la formation dans les écoles normales qu'au niveau des rapports avec les autres enseignants (instituteurs de l'enseignement pré-élémentaire et élémentaire) et avec les autres soignants (équipe médico-psychologique du secteur, psychorééducateur du C.M.P.P.).

Comment imaginer l'avenir des R.P.M. de G.A.P.P.? Il me semble qu'on peut concevoir trois scénarii. Ou bien, on conserve l'orientation actuelle et on continue à demander aux R.P.M. de jouer le rôle de substance-tampon entre les enseignants et les soignants, le G.A.P.P. se définissant comme un temps de dépistage et un lieu de réadaptation de première urgence. Ou bien, c'est la fonction éducative qui devient prioritaire: les R.P.M. se transforment en agents de soutien et de rattrapage scolaire; on élargit le rôle des psychorééducateurs des C.M.P.P. vers des actions thérapeutiques menées à l'intérieur de l'école, en collaboration avec le R.P.M. et l'instituteur. Ou bien, c'est la fonction thérapeutique qui devient prioritaire: les R.P.M. se déchargent de l'aspect scolaire de leur fonction et élargissent le travail de prise en charge individuelle à l'intérieur de l'école, les psychorééducateurs de la Santé étant réservés pour des cas vraiment lourds nécessitant l'intervention d'un psychiatre. Nous avons affaire à trois logiques assez différentes; chacune commande de fixer de façon assez précise des critères de recrutement, des programmes de formation, des missions professionnelles. Quoi qu'il en soit, on ne peut pas en rester au flou qui caractérise l'état actuel des choses et il faut absolument qu'au terme d'une phase de concertation réunissant les experts des deux ministères impliqués, une politique claire soit décidée, mise en place et contrôlée avec beaucoup plus de rigueur que par le passé. Pour convaincre les inspecteurs départementaux (I.D.E.N.), les instituteurs et les parents de l'utilité des G.A.P.P. en général et les R.P.M. en particulier, il faut définir une stratégie sans équivoque et il faut l'appliquer.

- *La thérapie psychomotrice*

En France, la thérapie psychomotrice est aujourd'hui une spécialité para-médicale réservée à des professionnels que, depuis 1974, on appelle les psychorééducateurs. Il est difficile de connaître de façon précise l'effectif naional et, sur ce point, les documents officiels font état de données contradictoires : le projet de loi Delaneau-Donnadieu avançait le chiffre de 3.500 praticiens en 1978 et le rapport de l'Inspection générale des Affaires Sociales réduisait cette corporation à 2.000 membres ... en 1979! Disons que l'effectif des diplômés d'Etat et assimilés doit être de l'ordre de 4.000 à l'heure où je rédige ce texte. Il semblerait qu'après la phase de croissance rapide des années 75-78 (le nombre de places mises au concours était de 543 par session), les Pouvoirs Publics aient voulu ralentir le recrutement (le «quota» moyen des années 79-82 est voisin de 400) et tenter de juguler par ce moyen la montée du chômage qui affecte les jeunes diplômés. Les syndicats de praticiens auraient préféré, bien sûr, qu'on réduise le nombre de chômeurs par la création d'emplois.

J'ai déjà dit que le processus d'identisation professionnelle des psychomotriciens-thérapeutes n'était pas terminé. La création du diplôme d'Etat (1974), l'élaboration des programmes de préparation (publiés en 1974, 1975 et 1976), l'attribution du statut hospitalier (1980) n'ont pas suffi pour installer solidement cette profession parmi les diverses catégories du secteur sanitaire et depuis plusieurs années, on voit figurer au rang des principales revendications corporatives : la création d'un «diplôme d'Etat hospitalo-universitaire», l'obtention de l'inscription des actes professionnels à la «nomenclature», l'officialisation d'un «monopole» d'exercice professionnel et d'un statut «d'auxiliaire médical». Sur ce registre, «l'embryogenèse» se poursuit et la reconnaissance de l'identité apparaît comme une conquête difficile, suscitant bon nombre de résistances.

Sur le terrain qui est le mien, le terrain des sciences et des techniques, j'espère avoir contribué à mieux définir l'identité théorico-pratique de la thérapie à médiation corporelle. Pour une part, j'ai repris à mon compte les conclusions de la commission présidée par S. Lebovici en 1976 : la définition du mode d'action, l'inventaire des troubles psychomoteurs et des champs d'application, la réglementation des conditions d'exercice professionnel doivent, à mon avis, être réévalués à partir de ce document important. Mais, par ailleurs, j'ai essayé de saisir la thérapie psychomotrice d'aujourd'hui au travers de ses fondements théoriques et au travers de sa méthodologie. Deux caractères se sont alors dégagés de l'analyse : unité de la démarche, pluralité des moyens d'intervention.

Unité de la démarche car il s'agit, dans tous les cas, d'aider un patient à vivre mieux, en instaurant une relation thérapeutique favorable et en mettant en jeu les capacités de son corps informationnel. Quel que soit l'âge de ce patient (nourrisson, enfant, adolescent, adulte, vieillard), quelle que soit sa difficulté (son malaise, son handicap, sa maladie), quel que soit le lieu du soin (institutions du secteur médico-social ou du secteur sanitaire), quel que soit le type de traitement (traitement ambulatoire ou traitement résidentiel), le projet thérapeutique défini sous contrôle médical passe prioritairement par la sollicitation du corps anatomo-physiologique du patient, de son corps «subtil» ai-je dit. C'est bel et bien la médiation corporelle qui signe l'originalité de cette forme de thérapie. «Agir par l'intermédiaire du corps sur les fonctions mentales et psychologiques perturbées de l'individu» soulignent conjointement les deux derniers projets de loi (n° 260 et n° 360) visant l'attribution d'un statut «d'auxiliaire médical» aux psychorééducateurs.

Diversité des moyens d'intervention car la façon d'aborder le patient va dépendre de l'étiologie et de la symptomatologie du trouble. A ce propos, je n'hésiterai pas à nager à contre-courant et à dire à haute voix qu'il n'y a pas un modèle thérapeutique mais plusieurs. Le modèle A. Lapierre-B. Aucouturier 1982 doit être considéré, à mon avis, comme une manière d'agir parmi d'autres et vouloir l'appliquer à tous les cas conduirait aux pires déconvenues. Dans la gamme des pratiques corporelles d'impression et d'expression, j'ai indiqué et balisé de multiples voies; elles vont depuis le modèle du conditionnement jusqu'au modèle psychanalytique en passant par toutes les gradations qui reproduisent celles qui ont cours dans l'arsenal psychiatrique actuel. Quant aux techniques proprement dites, nous avons vu qu'elles étaient encore plus nombreuses et dans une certaine mesure interchangeables, polyvalentes. J'ai établi une sorte d'inventaire des possibles mais en sachant fort bien qu'il n'est pas envisageable de demander aux formateurs de préparer les étudiants à l'application de toutes ces pratiques : certaines doivent rester l'apanage des médecins ou des psychanalystes de profession (relaxation de sens analytique, analyse corporelle, etc.), d'autres n'ont été citées qu'à titre d'information et lestées de tant de critiques que nos lecteurs les auront prises pour des exemples de ce qu'un débutant ne doit pas faire (bioénergie, cri primal, transe, etc.) et, finalement, le nombre de celles que les psychomotriciens peuvent utiliser, sans grand risque de nuire, est assez réduit. Il faut construire un projet de formation réaliste : même si la durée de la préparation était portée à 4 ou 5 ans, les futurs praticiens n'auraient pas le temps de s'initier à toutes les pratiques déjà sérieusement éprouvées. Du reste, l'essentiel n'est pas d'avoir multiplié les expériences de formation mais d'avoir su tirer bénéfice de l'apport scientifique, technique et émotionnel de quelques-unes.

Après ce dernier tour d'horizon des champs d'application des pratiques psychomotrices, bilan qui a fait apparaître inextricablement mêlées des certitudes et des interrogations, des promesses et des espérances, on pourrait se demander si l'usage du terme «psychomotricité» est encore justifié. Même si chacun est convaincu maintenant que, dans certains cas, on pourrait se limiter à l'emploi du substantif «motricité» (à côté d'«intelligence», d'«affectivité» par exemple) ou de l'adjectif «moteur» (pour qualifier «développement», «trouble», «conduite», «examen», etc.), je n'hésiterai pas à répondre à cette question par l'affirmative. Non pas seulement pour défendre le statut du mouvement. Non pas seulement pour *prolonger la tradition, typiquement française, de ceux qui ont refusé de se fondre dans les idéologies dominantes du dualisme, de l'intellectualisme et du verbalisme*. Mais pour signifier que les pratiques dont j'ai reconnu l'identité théorique, méthodologique et institutionnelle constituent un sous-ensemble du monde des pratiques corporelles à visée éducative et à visée thérapeutique. En de multiples occasions, j'ai parlé de pédagogies et de thérapies «à médiation corporelle»: cette désignation garde à mes yeux toute sa valeur générique mais elle manque de rigueur puisque les éducateurs sportifs, les kinésithérapeutes, certains psychiatres pourraient eux aussi se ranger sous cette étiquette. Si coûte que coûte, il fallait proposer une appellation spécifique, je suggérerais de considérer comme psychomotriciens les éducateurs, les rééducateurs et les thérapeutes qui utilisent préférentiellement la *motricité d'information dans sa double polarité d'impression et d'expression*. En fait, je sais pour avoir souvent rencontré ces différents praticiens et pour avoir largement partagé leurs expériences professionnelles que les pratiques psychomotrices n'ont pas besoin d'un nom d'emprunt pour revendiquer leur légitimité. Elles progressent contre vents et marées et sans doute n'est-il pas excessif d'affirmer qu'elles font partie désormais de notre patrimoine socioculturel.

Bibliographie

AINSWORTH M.D.S. et al., L'attachement de l'enfant à sa mère, *La recherche*, 1972, juin, p. 100-117.
AJURIAGUERRA J. de et DIATKINE R., Le problème de la débilité motrice, *Sauvegarde de l'Enfance*, 1948, n° 22, juin, p. 19-31.
AJURIAGUERRA J. de, Vue d'ensemble sur les troubles de l'évolution de la motricité, du langage, du caractère à dysfonctionnement conjoint, *Sauvegarde de l'Enfance*, 1948, 4, p. 3-26.
AJURIAGUERRA J. de, DIATKINE R., GARCIA-BADARACCO J., Psychanalyse et neurobiologie in *La psychanalyse d'aujourd'hui*, Paris, P.U.F., 1956, t. II, p. 437-498.
AJURIAGUERRA J. de et HECAEN H., *Le cortex cérébral*, Paris, Masson, 2ᵉ éd., 1960(a).
AJURIAGUERRA J. de, Tonus corporel et relation avec autrui. L'expérience tonique au cours de la relaxation, *Revue de médecine psychosomatique*, t. II, n° 2, 1960(b).
AJURIAGUERRA J. de et SOUBIRAN G., Indications et techniques en rééducation psychomotrice en psychiatrie infantile, *La psychiatrie de l'enfant*, 1960(c), vol. II, pp. 423-494.
AJURIAGUERRA J. de, Le corps comme relation, *Revue suisse de psychologie pure et appliquée*, n° 21, 1962.
AJURIAGUERRA J. de, in Préface de l'ouvrage: *La relaxation*, J.G. Lemaire, Paris, Payot, 1964.
AJURIAGUERRA J. de, *Manuel de psychiatrie de l'enfant*, Paris, Masson, 1970.
AJURIAGUERRA J. de, Ontogenèse des postures. Moi et l'autre, *La psychomotricité*, 1980, vol. 4, 2, pp. 46-51.
AJURIAGUERRA J. de et MARCELLI D., *Psychopathologie de l'enfant*, Paris, Masson, 1982.
ALEXANDER F., *La médecine psychosomatique*, Paris, Payot, (PBP), 1975.
ALEXANDER G., *Le corps retrouvé par l'eutonie*, Paris, Tchou, 1977.
ALLEMANDOU S., Du corps à corps en balnéothérapie, *Thérapie Psychomotrice*, 1981, 51-52 pp. 19-33.
ANCELIN-SCHUTZEMBERGER A. et SAURET M.J., *Le corps et le groupe*, Toulouse, Privat, 1977.
ANZIEU D., Le moi-peau, in Le dehors et le dedans, *Nouvelle Revue de Psychanalyse*, 1974, t. 9, pp. 195-208.
ANZIEU D. et al., *Le groupe et l'inconscient*, Paris, Dunod, 1975.
ANZIEU D., L'enveloppe sonore du soi, *Nouvelle Revue de Psychanalyse*, 1976, n° 13, pp. 161-179.

ARDOINO J., Eloge de la complexité, *Esprit*, 1982, 2, M. 1667, pp. 142-151.
ATTALI J., *La parole et l'outil*, Paris, P.U.F., 1975.
AUCOUTURIER B., L'implication corporelle du thérapeute en thérapie Psychomotrice, *Thérapie psychomotrice*, 1979, n°s 41-42, pp. 5-21.
AUZIAS M. et AJURIAGUERRA J. de, Le planeur, *Psychiatrie de l'enfant*, 1980, XXIII, 2, pp. 461-506.
AZEMAR G., Plaidoyer pour l'aventure motrice, *Esprit*, 1975, 5, pp. 769-783.
AZEMAR G., La fonction ludique, *Annales de l'I.N.S. et E.N.S.E.P.*, 1976, n° 10, pp. 89-106.
AZEMAR G., Vers une éthopédagogie, *Travaux et recherches* en E.P.S., I.N.S.E.P., 1979, n° 4, pp. 81-96.
BADINTER E., *L'amour en plus*, Paris, Flammarion, 1980.
BARRES P., Image du corps et psychanalyse, *Thérapie Psychomotrice*, 1974, n° 23, pp. 3-25.
BARUK H., Les troubles psychomoteurs, *Evolution Psychiatrique*, 1947, I, pp. 167-196.
BENENZON R.O., *Manuel de musicothérapie*, Privat, 1981.
BERGES J. et BOUNES M., *La relaxation thérapeutique chez l'enfant*, Paris, Masson, 1974.
BERNARD M., *Le corps*, Paris, Editions Universitaires, 1972.
BERNARD M., *L'expressivité du corps*, Paris, J.P. Delarge, 1976.
BERTALANFFY L. von, *Théorie générale des systèmes*, Paris, Dunod, 1973.
BERTRAND R., Relaxation, eutonie, éducation physique d'après la méthode Gerda Alexander, *Education Physique et Sport*, 1967, n°s 88-90.
BETTELHEIM B., *Le cœur conscient*, Paris, R. Laffont, 1972.
BLURTON JONES N. et al., *Ethological studies of child behavior*, Cambridge, Univ. Press, 1972.
BOUET M., *Signification du sport*, Paris, Editions Universitaires, 1968.
BOWER T.G.R., *Le développement psychologique de la 1re enfance*, Paris, Mardaga, 1978.
BOWLBY J., *Attachment and loss*, The Tavistock Institute of Human Relations, 1969 (vol. I) et 1973 (vol. 2). Traduit en français en 1978 et édité par les P.U.F. sous le titre *L'attachement* (vol. I), *La séparation, angoisse, colère* (vol. 2).
BRAZELTON T.B., *La naissance d'une famille*, Paris, Stock, 1983.
BRIEGHEL-MULLER G., *Eutonie et relaxation*, Delachaux et Niestlé, 1972.
BUCHER H., *Troubles psychomoteurs chez l'enfant*, Paris, Masson, 1970.
BUYTENDIJK F.J.J., *Attitudes et mouvements*, Préface de E. Minkowski, Desclée de Brouwer, 1957.
CADY S., Le transfert en R.P.M., *Psychiatries*, 1976, n° 26, pp. 103-112.
CAHUZAC M., *L'enfant infirme moteur d'origine cérébrale*, Paris, Masson, 2e éd., 1980.
CAILLOIS R., *Les jeux et les hommes*, Paris, Gallimard, 1958.
CAZENEUVE M., Une expérience d'animation judo avec des adolescents psychotiques et pré-psychotiques, *Pratiques Corporelles*, 1981, n° 53, pp. 20-26.
CHANGEUX J.P., *L'homme neuronal*, Paris, Fayard, 1983.
CHOMBART de LAUWE M.J., et al., *Enfant en jeu*, Paris, C.N.R.S., 1980.
CORRAZE J., *Schéma corporel et image du corps*, Toulouse, Privat, 1973.
CORRAZE J., *Les communications non verbales*, Paris, P.U.F., 1980(a).
CORRAZE J., *Image spéculaire du corps*, Toulouse, Privat, 1980(b).
CORRAZE J., *Les troubles psychomoteurs de l'enfant*, Paris, Masson, 1981.
COSNIER J., Communication non verbale et langage, *Psychologie Médicale*, 1977, 9-II, pp. 2033-2049.
COSNIER J., La communication non verbale et l'enfant sourd, *Psychiatrie de l'enfant*, 1978, pp. 171-208.

COSNIER J., Langage et corps dans la communication, *Thérapie Psychomotrice*, 1980, n° 46, pp. 63-71.
DARWIN C., *The expression of emotions in man and animals*, I° éd. 1872, The University of Chicago Press, 1965.
DAVID M. et APPELL G., *Loczy ou le maternage insolite*, Paris, Scarabée, 1973.
DECROUX E., *Paroles sur le mime*, Paris, Gallimard, 1963.
DENIS D., *Le corps enseigné*, Paris, J.P. Delarge, 1974.
DESCARTES R., *Méditations métaphysiques*, Paris, Garnier-Flammation, 1979.
DIGELMANN D., *L'eutonie de Gerda Alexander*, Paris, Scarabée, 1971.
DOLTO F., *Lorsque l'enfant paraît*, Tome 1, Paris, Seuil, 1977.
DOLTO F., *Lorsque l'enfant paraît*, Tome 2, Paris, Seuil, 1978.
DOLTO F., *Lorsque l'enfant paraît*, Tome 3, Paris, Seuil, 1979.
DONNARS Y., La Transe Terpsichore Thérapie, *Pratiques Corporelles*, 1981, n° 53, pp. 35-38.
DORON R., *La conscience gestuelle*, Paris, Vrin, 1971.
DORON R., Le jeu chez l'enfant, in *Traité de psychologie de l'enfant*, Paris, P.U.F., t. 3, pp. 57-129, 1972.
DOURY-LAUDON (Mme), Applications des techniques de relaxation en Médecine du travail, *Cahiers de psychiatrie*, t. 16 et 17, 1962.
DREYFUS C., *Les groupes de rencontre*, Paris, Retz, 1975.
DUPRE E. et MERKLEN P., La débilité motrice dans ses rapports avec la débilité mentale, *Rapport au 19° Congrès des Aliénistes et Neurologistes français*, Nantes, 1909.
EIBL-EIBESFELDT I., *Ethologie-Biologie du comportement* Paris, Editions scientifiques, coll. Naturalia et Biologica, 1972.
ESCHAPASSE A., Groupes en jeu , *Thérapie Psychomotrice*, 1980, n° 49, pp. 9-18.
FAURE E., *L'homme et la danse*, Périgueux, P. Fanlac, 1975.
FAUVEL M.T., Rythme musique et Psychorythmie, *Thérapie psychomotrice*, 1976, n° 32, pp. 43-46.
FELDENKRAIS M., *La conscience du corps*, Paris, Laffont, 1971.
FLAGEY D., L'évolution du concept de troubles instrumentaux, *Psychiatr. Enfant*, 1977, XX, 2, pp. 471-492.
GAGEY J. et JALENQUES E., Catharsis et élaboration dans la méthode de thérapie émotionnelle par le cri, *Thérapie Psychomotrice*, 1979, n°° 41-42, pp. 55-78.
GALIFRET-GRANJON N., *Naissance et évolution de la représentation chez l'enfant*, Paris, P.U.F., 1981.
GEISSMANN P. et DURAND de BOUSINGEN R., *Les méthodes de relaxation*, Bruxelles, Dessart et Mardaga, 1968.
GENTIS R., *Leçons du corps*, Paris, Flammation, 1980.
GORI R., *Le corps et le signe dans l'acte de parole*, Paris, Dunod, Coll. Psychismes, 1978.
GUILMAIN E., *Fonctions psychomotrices et troubles du comportement*, Paris, Foyer Central d'Hygiène, 1935.
GUILMAIN E., *Tests moteurs et tests psychomoteurs*, Paris, Foyer Central d'Hygiène, 1948.
GUIRAUD M., La danse libre, *Thérapie Psychomotrice*, 1979, n° 43, pp. 83-98.
HALL E.T., *La dimension cachée*, Paris, Seuil, 1971.
HAMONET C., HEULEU J.N., *Rééducation fonctionnelle et réadaptation*, Paris, Masson, 1978.
HECAEN H. et JEANNEROD M., *Du contrôle moteur à l'organisation du geste*, Paris, Masson, 1978.
HERREN H., La voix dans le développement psychosomatique de l'enfant, *J. Français O.R.L.*, 1971, t. 20, pp. 429-435.

HERREN H. et HERREN M.P., *La stimulation psychomotrice du nourrisson*, Paris, Masson, 1980.
HEUYER G. et ROUDINESCO J., *Les troubles de la motricité chez l'enfant normal et anormal*, Arch. de Médec. des Enfants, 1936, t. 39, n° 5, pp. 265-281.
HURTIG M. et RONDAL J.A., *Introduction à la psychologie de l'enfant*, Paris, P. Mardaga, 1981, 3 tomes.
JANOV A., *Le cri primal*, Paris, Flammarion, 1975.
JANOV A., *Prisonniers de la souffrance*, Paris, R. Laffont, 1980.
JOLIVET B. et SOUBIRAN G., *La R.P.M. et ses techniciens*, Revue pratique de psychologie de la vie sociale et d'hygiène mentale, 1967, I, pp. 3-35.
JOLIVET B., De la relation en psychomotricité, *Perspectives psychiatriques*, 1970, 29, pp. 37-40.
KAWA A., Daïmon et démon, *Pratiques Corporelles*, 1981, n° 53, pp. 27-32.
LABORIT H., *Société informationnelle*, Paris, Ed. du Cerf, 1973.
LABORIT H., *La nouvelle grille*, Paris, Laffont, 1974.
LACAN J., *Ecrits*, Paris, Seuil, 1966.
LAFFARGUE G., Zizi dans le métro, *Thérapie Psychomotrice*, 1979, n° 43, pp. 19-37.
LAFFORGUE, Une expérience de thérapie à médiation corporelle : le travail en pataugeoire, *La psychomotricité*, 1981, vol. 5, pp. 1-6.
LAPEYRE M. et SAURET M.J., Corps et institution, *Annales de l'Université de Toulouse Le Mirail*, Homo, XX, 1980, pp. 37-52.
LAPIERRE A. et AUCOUTURIER B., *Education vécue*, Paris, Doin, 1973. 1974 (3 vol., Les contrastes, Structures et rythmes, Nuances).
LAPIERRE A. et AUCOUTURIER B., *La symbolique du mouvement*, Paris, EPI, 1975.
LAPIERRE A. et AUCOUTURIER B., *Bruno*, Psychomotricité et thérapie, Neuchatel Paris, Delachaux et Niestlé, 1977.
LAPIERRE A., L'enfant et le corps de l'autre, *Thérapie Psychomotrice*, 1979, n°° 41-42, pp. 101-103.
LAPIERRE A. et AUCOUTURIER B., *Le manque au corps*, Paris, Doin, 1982.
LAPLANCHE J. et PONTALIS J.B., *Vocabulaire de psychanalyse*, Paris, P.U.F., 1981.
LEBOVICI S., L'instinct de cramponnement et les recherches actuelles sur les interactions entre le bébé et sa mère, *Perspectives Psychiatriques*, 1981, n° 83, pp. 285-290.
LE BOULCH J., *L'éducation par le mouvement*, Paris, Editions Sociales, 1966.
LE BOULCH J., *Vers une science du mouvement humain*, Paris, Editions Sociales, 1971.
LE BOULCH J., *Face au sport*, Paris, Editions Sociales, 1977.
LEBOYER F., *Pour une naissance sans violence*, Paris, Seuil, 1974.
LEBOYER F., *Shanala, Un art traditionnel : le massage des enfants*, Paris, Seuil, 1976.
LE CAMUS J., *Etude de la maladresse chez l'enfant*, Paris, Doin, 1976.
LE CAMUS J., La crise de la psychomotricité en France : sans doute une péripétie, *Enfance*, 1979(a), n° 1, pp. 81-88.
LE CAMUS J., Réflexions sur les avatars de la rééducation psychomotrice, *L'information psychiatrique*, 1979(b), n° 10, pp. 1163-1187.
LE CAMUS J., Henri Wallon et l'école française de psychomotricité, *L'école et la nation*, n° spécial, 1980(a).
LE CAMUS J., Effets énergétiques, effets informationnels : anatomie et physiologie d'une rupture, Annales de l'U.T.M., Homo, n° XX, pp. 21-36, 1980(b).
LE CAMUS J., *L'enfant maladroit*, Paris, P.U.F., 1981(a).
LE CAMUS J., L'éducation gestuelle, *Animation et éducation*, 1981(b), n° 44, pp. 11-13.
LE CAMUS J., LAUGA J., GUEZ-GUEZ K., GALLINARO D., Ethologie de l'enfant : le recueil et l'analyse des données, *La psychomotricité*, 1981(c), vol. 5, pp. 89-106.

LE CAMUS J., Les pratiques corporelles à visée éducative et thérapeutique. Rétrospective et perspectives, *Pratiques Corporelles*, 1981(d), n° 51, pp. 18-21.
LE CAMUS J., Les pratiques psychomotrices en 1982: l'heure du renouvellement et de la diversification, *Pratiques Corporelles*, 1981(e), n° 52, pp. 14-19.
LE CAMUS J., Point de vue sur l'eutonie de Gerda Alexander, *L'information psychiatrique*, 1982(a).
LE CAMUS J., Les métamorphoses du corps subtil, *Thérapie Psychomotrice*, 1982(b).
LE CAMUS J., BEAUMATIN A., GOURVES F., Ethologie de l'enfant: utilité et modalités de l'analyse qualitative, *La psychomotricité*, 1982(c).
LE CAMUS J., De la dépendance vers l'autonomie motrice: approche éthologique de l'évolution d'un bébé nageur, *Communication au Congrès international de psychomotricité*, Florence, mai 1982(d).
LE CAMUS J., Justification, premiers essais, difficultés présentes d'une approche éthopsychologique du développement de l'enfant, *Bulletin d'écologie et éthologie humaines*, 1984, n° 5.
LECOURT E., *La pratique de la musicothérapie*, Paris, E.S.F., 1980.
LE DU J., *Le corps parlé*, Paris, Editions Universitaires, 1976.
LEFORT R. et LEFORT R., *Naissance de l'autre*, Paris, Seuil, 1980.
LEFRANÇOIS C., L'expression théâtrale et l'enfance inadaptée, *Bulletin de la S.P.E.R.P.M.*, 1978, n° 42, pp. 18-20.
LEGENDRE P., *La passion d'être un autre*, Paris, Seuil, 1978.
LEMAIRE J.G., *La relaxation*, Paris, Payot, 1964.
LEROI-GOURHAN A., *Le geste et la parole*, 2 tomes, Paris, A. Michel, 1965.
LEVY, J., *L'éveil du tout-petit*, Paris, Seuil, 1972.
LEVY J., *L'éveil au monde*, Paris, Seuil, 1980.
LEZINE I et al., Evolution de la communication entre l'enfant de 4 à 9 mois, et un adulte, *Enfance*, 3-4, pp. 175-206.
LHEUREUX S., Une expérience d'éducation par le rythme à l'école Alsacienne de Paris, *Thérapie Psychomotrice*, 1976, n° 32, pp. 5-21.
LORENZ K., *L'agression. Une histoire naturelle du mal*, Paris, Flammation, 1969.
LORENZ K., *Essais sur le comportement animal et humain*, Paris, Seuil, 1970.
LOWEN A., *La bio-énergie*, Paris, Tchou, 1976.
LOWEN A., *Le langage du corps*, Paris, Tchou, 1977.
MAC GREW W.C., *An ethological study of children's behavior*, New York, Academic Press, 1972.
MAHLER M.S., *La naissance psychologique de l'être humain*, Paris, Payot, 1980.
MAIGRE A. et DESTROOPER J., *L'éducation psychomotrice*, Paris, P.U.F., 1975.
MAISONNEUVE J. et BRUCHON-SCHWEITZER M., *Modèles du corps et psychologie esthétique*, Paris, P.U.F., 1981.
MALRIEU P., La socialisation in *Traité de psychologie de l'enfant*, Paris, P.U.F., 1973.
MARCEAU M., Mime et sport, *Education Physique et Sport*, 1981, n° 168, pp. 4-9.
MAUSS M., Les techniques du corps in *Sociologie et anthropologie*, Paris, P.U.F., 3ᵉ éd., 1966.
MEHLER J. et al., La reconnaissance de la voix maternelle par le nourrisson, *La recherche*, 1976, n° 70, pp. 786-788.
MERLEAU-PONTY M., *Phénoménologie de la perception*, Paris, Gallimard, 1945.
MERLEAU-PONTY M., *La structure du comportement*, Paris, P.U.F., 6ᵉ éd., 1967.
MICHEL D. et BAUDUIN C., Tant pis si ça pique, je deviens, *Bulletin de la S.F.E.R.P.M.*, 1978, n° 42, pp. 15-18.
MISES R. et SEGUR G., Les thérapies psychomotrices chez l'enfant psychotique, *Inform. Psychiat.*, 1971, vol. 47, n° 5, pp. 429-435.
MONTAGNER H., Communication non verbale et discrimination olfactive chez les

jeunes enfants. Approche éthologique in l'*Unité de l'homme*, Paris, Seuil, 1974, pp. 246-270.
MONTAGNER H., *L'enfant et la communication*, Paris, Stock, 1978.
MONTAGU A., *La peau et le toucher*, Paris, Seuil, 1979.
MORIN E., *La méthode*, t. 1, La nature de la nature (1977), t. 2, La vie de la vie (1980), Seuil.
MORRIS D., *Le singe nu*, Paris, Grasset, 1968.
MORRIS D., *La clé des gestes*, Paris, Grasset, 1978.
LOSSO A., *Les exercices physiques et le développement intellectuel*, Paris, Félix Alcan, 1904.
MURCIA R., La notion de schéma corporel vue à travers l'eutonie, *Actes du Colloque de la S.F.E.R.P.M.*, Grenoble, 1972.
MURCIA R., L'activité ludique chez l'enfant, *Actes du colloque des C.E.M.E.A.*, 1973.
MURCIA R., Les problèmes de la souplesse dans la relaxation, le yoga, l'eutonie, *Travaux et recherches*, I.N.S.E.P., 1978, n° 3.
MURCIA R., E.P.S. interroge Gerda Alexander, *Education Physique et Sport*, 1980(a), n° 162.
MURCIA R., Approche épistémologique de la notion de psychomotricité, Mémoire pour le diplôme de l'I.N.S.E.P., 1980(b).
ODENT M., *Bien naître*, Paris, Seuil, 1977.
PAILLARD J., Le traitement des informations spatiales (1972), *De l'espace corporel à l'espace écologique*, Paris, P.U.F., 1974.
PAILLARD J., L'acte moteur comme facteur d'adaptation et de progrès évolutif (1975), *Sport et progrès de l'homme*, Paris, Editeurs Français réunies, 1976.
PAILLARD J., Interview, *Education Physique et Sport*, 1978(a), n° 154, pp. 6-10.
PAILLARD J. et BEAUBATON D., De la coordination visuo-motrice à l'organisation de la saisie manuelle in *Du contrôle moteur à l'organisation du geste*, Paris, Masson, 1978(b), pp. 225-260.
PAILLARD J., Nouveaux objectifs pour l'étude neurobiologique de la performance motrice intégrée: les niveaux de contrôle in *Actes du Congrès International d'Education Physique*, Trois Rivières, Québec, 1980.
PANKOW G., *L'homme et sa psychose*, Paris, Aubier-Montaigne, 2ᵉ éd., 1969.
PARLEBAS P., Jeu sportif, rêve et fantaisie, *Esprit*, 1975, 5, pp. 784-803.
PARLEBAS P., Activités physiques et éducation motrice, *Revue Education Physique et Sports*, Paris, 1976.
PERLS F.S., *Ma gestalt-thérapie*, Paris, Tchou, 1976.
PIAGET J., *Le jugement et le raisonnement chez l'enfant*, Neuchatel, Delachaux et Niestlé, 1924.
PIAGET J., *La représentation du monde chez l'enfant*, Neuchatel, Delachaux et Niestlé, 1926.
PIAGET J., *Le jugement moral chez l'enfant*, Neuchatel, Delachaux et Niestlé, 1932.
PIAGET J., *La naissance de l'intelligence chez l'enfant*, Neuchatel, Delachaux et Niestlé, 1936.
PIAGET J., *La construction du réel chez l'enfant*, Neuchatel, Delachaux et Niestlé, 1937.
PIAGET J., *La formation du symbole chez l'enfant*, Neuchatel, Delachaux et Niestlé, 1945.
PIAGET J., Perception, motricité et intelligence, *Enfance*, n° 2, pp. 9-14, 1956.
PIAGET J., Les praxies chez l'enfant, *Revue neurologique*, 102, pp. 551-565, 1960.
PICK L. et VAYER P., *Education psychomotrice et arriération mentale*, Paris, Doin, 1960.
PIERQUIN L., ANDRE J.M., FARCY P., *Ergothérapie*, Paris, Masson, 1980.
PINOK et MATHO, *Expression corporelle. Mouvement et pensée*, Paris, Vrin, 1970.

PINOK et MATHO, *L'expression corporelle à l'école*, Paris, Vrin, 1976.
PINOK et MATHO, *Le mot et l'expression corporelle*, Paris, Vrin, 1977.
PUJADE-RENAUD, Expression corporelle, *Thérapie Psychomotrice*, 1972, n° 15, pp. 3-31.
PUJADE-RENAUD C., Expression corporelle. Investigations théoriques, *Thérapie Psychomotrice*, 1972, n° 16, pp. 67-85.
PUJADE-RENAUD C., *Expression corporelle. Langage du silence*, Paris, Editions Sociales Françaises, 1974.
RANK O., *Le traumatisme de le naissance*, Paris, Payot, 1968.
REICH W., *La fonction de l'orgasme*, Paris, L'Arche, 1952.
REICH W., *L'analyse caractérielle*, Paris, Payot, Coll. Sciences de l'Homme, 1971.
ROBERTIE L. de la, L'analyse corporelle, *Pratiques Corporelles*, 1981, n° 50, p. 56.
ROCKWELL M., Psychanalyste et Sorcier, *Perspectives Psychiatriques*, 1981, n° 84, pp. 377-384.
ROSNAY J. de, *Le macroscope*, Paris, Seuil, 1975.
ROSOLATO G., La voix: entre corps et langage, *Revue Française de psychanalyse*, 1974, t. XXXVIII, p. 76.
ROUCHOUSE J.C. Ethogramme et communication non verbale entre nourrissons, *Enfance*, 1978, n° 1, pp. 13-30.
ROUCHOUSE J.C., Ethologie humaine. Analyse des situations de contacts entre enfants âgés de 6 à 30 mois, *Communication au Congrès international de psychologie de l'enfant*, Paris, 1979.
ROUCHOUSE J.C., Ethologie de l'enfant et observation des mimiques chez le nourrisson, *Psychiatrie de l'enfant*, 1980, XXIII, I, pp. 203-249.
RUCHPAUL E., *Hatha-yoga bien tempéré*, Paris, P.U.F., 1978.
SALZER J., *L'expression corporelle*, Paris, P.U.F., 1981.
SAMI-ALI, *Corps réel, corps imaginaire*, Paris, Dunod, Coll. Psychismes, 1977.
SAPIR M. et al., *La relaxation, son approche psychanalytique*, Paris, Dunod, 1975.
SAPIR M. et al., Les groupes de relaxation d'inspiration analytique, *Perspectives Psychiatriques*, 1977, n° 62.
SAPIR M., *Soignant-soigné. Le corps-à-corps*, Paris, Payot, 1980.
SCHAAL B. et al., Les stimulations olfactives dans les relations entre l'enfant et la mère, *Reprod. Nutr. Dévelop.*, 1980, 20, pp. 843-858.
SCHAFFER R., *Le comportement maternel*, Liège, Mardaga, 1981.
SCHILDER P., *L'image du corps*, Traduit et préfacé par F. Gantheret, Paris, Gallimard, 1968.
SCHOTT-BILLMANN F., *La crise de possession thérapeutique*, Pratiques Corporelles, 1981, n° 53, pp. 32-34.
SCHULTZ J.H., *Le training autogène*, Paris, P.U.F., 1968.
SHANNON C.E. et WEAVER W., *The mathematic theory of communication*, Urbana, University of Illinois Press, 1949.
SHELEEN L., Danse, théâtre, masque et développement de la personne, *Bulletin de la S.F.E.R.P.M.*, 1979, n° 43, pp. 27-29.
SIVADON P. et GANTHERET F., *La rééducation corporelle des fonctions mentales*, Paris, E.S.F., 1965.
SOUBIRAN G. et MAZO P., *La réadaptation scolaire des enfants intelligents par l'éducation psychomotrice*, Paris, Doin, 1965.
SOUNALET G., Emploi préférentiel d'une main et préhension fine entre 7 et 12 mois, *Enfance*, 1975, n° 2, pp. 133-149.
SPITZ R.A., Hospitalism, *Psychoanal Study Child*, 1945, I, pp. 53-74.
SPITZ R.A., *Le non et le oui*, Paris, P.U.F., 1962.
SPITZ R.A., *L'embryogenèse du moi*, Bruxelles, Ed. Complexes, 1979.

STAKE B., Le massage des bébés, *Pratiques Corporelles*, 1981, n° 50, pp. 19-21.
STERN D., *Mère et enfant. Les premières relations*, Liège, Mardaga, 1981.
STUCKI J.D., Psychomotricité et psychanalyse, deux modèles, *Thérapie Psychomotrice*, 1973, n° 20, pp. 43-55.
THURIOT A., Relaxation relationnelle, *E.P.S.*, 1979, n° 160, pp. 62-65.
TISSIE P., *L'éducation physique*, Paris, Librairie Larousse, 1901.
TONELLA G., L'expression, déterminée ou déterminante? Introduction à la théorie reichienne, *Thérapie psychomotrice*, 1979, n° 43, pp. 39-50.
VALLET J., *Les bébés nageurs*, Paris, Orban Olivier, 1974.
VAN LYSEBETH A., *J'apprends le yoga*, Paris, Flammation, 1968.
VAN LYSEBETH A., *Je perfectionne mon yoga*, Paris, Flammation, 1969.
VAN LYSEBETH A., *Pranayama, la dynamique du souffle*, Paris, Flammarion, 1970.
VASSE D., *L'ombilic et la voix*, Paris, Seuil, 1974.
VASSE D., *Un parmi d'autres*, Paris, Seuil, 1978.
VAYER P., *Le dialogue corporel*, Paris, Doin, 1971.
VAYER P., *L'enfant face au monde*, Paris, Doin, 1972.
VIGARELLO G., *Le corps redressé*, Paris, J.P. Delarge, 1978.
VIGARELLO G., Evolution et ambiguïté de la référence savante dans les pratiques psychomotrices, *Travaux et recherches INSEP*, 1979, n° 4, pp. 29-35.
VIGARELLO G., Le laboratoire des sciences humaines in *Esprit*, 1982, 2, M 1667, pp. 90-106.
WALLON H., *L'enfant turbulent*, Paris, Alcan, 1925.
WALLON H., La maladresse, *Journal de psychologie*, XXVe année, n° 1, 1928.
WALLON H., L'habileté manuelle, *Revue de la Science du travail*, juin, 1929.
WALLON H., Syndromes d'insuffisance psychomotrice et troubles psychomoteurs, *Annales médico-psychologiques*, n° 4, 1932.
WALLON H., *Les origines du caractère chez l'enfant*, Paris, Boivin, 1934.
WALLON H., *De l'acte à la pensée*, Paris, Flammarion, 1942.
WALLON H., Kinesthésie et image visuelle du corps propre, 1954, Rééd. in *Enfance*, 1959 (B), 3-4, pp. 252-263.
WALLON H., Les étapes de la personnalité chez l'enfant, 1955, Rééd. in *Enfance*, 1963, 1-2, pp. 73-78.
WALLON H., Importance du mouvement dans le développement psychologique de l'enfant, 1956, Rééd. in *Enfance*, 1959(b), 3-4, pp. 235-239.
WALLON H., Espace postural et espace environnant, *Enfance*, 1962, I, pp. 1-33.
WATZLAWICK P. et al., *Une logique de la communication*, Paris, Seuil, 1972.
WINKIN Y., (textes réunis par), *La nouvelle communication*, Paris, Seuil, 1981.
WIDMER-ROBERT-TISSOT C., *Les modes de communication du bébé*, Neuchatel-Pa-Delachaux et Niestlé, 1981.
WIENER N., *Cybernétics*, Paris, Herman, 1948.
WINNICOTT D.W., *De la pédiatrie à la psychanalyse*, Paris, Payot, PBP, n° 253, 1969.
WINNICOTT D.W., *Processus de maturation chez l'enfant*, Paris, Payot, PBP, n° 245, 1974.
WINNICOTT D.W., *Jeu et réalité*, Paris, Gallimard, coll. Connaissance de l'inconscient, 1975.
WOLFSOHN A., cité par Roy Hart in *Pratiques Corporelles*, 1980, n° 47.
ZAZZO R. et GRATIOT-ALPHANDERY H. (sous la direction de), *Traité de psychologie de l'enfant*, Paris, P.U.F., 1970, 6 tomes.
ZAZZO R. et al., *L'attachement*, Neuchatel, Delachaux et Niestlé, 1974.
ZAZZO R., *Psychologie expérimentale et comparée*, Paris, P.U.F., 1977(a).
ZAZZO R., Image spéculaire et image antispéculaire, *Enfance*, n°s 2-4, 1977(b).

Table des matières

INTRODUCTION GENERALE 7

PREMIERE PARTIE: LES METAMORPHOSES DU CORPS SUBTIL 11

Chapitre 1: Le corps adroit 13
    1. Le cadre conceptuel 14
    2. Les premières pratiques 23
Chapitre 2: Le corps conscient 33
    1. La consolidation du support théorique 33
    2. La conquête de l'autonomie méthodologique et institutionnelle 50
Chapitre 3: Le corps signifiant 57
    1. L'éclatement des références théoriques 58
    2. La naissance et le développement des techniques sémio-motrices 68
Conclusion de la première partie 73

DEUXIEME PARTIE: VERS LA RECONNAISSANCE D'UNE IDENTITE 81

1. Les pratiques psychomotrices parmi les autres pratiques corporelles 83

2. Les pratiques du psychomotricien 98
Section 1: Les pratiques corporelles d'impression 99
       1.1. Pratiques à médiation proprioceptive 99
       1.2. Pratiques à médiation extéroceptive 123
Section 2: Les pratiques corporelles d'expression 143
       2.1. Pratiques d'expression symboliques 144
       2.2. Pratiques d'expression proxémiques 160
       2.3. Pratiques d'expression émotionnelles 165
Conclusion de la deuxième partie 179

CONCLUSION GENERALE 187

BIBLIOGRAPHIE 195

PSYCHOLOGIE ET SCIENCES HUMAINES
collection publiée sous la direction de MARC RICHELLE

1. Dr Paul Chauchard
   LA MAITRISE DE SOI, 9ᵉ éd.
5. François Duyckaerts
   LA FORMATION DU LIEN SEXUEL, 9ᵉ éd.
7. Paul-A. Osterrieth
   FAIRE DES ADULTES, 16ᵉ éd.
9. Daniel Widlöcher
   L'INTERPRETATION DES DESSINS D'ENFANTS, 9ᵉ éd.
11. Berthe Reymond-Rivier
    LE DEVELOPPEMENT SOCIAL DE L'ENFANT ET DE L'ADOLESCENT, 9ᵉ éd.
12. Maurice Dongier
    NEVROSES ET TROUBLES PSYCHOSOMATIQUES, 7ᵉ éd.
15. Roger Mucchielli
    INTRODUCTION A LA PSYCHOLOGIE STRUCTURALE, 3ᵉ éd.
16. Claude Köhler
    JEUNES DEFICIENTS MENTAUX, 4ᵉ éd.
21. Dr P. Geissmann et Dr R. Durand
    LES METHODES DE RELAXATION, 4ᵉ éd.
22. H. T. Klinkhamer-Steketée
    PSYCHOTHERAPIE PAR LE JEU, 3ᵉ éd.
23. Louis Corman
    L'EXAMEN PSYCHOLOGIQUE D'UN ENFANT, 3ᵉ éd.
24. Marc Richelle
    POURQUOI LES PSYCHOLOGUES?, 6ᵉ éd.
25. Lucien Israel
    LE MEDECIN FACE AU MALADE, 5ᵉ éd.
26. Francine Robaye-Geelen
    L'ENFANT AU CERVEAU BLESSE, 2ᵉ éd.
27. B.F. Skinner
    LA REVOLUTION SCIENTIFIQUE DE L'ENSEIGNEMENT, 3ᵉ éd.
28. Colette Durieu
    LA REEDUCATION DES APHASIQUES
29. J.C. Ruwet
    ETHOLOGIE: BIOLOGIE DU COMPORTEMENT, 3ᵉ éd.
30. Eugénie De Keyser
    ART ET MESURE DE L'ESPACE
32. Ernest Natalis
    CARREFOURS PSYCHOPEDAGOGIQUES
33. E. Hartmann
    BIOLOGIE DU REVE
34. Georges Bastin
    DICTIONNAIRE DE LA PSYCHOLOGIE SEXUELLE
35. Louis Corman
    PSYCHO-PATHOLOGIE DE LA RIVALITE FRATERNELLE
36. Dr G. Varenne
    L'ABUS DES DROGUES
37. Christian Debuyst, Julienne Joos
    L'ENFANT ET L'ADOLESCENT VOLEURS
38. B.-F. Skinner
    L'ANALYSE EXPERIMENTALE DU COMPORTEMENT, 2ᵉ éd.
39. D.J. West
    HOMOSEXUALITE
40. R. Droz et M. Rahmy
    LIRE PIAGET, 3ᵉ éd.
41. José M.R. Delgado
    LE CONDITIONNEMENT DU CERVEAU ET LA LIBERTE DE L'ESPRIT
42. Denis Szabo, Denis Gagné, Alice Parizeau
    L'ADOLESCENT ET LA SOCIETE, 2ᵉ éd.
43. Pierre Oléron
    LANGAGE ET DEVELOPPEMENT MENTAL, 2ᵉ éd.
44. Roger Mucchielli
    ANALYSE EXISTENTIELLE ET PSYCHOTHERAPIE PHENOMENO-STRUCTURALE

45 Gertrud L. Wyatt
LA RELATION MERE-ENFANT ET L'ACQUISITION DU LANGAGE, 2ᵉ éd.
46 Dr Etienne De Greeff
AMOUR ET CRIMES D'AMOUR
47 Louis Corman
L'EDUCATION ECLAIREE PAR LA PSYCHANALYSE
48 Jean-Claude Benoit et Mario Berta
L'ACTIVATION PSYCHOTHERAPIQUE
49 T. Ayllon et N. Azrin
TRAITEMENT COMPORTEMENTAL EN INSTITUTION PSYCHIATRIQUE
50 G. Rucquoy
LA CONSULTATION CONJUGALE
51 R. Titone
LE BILINGUISME PRECOCE
52 G. Kellens
BANQUEROUTE ET BANQUEROUTIERS
53 François Duyckaerts
CONSCIENCE ET PRISE DE CONSCIENCE
54 Jacques Launay, Jacques Levine et Gilbert Maurey
LE REVE EVEILLE-DIRIGE ET L'INCONSCIENT
55 Alain Lieury
LA MEMOIRE
56 Louis Corman
NARCISSISME ET FRUSTRATION D'AMOUR
57 E. Hartmann
LES FONCTIONS DU SOMMEIL
58 Jean-Marie Paisse
L'UNIVERS SYMBOLIQUE DE L'ENFANT ARRIERE MENTAL
59 Jacques Van Rillaer
L'AGRESSIVITE HUMAINE
60 Georges Mounin
LINGUISTIQUE ET TRADUCTION
61 Jérôme Kagan
COMPRENDRE L'ENFANT
62 Michael S. Gazzaniga
LE CERVEAU DEDOUBLE
63 Paul Cazayus
L'APHASIE
64 X. Seron, J.L. Lambert, M. Van der Linden
LA MODIFICATION DU COMPORTEMENT
65 W. Huber
INTRODUCTION A LA PSYCHOLOGIE DE LA PERSONNALITE, 2ᵉ éd.
66 Emile Meurice
PSYCHIATRIE ET VIE SOCIALE
67 J. Château, H. Gratiot-Alphandéry, R. Doron et P. Cazayus
LES GRANDES PSYCHOLOGIES MODERNES
68 P. Sifnéos
PSYCHOTHERAPIE BREVE ET CRISE EMOTIONNELLE
69 Marc Richelle
B.F. SKINNER OU LE PERIL BEHAVIORISTE
70 J.P. Bronckart
THEORIES DU LANGAGE
71 Anika Lemaire
JACQUES LACAN, 2ᵉ éd. revue et augmentée
72 J.L. Lambert
INTRODUCTION A L'ARRIERATION MENTALE
73 T.G.R. Bower
DEVELOPPEMENT PSYCHOLOGIQUE DE LA PREMIERE ENFANCE
74 J. Rondal
LANGAGE ET EDUCATION
75 Sheila Kitzinger
PREPARER A L'ACCOUCHEMENT
76 Ovide Fontaine
INTRODUCTION AUX THERAPIES COMPORTEMENTALES
77 Jacques-Philippe Leyens
PSYCHOLOGIE SOCIALE, 2ᵉ éd.

78 Jean Rondal
VOTRE ENFANT APPREND A PARLER
79 Michel Legrand
LE TEST DE SZONDI
80 H.J. Eysenck
LA NEVROSE ET VOUS
81 Albert Demaret
ETHOLOGIE ET PSYCHIATRIE
82 Jean-Luc Lambert et Jean A. Rondal
LE MONGOLISME
83 Albert Bandura
L'APPRENTISSAGE SOCIAL
84 Xavier Seron
APHASIE ET NEUROPSYCHOLOGIE
85 Roger Rondeau
LES GROUPES EN CRISE ?
86 J. Danset-Léger
L'ENFANT ET LES IMAGES DE LA LITTERATURE ENFANTINE
87 Herbert S. Terrace
NIM, UN CHIMPANZE QUI A APPRIS LE LANGAGE GESTUEL
88 Roger Gilbert
BON POUR ENSEIGNER ?
89 Wing, Cooper et Sartorius
GUIDE POUR UN EXAMEN PSYCHIATRIQUE
90 Jean Costermans
PSYCHOLOGIE DU LANGAGE
91 Françoise Macar
LE TEMPS, PERSPECTIVES PSYCHOPHYSIOLOGIQUES
92 Jacques Van Rillaer
LES ILLUSIONS DE LA PSYCHANALYSE, 2e éd.
93 Alain Lieury
LES PROCEDES MNEMOTECHNIQUES
94 Georges Thinès
PHENOMENOLOGIE ET SCIENCE DU COMPORTEMENT
95 Rudolph Schaffer
COMPORTEMENT MATERNEL
96 Daniel Stern
MERE ET ENFANT, LES PREMIERES RELATIONS
97 R. Kempe & C. Kempe
L'ENFACE TORTUREE
98 Jean-Luc Lambert
ENSEIGNEMENT SPECIAL ET HANDICAP MENTAL
99 Jean Morval
INTRODUCTION A LA PSYCHOLOGIE DE L'ENVIRONNEMENT
100 Pierre Oleron et al.
SAVOIRS ET SAVOIR-FAIRE PSYCHOLOGIQUES CHEZ L'ENFANT
101 Bernard I. Murstein
STYLES DE VIE INTIME
102 Rondal/Lambert/Chipman
PSYCHOLINGUISTIQUE ET HANDICAP MENTAL
103 Brédart/Rondal
L'ANALYSE DU LANGAGE CHEZ L'ENFANT
104 David Malan
PSYCHODYNAMIQUE & PSYCHOTHERAPIE INDIVIDUELLE
105 Philippe Muller
WAGNER PAR SES REVES
106 John Eccles
LE MYSTERE HUMAIN
107 Xavier Seron
REEDUQUER LE CERVEAU
108 Moreau/Richelle
L'ACQUISITION DU LANGAGE
109 Georges Nizard
ANALYSE TRANSACTIONNELLE ET SOIN INFIRMIER
110 Howard Gardner
GRIBOUILLAGES ET DESSINS D'ENFANTS, LEUR SIGNIFICATION

111 Wilson/Otto
   LA FEMME MODERNE ET L'ALCOOL
112 Edwards
   DESSINER GRACE AU CERVEAU DROIT
113 Rondal
   L'INTERACTION ADULTE-ENFANT
114 Blancheteau
   L'APPRENTISSAGE CHEZ L'ANIMAL
115 Boutin
   FORMATION ET DEVELOPPEMENTS
116 Húsen
   L'ECOLE EN QUESTION
117 Ferrero/Besse
   L'ENFANT ET SES COMPLEXES
118 R. Bruyer
   LE VISAGE ET L'EXPRESSION FACIALE
119 J.P. Leyens
   SOMMES-NOUS TOUS DES PSYCHOLOGUES?
120 J. Château
   L'INTELLIGENCE OU LES INTELLIGENCES?
121 M. Claes
   L'EXPERIENCE ADOLESCENTE
122 J. Hayes et P. Nutman
   COMPRENDRE LES CHOMEURS
123 S. Sturdivant
   LES FEMMES ET LA PSYCHOTHERAPIE
124 A. Pomerleau et G. Malcuit
   L'ENFANT ET SON ENVIRONNEMENT
125 A. Van Hout et X. Seron
   L'APHASIE DE L'ENFANT
126 A. Vergote
   RELIGION, FOI, INCROYANCE

Hors collection

   Paisse
   PSYCHOPEDAGOGIE DE LA LUCIDITE
   Paisse
   ESSENCE DU PLATONISME
   Collectif
   SYSTEME AMDP
   Boulangé/Lambert
   LES AUTRES, L'EXPRESSION ARTISTIQUE CHEZ LES HANDICAPES MENTAUX

Manuels et Traités

  2 Thinès
    PSYCHOLOGIE DES ANIMAUX
  3 Paulus
    LA FONCTION SYMBOLIQUE ET LE LANGAGE
  4 Richelle
    L'ACQUISITION DU LANGAGE
  5 Paulus
    REFLEXES-EMOTIONS-INSTINCTS
    Droz-Richelle
    MANUEL DE PSYCHOLOGIE
    Hurtig-Rondal
    MANUEL DE PSYCHOLOGIE DE L'ENFANT (Tome 1)
    Hurtig-Rondal
    MANUEL DE PSYCHOLOGIE DE L'ENFANT (Tome 2)
    Hurtig-Rondal
    MANUEL DE PSYCHOLOGIE DE L'ENFANT (Tome 3)
    Rondal-Seron
    LES TROUBLES DU LANGAGE (DIAGNOSTIC ET REEDUCATION)